Oskar Meding

Memoiren zur Zeitgeschichte

1. Band

Oskar Meding

Memoiren zur Zeitgeschichte
1. Band

ISBN/EAN: 9783743660168

Hergestellt in Europa, USA, Kanada, Australien, Japan

Cover: Foto ©ninafisch / pixelio.de

Weitere Bücher finden Sie auf **www.hansebooks.com**

Memoiren zur Zeitgeschichte.

Von

Oskar Meding.
(Gregor Samarow.)

Erste Abtheilung.

Vor dem Sturm.

Leipzig:
F. A. Brockhaus.
1881.

Vor dem Sturm.

Von

Oskar Meding.

(Gregor Samarow.)

Leipzig:
F. A. Brockhaus.
1881.

Vorwort.

Es ist für Jeden, der während ereignißvoller und entscheidender Perioden thätig im öffentlichen Leben gestanden hat, eine fast unabweisbare Pflicht, die Erinnerungen an das, was er gethan und erlebt, zu sammeln und als Material für die künftige Geschichtschreibung zu hinterlassen. Die großen Ereignisse stehen, vor aller Welt sichtbar, wie mächtige Marksteine auf dem Wege der Völkerentwickelung da — das Leben aber, das diese monumentalen Erscheinungen umwogte und es erst verständlich macht, warum sie so, wie sie dastehen, und nicht anders emporwuchsen, geht zum größten Theil mit der Generation der Zeitgenossen verloren und wird auch von diesen meist kaum verstanden. Die große Geschichte setzt sich aber aus kleinen Ereignissen und Fügungen zusammen, feine und feinste Fäden werden am großen Webstuhle der Zeit vereinigt und die Nachwelt sucht oft ebenso eifrig als vergeblich nach dem athmenden Lebensbilde der vergangenen Zeiten.

Persönliche Erinnerungen eines Einzelnen können niemals den Anspruch auf absolut historische Bedeutung machen, weil niemand — auch der höchststehende leitende Staatsmann nicht — im Stande ist, das Ganze der seine Zeit bewegenden Fäden zu übersehen und zu durchschauen, und weil Jeder, der selbstthätig im öffentlichen Leben stand, auch bei dem besten Willen außer Stande ist, sich zu voller historischer Objectivität zu erheben; aber für das Wie und Warum der großen Ereignisse sind die unmittelbar persönlichen Eindrücke, welche eine entscheidungsvolle Zeit hinterließ, von hoher Bedeutung.

Außer dieser Rücksicht auf die künftige Geschichte hat aber auch wol Jeder, der im öffentlichen Leben thätig war, die Pflicht gegen sich selbst zu erfüllen, seine eigene Wirksamkeit gegen misverständliche oder absichtliche Entstellung zu schützen.

Für mich ist dieser letztere Grund ebenso maßgebend gewesen als der erstere, als ich mich entschloß, die nachfolgenden Erinnerungsblätter der Oeffentlichkeit zu übergeben.

Was ich in meinem politischen Leben gethan, werde ich stets vertreten; ein Jeder irrt und fehlt,

— mehr noch als sonst, im Drange hocherregter Krisen des Völkerlebens. Man mag über meine Irrthümer und Fehler richten — aber ich will nicht, daß man mir Dinge zuschreibt und unterschiebt, die ich nie gethan, an die ich nie gedacht habe.

Wenn auch die Zeit meines politischen Lebens erst um ein Jahrzehnt zurückliegt, so gehört sie doch der völlig abgeschlossenen Vergangenheit an, und darum scheint es mir unbedenklich, heute schon mit meinen Aufzeichnungen vor das Publikum zu treten, um so mehr, als ich keine sogenannten sensationellen Enthüllungen beabsichtige und alles zu vermeiden entschlossen bin, was ohne Grund nach irgendeiner Richtung persönlich verletzen könnte.

Meine politische Wirksamkeit theilt sich in drei Perioden.

Die erste fiel in die Zeit von 1860 bis 1866, in welcher sich die entscheidende Krisis in Deutschland vorbereitete in vielfach durcheinander gärender Bewegung.

Die zweite umfaßt das Jahr 1866 mit seinen Kämpfen und dem Untergange des Königreichs Hannover.

Die dritte bewegt sich in den Jahren 1867 bis 1870, während welcher ich den König Georg V. in Paris vertrat und Zeuge war der langsamen Vorbereitungen für den großen letzten Entscheidungskampf des Jahres 1870.

Diesen Perioden entsprechend sind die Aufzeichnungen aus meinen Erinnerungen eingetheilt und ich übergebe dieselben der Oeffentlichkeit in der Hoffnung, daß sie dazu beitragen werden, das große historische Bild jener Epoche durch manche charakteristische Züge lebendiger und farbenreicher auszugestalten.

Wohldenberg, im December 1880.

Oskar Meding.

Inhalt.

Seite

Vorwort V

I.

Die Verhältnisse im Königreich Hannover. — Der König Georg V. — Die Königin. — Der Hof. — Die Minister und die Regierung. — Herr von Borries und Graf Platen. — Generalpolizeidirector Wermuth. — Staatsrath Zimmermann. — Die Opposition. Herr von Bennigsen. Miquel. — Die Presse. — Beziehungen zu Preußen und Gründe der Verstimmung. — Schwierigkeiten der Leitung der Regierungspresse 1

II.

Organisation der Provinzialpresse. — Staatsminister Bacmeister. — Die Druckarbeiten der Regierung als Subvention für die Zeitungsunternehmer. — Die auswärtige Presse. — Die Correspondenten. — Das Literarische Bureau in Berlin und die preußischen Zeitungen. — Die „Weser-Zeitung". — Die augsburger „Allgemeine Zeitung". Dr. Orges, Baron von Cotta. —

Seite

Weitere Schwierigkeiten der politischen Preßleitung. — Die Instructionen des Herrn von Borries. — Feindschaft des Corps bureaucratique. — Literarischer Größenwahnsinn 61

III.

Stärkere Bewegung in Deutschland. — Die Reform der Bundeskriegsverfassung. — Napoleon. — Sein Wunsch nach einer Verständigung mit Preußen und einer persönlichen Zusammenkunft mit dem Prinz-Regenten. — Französische Eröffnungen an den mittelstaatlichen Höfen. — Unfreundliche Gesinnungen des Königs Georg gegen das Napoleonische Frankreich. — Die Aeußerung des Herrn von Borries über die auswärtigen Allianzen deutscher Regierungen. — Seine Erhebung in den Grafenstand. — Die italienische Bewegung und Napoleon's Stellung zu derselben. — Unerwarteter Besuch des Königs Georg bei dem Prinz-Regenten in Berlin. — Der König und die übrigen deutschen Souveräne begleiten den Prinz-Regenten nach Baden. — Unterhaltungen mit Napoleon und Umstimmung der Gesinnungen des Königs gegen den Kaiser. — Das Schicksal Europas liegt einen Augenblick in den Händen Georg's V. 99

IV.

Plane und Ideen zur Bekämpfung der Opposition, insbesondere der gothaischen Idee, auf geistigem Gebiet. — Arbeiten zur Gründung einer allgemeinen deutschen conservativen Partei und eines großen Preßorgans zur Vertretung des Bundesrechts und der Selbständigkeit der Fürsten und Staaten sowie zur Herstellung einer kräftigern militärischen Tüchtigkeit der Bundesarmee. — Schwierigkeiten der Durchführung dieser Idee. Herr von Schätzell. Regierungsrath von Witzleben. — Stellung von Sachsen und Baiern. Freiherr von Schrenck und Freiherr von der Pfordten. Fürst Schönburg. — Pessimistische Resignation in Oesterreich. — Leben des Königs Georg in Norderney. — Braunschweigische Erbfolge. Graf von der Decken. — Lebensgefahr des Kronprinzen. — Ernst-August-Denkmal. — Der Kronprinz Secondelieutenant. — Charakter und Entwickelung des Kronprinzen, der Prinzessin Friederike und der Prinzessin Mary 139

V.

Fortgesetzte Arbeiten zur Bildung einer deutschen conservativen Partei und zur Kräftigung der Militärkraft der Mittelstaaten im Rahmen der Bundeskriegsverfassung. — Parteibildung in Hannover. — Der Großdeutsche Verein. — Plan eines mittelstaatlichen Uebungslagers. — Geheime Mission des Grafen von der Decken an die deutschen Höfe. — Stellung derselben zu dem Project. — Herr von Beust. — Herr von Rabenhorst. — Herr von Dalwigk. — Lauheit in Oesterreich. — Deutscher Rechtsorden. — Dr. Onno Klopp. — Professor Pernice. — Der Hof in Hannover. — Herr von Malortie. — Graf Alfred Wedel. — Die Prinzen Solms. — Staatsminister Windthorst 186

VI.

Kurhessische Wirren. — Meine erste Sendung nach Kassel. — Der Kurfürst. — Die hannoverische Katechismusangelegenheit. — Steigende Bewegung und Straßenunruhen. — Berathungen in Goslar. — Leben des Königs in Goslar. — Der Naturarzt Lampe und seine Curen. — Zurückziehung des neuen Katechismus. — Berufung der Minister. — Weigerung des Grafen Kerries, in Goslar zu erscheinen. — Seine Entlassung. — Verlegenheit des Königs und Schwierigkeit der Lage 215

VII.

Ministerielles Interregnum. — Verschiedene Gründe für ein Ministerium von liberalen Namen. — Schwierigkeiten in der Auffindung der Personen. — Gründe dafür in der Ausbildungsweise der hannoverischen Beamten. — Das Ministerium Platen-Hammerstein-Windthorst. — Charakteristik der neuen Minister. — Eigenthümliche Stellung derselben. — Vermittelnde Stellung Windthorst's. — Organisation der Preßangelegenheiten. — Generalpolizeidirector von Engelbrechten. — General von Hedemann 250

VIII.

Die schleswig-holsteinische Frage. — Stellung des Königs und des Grafen Platen zu dem Londoner Protokoll und der Erbfolge. Scharfe Opposition gegen den Grafen Platen. — Die „Hannoverische Tagespost".

XIII

— Kleine Intriguen. — Der Frankfurter Fürsten=
tag. Julius Fröbel. — Verstimmung des Königs
über das österreichische Vorgehen und die Reformvorschläge. — Der Frankfurter Fürstentag vor und hinter
den Coulissen. — Gründung der „Deutschen Nordsee-
Zeitung".......... 277

IX.

Der rendsburger Conflict. — Persönliche Verstimmung
des Königs infolge desselben. — Hochgehende Aufre=
gung gegen Preußen am Hofe und in der Gesell=
schaft. — Prinz Albrecht von Preußen in Norderney.
— Zurückhaltung des Königs. — Hoffnungen der
Gegner Preußens auf eine Aenderung der hannoveri=
schen Politik. — Festigkeit des Königs in seinen An=
sichten. — Des Königs politisches Programm in einem
Leitartikel der „Kreuzzeitung". — Kundgebung des
Königs am Theetisch. — Erstaunen des Hofes und
der Gesellschaft. — Plan zur Errichtung eines Reu=
ter'schen Continentalbureau in Hannover. — Theater=
kritiken 311

X.

Wachsende Differenzen mit dem Ministerium über das
Wahlgesetz. — Verhandlungen und Abschluß mit Julius
Reuter in Norderney über ein unterseeisches Kabel
und ein Central=Telegraphenbureau in Hannover. —
Lebhafte Saison in Norderney. — Freundlicher Ver=
kehr des Königs mit dem Prinzen Albrecht und der

Seite

Prinzessin Alexandrine von Preußen und dem Herzoge Wilhelm von Mecklenburg. — Projecte. — Ausbruch der Ministerkrisis. — Windthorst versucht vergeblich zu vermitteln. — Die Minister von Hammerstein, Erxleben, Windthorst, Lichtenberg nehmen ihre Entlassung.—Eigenthümliche Verhandlungen über die Bildung des neuen Cabinets.—Ernennung der neuen Minister 339

Nachwort 371

I.

Die Verhältnisse im Königreich Hannover. — Der König Georg V. — Die Königin. — Der Hof. — Die Minister und die Regierung. — Herr von Borries und Graf Platen; — Generalpolizeidirector Wermuth. — Staatsrath Zimmermann. — Die Opposition. Herr von Bennigsen. Miquel. — Die Presse. — Beziehungen zu Preußen und Gründe der Verstimmung. — Schwierigkeiten der Leitung der Regierungspresse.

Anfang October 1859 trat ich als Assessor bei der Landdrostei zu Hannover in den königlich hannoverischen Dienst. Die unmittelbaren Verhältnisse meiner Stellung waren so angenehm als möglich. Der Landdrost von Bülow, der jetzt schon lange in kühler Erde ruht, wird mir stets als ein vollendeter Cavalier, ein ebenso praktisch routinirter wie weitblickender Verwaltungsbeamter und einer der liebenswürdigsten Vorgesetzten in Erinnerung bleiben. Ebenso ließ das collegialische Verhältniß mit den sehr viel ältern Räthen und den jüngern Assessoren nichts zu wünschen übrig, mehrere derselben sind mir nahe treue Freunde geworden und geblieben. Aber ein ruhiges Arbeiten in diesem angenehmen Kreise war mir nicht bestimmt.

Bei meiner Aufnahme in den hannoverischen Dienst war von vornherein eine Thätigkeit in Preßangelegenheiten in Aussicht genommen, für welche ich neben meiner unmittelbaren Dienststellung dem Staatsminister von Borries durch ein besonderes Commissorium attachirt wurde, und meine Stellung bei der Landdrostei hatte hauptsächlich wol den Zweck, mich mit der Organisation der hannoverischen Verwaltung praktisch bekannt zu machen. Dadurch schon wurde meine ganze dienstliche Stellung eine ziemlich schwierige. Eine ernste Arbeit in den laufenden Geschäften der Landdrostei hätte wol eine volle Kraft in Anspruch genommen, nun aber mußte ich, um die so schwierige Behandlung der Preßangelegenheiten führen zu können, die ganze innere und äußere Politik des Königreichs Hannover und die damals so verwickelten deutschen Angelegenheiten unablässig und aufmerksam verfolgen, die Angriffe der Oppositionspresse genau durchforschen und insbesondere die öffentliche Meinung selbst studiren.

Diese so heterogenen und nach beiden Richtungen so vielseitigen Arbeiten waren an sich schon nervenaufregend und erschöpfend, sie wurden es noch mehr durch die ganz besondern und eigenthümlichen Verhältnisse, welche damals am hannoverischen Hofe und in der hannoverischen Regierung bestanden, und in welche ich fremd hereintrat.

Um diese Verhältnisse verständlich zu machen, wird es nöthig sein, eine Charakteristik der damals auf das öffentliche Leben besonders einflußreichen Personen vorauszuschicken.

König Georg V., dieser so viel angefeindete, so viel verkannte und auch absichtlich verleumdete Fürst war einer der eigenartigsten Charaktere, die jemals in der Geschichte einen Platz auszufüllen berufen gewesen sind. Es wirkte bei der so ganz besondern Nuancirung dieses Charakters zunächst, sozusagen körperlich, die Blindheit des Königs ein. Georg V. hatte als Knabe das eine Auge verletzt; die Sehkraft desselben war zerstört, und dadurch war das andere in Mitleidenschaft gerathen und immer kränker geworden. In seinem weitern Jünglingsalter hatte der berühmte Gräfe, der Vater des noch berühmtern Sohnes, ihn behandelt und ihm endlich im Jahre 1840, bei einer Operation in Herrenhausen, durch ein unglücklich verhängnißvolles Zucken der Hand den Sehnerv durchgeschnitten. Gräfe starb in Verzweiflung in tragischer Weise auf der Rückreise von Hannover; der damalige Kronprinz blieb in undurchdringliche Nacht versunken. Es schien, als ob eine unglückselige Prädestination damals schon über dem zu so schmerzlichen Prüfungen bestimmten Prinzen gewaltet habe. Wer mag es ermessen, welche Kämpfe das so stolze, so lebenswarme und so feinfühlende Herz des jungen Königssohnes unter dem harten und unabänderlichen Spruch des Schicksals durchgerungen haben mag, der ihn des Augenlichts beraubte. Aber diese Kämpfe blieben, so heftig sie ihn auch erschüttern mochten, in das Innere gebannt; er blieb Sieger und Herr über die stürmischen Wallungen des ringenden und zagenden Herzens; er drang durch zu heiterer Ruhe, wie man sie so oft bei den Blinden findet; doch die Spuren des entsetzlichen Schlages, der ihm den Anblick der lichten Welt, den Anblick seiner Gemahlin und seiner Kinder raubte, blieben tief in sein ganzes Wesen eingegraben. Er hatte sich vor jeder Verbitterung bewahrt; im Gegentheil hatte er einen unerschütterlich festen Glauben an die Führung Gottes im menschlichen Leben und an die Kraft des Gebetes gewonnen, der ihn nie verließ, der nie wankte und ihn bis an sein Sterbelager begleitete. Dieser Glaube, diese kindliche Zuversicht, welche niemals eine Spur von Pietismus und Bigoterie annahm, war erhebend und rührend zugleich. Ich erinnere mich, daß der König mir eines Tages in Norderney, als ich in seinem Zimmer mit ihm arbeitete, befahl, ein Papier zu suchen, das sich in meiner Wohnung befand. Als ich nach einiger Zeit, wie das in solchen Fällen Sitte war, unangemeldet wieder eintrat, lag der König neben dem Sofa, auf welchem er gesessen, auf den Knien, den Kopf auf die gefalteten Hände gestützt, und war, die blinden Augen aufwärts gerichtet, so tief in sein Gebet versunken, daß er meinen Eintritt nicht hörte. Leise zog ich mich zurück, um nach längerer Zeit erst wieder einzutreten, wo ich ihn dann auf dem Sofa sitzend fand, sein Gesicht strahlend von ruhiger Heiterkeit. Aber ich gestehe, daß mir die Thränen in die Augen traten und daß ich niemals jenes Bild vergessen werde: den blinden König einsam in seinem Zimmer im Gebet mit Gott sprechend, an dessen unmittelbarste Lenkung aller Schicksale der Menschen und der Völker er so fest glaubte.

Seine Blindheit hatte ihn auch nicht das Vertrauen zu den Menschen im allgemeinen verlieren lassen; im Gegentheil, er war stets geneigt, von jedem das Beste zu glauben, Fehler mild zu beurtheilen und zu verzeihen; nur in allen Regierungsangelegenheiten, in allen Staatsgeschäften machte ihn seine Blindheit wol noch mistrauischer, noch eifersüchtiger auf seine Autorität, als er es sonst wol ohnehin schon gewesen wäre. Denn seine Autorität und seine königliche Würde waren für ihn Glaubensartikel; je fester er überzeugt war, daß Gott selbst jeden Menschen auf seinen Platz im Leben gestellt, je mehr er in ernstem Eifer und in wirklicher Selbstverleugnung danach rang, alle Pflichten seines Königsamtes zu erfüllen, um so eifersüchtiger wachte er über alle seine königlichen Rechte, sowol was seine Unabhängigkeit und Selbständigkeit nach außen als seine Machtvollkommenheit im Lande seinen Unterthanen gegenüber betraf. Ganz besonders mistrauisch war er gegen seine Minister, selbst wenn er dieselben persönlich schätzte und liebte, weil er gerade von diesen Eingriffe in seine Autorität fürchtete und oft auch erlebt hatte, noch mehr vielleicht gegen die höhere Bureaukratie, welche es in Hannover wie in andern Ländern meisterhaft verstand, Befehlen des Königs und auch oft der Minister, wenn dieselben ihr unbequem waren, die Spitze abzubrechen und Angelegenheiten, die sie nicht fördern wollte, im Sande verlaufen zu lassen.

Der König war sehend erzogen — anders hätte er ja auch niemals regierungsfähig sein können — und zwar in den großartigen Anschauungen eines Prinzen des großen englischen Weltreiches; er hatte in seiner frühen Jugend den König Georg IV. als den glänzendsten und mächtigsten Fürsten Europas gesehen; er selbst war von der politischen Partei seines Vaters, des Herzogs von Cumberland, für den präsumtiven Erben des englischen Thrones gehalten, da es damals in der Absicht der Tories lag, durch eine Parlamentsacte das Salische Gesetz einzuführen, wodurch dann also die Königin Victoria von der Erbfolge ausgeschlossen gewesen wäre. Der König war hochgebildet; es gab kein Gebiet des Wissens, das ihm verschlossen gewesen wäre und auf dem er nicht noch immer eine Belehrung und Anregung gesucht hätte; er sprach deutsch, englisch, französisch und italienisch mit Reinheit und Sicherheit. Diese vielseitige Bildung, verbunden mit den Anschauungen seiner Jugend, in welcher er die Welt nur von den Stufen des Thrones der damals ersten Großmacht gesehen hatte, ließen ihn alle politischen Fragen von dem gleich hohen Standpunkt aus beurtheilen, was häufig dann dazu führte, daß Fernerstehende aus einzelnen weiter getragenen Aeußerungen den Schluß zogen, er überschätze seine Stellung und Bedeutung als König von Hannover. Das war durchaus nicht der Fall; der König, ein so unendlich fein gebildeter Herr, so genau mit der Geschichte bekannt, wußte sehr gut, daß er nur der Beherrscher eines Landes von geringer Macht war, und dachte niemals daran, wie man ihm wol vorwarf, „Großmacht spielen" zu wollen. Freilich hielt er sich in seinem monarchischen Recht den ersten Potentaten Europas gleich, und ebenso war in seinen Anschauungen das Welfenhaus das vornehmste unter allen Regentenhäusern Europas, und die Geschichte gibt ja, wenn man das Alter der fürstlichen Familien in Betracht zieht, dieser Auffassung recht.

Der Stolz auf seine Würde und die Vornehmheit seines Hauses hinderte aber die liebenswürdigste Freundlichkeit im Umgange nicht, und führte den König niemals zu hochmüthiger Nichtachtung fremder Persönlichkeit. Er war im höchsten Grade das, was die Engländer einen regular gentleman nennen, und es hat vielleicht niemals einen rücksichtsvollern Fürsten gegeben als Georg V. Er liebte z. B. über alles die frische Luft und war gegen die Kälte ziemlich unempfindlich; deshalb stand auch im strengen Winter in seinem Zimmer fast immer ein Fenster offen, während im Ofen ein meist nur symbolisches Feuer brannte. Niemals versäumte er, diejenigen, welche zu längerm Vortrage bei ihm erschienen, zu fragen, ob es auch nicht zu kalt für sie sei, und ich erinnere mich, daß er mehrmals, wenn er wußte, daß ich erkältet war, die Fenster schließen und stärkeres Feuer anlegen ließ. Ebenso rücksichtsvoll und bis ins Kleinste rührend sorglich war er in Aufmerksamkeiten, die er erwies, und die immer von einer seltenen Zartheit der Empfindung Zeugniß gaben. Ich selbst habe davon unvergeßliche Züge erfahren. So schickte er mich einmal aus seinem Cabinet nach Minden, wo mein Schwiegervater preußischer Landrath war, um demselben zu dessen Geburtstage, von dem der König zufällig erfahren, den Ernst-August-Orden zu bringen; ein andermal erfuhr er, daß meine Schwiegermutter, eine alte, gebrechliche und ganz erblindete Dame, in Hannover war. Er lud sie sogleich mit meiner Frau zu einem kleinen Diner im engsten Kreise in Herrenhausen ein; dabei hatte er befohlen, daß sein Kammerdiener die Speisen für meine Schwiegermutter ebenso wie für den König vorbereiten sollte, um sie bequem durch Fühlung mit der Gabel fassen zu können. Endlich führte er nach der Tafel meine Schwiegermutter mit meiner Frau in sein Cabinet, um ihnen den Platz zu zeigen, an dem er mit mir arbeitete, und um beiden zur Erinnerung an diesen Platz kostbare Armbänder zu überreichen, die er aus seinem Schreibtisch hervorzog. Viele ähnliche Züge könnte ich erzählen, bei denen er nachgedacht und persönlich in der zartesten Weise vorgesorgt hatte, um andern Freude zu machen. Es war wol natürlich, daß er auf solche Weise alle Herzen unwiderstehlich gewann, und daß an einen solchen Herrn mehr fesselte als die royalistische Pflicht.

Ebenso war er überaus nachsichtig, wenn man, zum Vortrag oder zur Audienz befohlen, ihn warten ließ, was bei der weiten Entfernung von Herrenhausen, wo er den größten Theil des Jahres, und in den letzten Jahren unausgesetzt, residirte, leicht geschehen konnte. Es durften sich indeß solche Verspätungen nur Personen erlauben, welche wirklich und ernstlich beschäftigt waren. Man durfte auch in solchem Falle ihn mahnen lassen, wenn er etwa selbst die geschehene Meldung vergaß, was auch zuweilen vorkam; denn die Pünktlichkeit ging ihm infolge seines lebhaften Geistes ganz ab. Er setzte für den Vormittag seine Vorträge und Audienzen fest, indem er für eine jede der zu empfangenden Personen eine bestimmte Zeitdauer sich vorsteckte. Nun waren aber oft die Vorträge complicirter, als er es gedacht hatte, oder seine geistige Beweglichkeit riß ihn zu eingehendern Erörterungen oder lebhaftern Unterhaltungen hin, sodaß, wenn für jede Audienz nur eine Viertel- oder halbe Stunde hinzukam, die zuletzt Befohlenen schon stundenlang warten mußten. Wenn nun jemand, der dienstlich viel beschäftigt war, in solchem Falle den König an seine Anwesenheit erinnern ließ, so empfing er ihn immer sogleich, um wenigstens mit einigen Worten das Nothwendigste zu erledigen, oder er verlegte den Vortrag auf einen andern Tag. Nur mußte nicht etwa jemand, der keine dringenden Geschäfte hatte, dergleichen wagen, wollte er sich nicht scharfe directe oder indirecte Lectionen zuziehen.

So z. B. war die Stellung des Commandanten der Residenzstadt Hannover eigentlich ein Ruheposten für alte Generale. Der Commandant hatte, außer der Anwesenheit auf dem Bahnhofe bei der Ankunft, Abfahrt und Durchfahrt von Fürstlichkeiten, wenig mehr zu thun, als alle Tage gegen Mittag nach Herrenhausen zu reiten und vom Könige die Parole zu holen und die Meldung zu machen, daß nichts oder wenig passirt sei. Dabei kam es dann, wenn sich die Audienzen der Morgenstunden etwas verlängert hatten, wol oft vor, daß der Commandant eine, auch wol zwei Stunden warten mußte. Der Generallieutenant Poten, welcher lange Zeit die ehrenvolle Sinecure innehatte, ein alter jovialer Mann, fand sich vortrefflich darein, ja der Aufenthalt im Vorzimmer, wo er eine Menge von Personen sehen und sprechen konnte, gehörte zu seinen täglichen Zerstreuungen. Als er starb, trat der General W...., |ein etwas strenger und hypochondrischer Charakter, in seine Stelle. Derselbe ließ den König eines Tages, nachdem er einige Zeit gewartet, an seine Anwesenheit erinnern. Er erhielt die Antwort, Se. Majestät wisse, daß der General da sei — und seit diesem Tage wartete der Commandant jeden Tag, bis alle Audienzen vorüber waren, wenn er nicht gerade fremde Fürstlichkeiten am Bahnhofe zu empfangen hatte; und meist wurde er erst unmittelbar vor der Tafel vorgelassen, um seine Meldung zu erstatten und die Parole entgegenzunehmen.

Ebenso hatte der König ein unendlich warmes Mitgefühl für Noth und Elend; zahllos sind die Wohlthaten, die er erwies; zahllos die Thränen, die er trocknete, und wenn er dabei zuweilen von Unwürdigen getäuscht und misbraucht wurde, so wirft das gewiß keinen Schatten auf seine stets zum Helfen bereite Herzensgüte.

Der Stolz auf das welfische Blut und die Ueberzeugung von der sacrosancten Unverletzlichkeit seines königlichen Rechtes wurden also niemals verletzend; sie äußerten sich nicht im Verkehr, sondern in seiner politischen Haltung. Seine Blindheit verbergen zu wollen, kam ihm niemals in den Sinn; ein solcher

Gedanke konnte in dem Kopf eines so hochgebildeten
geistvollen Fürsten gar nicht entstehen. Ich habe theils
allein mit ihm, theils in Gegenwart anderer die braun=
schweigische Erbfolgefrage, bei welcher in Betreff der
persönlichen Regierungsfähigkeit seine Blindheit von
wesentlicher Bedeutung war, discutirt, und jedesmal
hat der König die Debatten mit voller Ruhe und
Objectivität geleitet und so unbefangen daran theil=
genommen, als handle es sich um eine dritte Person.
Wohl aber pflegte er häufig den Satz aufzustellen,
daß der Sinn des Gesichts sich von allen übrigen
Sinnen am leichtesten entbehren lasse, und er setzte
einen gewissen Ehrgeiz darein, diesen Satz an sich
wahr zu machen. Bewunderungswürdig war die
Willensstärke und das Gedächtniß, welche er dazu auf=
zuwenden vermochte. Er war ein vortrefflicher Reiter
und beherrschte das Pferd vollständig. Natürlich konnte
er die Richtung des Weges nicht selbständig halten;
der Adjutant mußte, neben ihm reitend, das Pferd
des Königs an einem feinen Leitseil in der Richtung
halten, was oft nicht leicht war, da der König wild
und kühn ritt und oft bestimmt befahl, Wege mit
ziemlich coupirtem Boden zu wählen. Während andere
Blinde demjenigen, mit welchem sie sprechen, das Ohr
zuzuwenden pflegen, richtete der König auf jeden, den

er anredete, die Augen, und er that dies mit voller Sicherheit selbst bei zahlreichen Conseilsitzungen und bei großer Tafel, sobald er nur einmal eines jeden Stimme gehört und nach derselben den Platz des Sprechenden hatte bestimmen können. Seine Orientirungsfähigkeit war erstaunlich; ich erinnere mich, eines Tages mit ihm auf einem Berge bei Goslar einen Aussichtsthurm bestiegen zu haben; er ließ sich mit dem Gesicht nach Norden stellen und erklärte dann mit Nennung der Ortschaften und Bergspitzen die ganze Aussicht rings um den Horizont, ohne ein einziges mal zu irren.

Solche Erscheinungen ließen dann häufig den Glauben entstehen, er müsse doch etwas sehen können; doch das war nicht der Fall; er hatte nicht den geringsten Lichtschimmer. Von einer Absicht, sehend zu scheinen, war niemals die Rede; wenn er häufig den Ausdruck brauchte: „Ich freue mich, Sie zu sehen", so war das eine unabsichtliche façon de parler, die man wol häufiger noch bei Personen finden wird, die in erwachsenem Alter erblindet sind; wo er nicht in der lebhaften Unterhaltung zu jener gewohnten Formel hingerissen wurde, brauchte er sie niemals.

Er sprach bei repräsentativen Gelegenheiten stets frei; oft hat er mir nachher auf Reisen oder auch in

Hannover seine gehaltenen Reden dictirt, und dann verbesserte er selbst sorgfältigst alle solche Wendungen, und es mußte immer dafür gesetzt werden: „Es freut mich, Sie um mich versammelt zu wissen", oder etwas Aehnliches; niemals aber durfte das Wort „sehen" gebraucht werden, selbst wenn er es in der Lebhaftigkeit der wirklichen Rede gesprochen hatte. Seine englische Erziehung gab ihm in jeder Weise und Richtung große und freie Anschauungen; so paradox dies klingen mag, so war der König doch in gewisser Beziehung der freisinnigste Mann in seinem Lande, in welchem so viel starrer, fest eingewachsener Formalismus, so viel unaustilgbarer Kastengeist selbst bei denen bestand und besteht, die den liberalen Parteien politisch angehörten und die liberale Phrase laut im Munde führten. Freilich hatte er kein Verständniß für den Parlamentarismus; die Verfassung war ihm ein ebenso rechtsgültiges, aber auch ebenso abänderungsfähiges Gesetz wie jedes andere. Die königliche Autorität wollte er unantastbar über allen Bewegungen der Parteien halten, was jedoch wiederum nicht ausschloß, daß er im persönlichen Verkehr und auch bei Discussionen in seinem Cabinet jede abweichende Meinung, selbst den schärfsten Widerspruch, auf das liebenswürdigste anhörte, würdigte und erwog, ja selbst dazu ermunterte, wo er Zögern bemerkte.

Neben diesen Spuren seiner englischen Erziehung hatte der König in seinem ganzen Wesen viel Preußisches infolge seines längern Aufenthaltes in Berlin bis zur Thronbesteigung seines Vaters, der als Herzog von Cumberland das jetzt längst verschwundene Palais an der Ecke der Wilhelmsstraße und der Linden bewohnte. Des Königs liebste Jugenderinnerungen datirten aus jener Zeit; er war unerschöpflich in Anekdoten von dem alten Oberkammerherrn Fürsten Wittgenstein, dem Grafen Neale und vielen andern Persönlichkeiten des alten berliner Hofes; besonders hegte er eine tiefe, fast andachtsvolle Verehrung für den König Friedrich Wilhelm III. Von allen Anekdoten aus jener Zeit ist mir eine immer wieder ins Gedächtniß gekommen, die der König oft lachend erzählte, die aber an jene tragische Prädestination erinnert, welche auf dem Haupte des unglücklichen Fürsten zu ruhen schien. Irgend jemand hatte in Berlin eine Bittschrift an den jungen Prinzen gerichtet und dabei die Adresse des Prinzen George von Cumberland in eigenthümlicher Orthographie geschrieben: „An den Prinzen Sorge von Kummerland." Dieser orthographische Fehler sollte für den armen Prinzen einst zu tragischer Wahrheit werden.

Der König hatte also durchaus nicht, wie man ihm vorwarf, persönlich feindliche Gesinnungen gegen Preußen; im Gegentheil, er hätte in seinem Wesen oft für einen preußischen Prinzen gehalten werden können, namentlich hatte er durch seine Erziehung in Berlin die preußische Strenge der militärischen Dienstformen angenommen. Wohl aber hegte er, namentlich seit der neuen Aera und seit der Gründung des National= vereins, ein tiefes Mistrauen gegen die Consequenzen der gothaischen Politik; von seinem monarchischen Recht und der absoluten Selbständigkeit seiner Regierung ausgehend, war seine Anschauung der deutschen An= gelegenheiten eine streng föderalistische, und in dieser Beziehung war er allerdings überzeugt, daß gerade Hannover durch seine Lage, seine Bevölkerung und seine Dynastie sehr wesentlich das Band der Verständigung zwischen Nord= und Süddeutschland, zwischen Oester= reich und Preußen bilden könne; er pflegte oft zu sagen: „Wir Kleinen müssen stets die Einigkeit zwischen den beiden Großmächten des Deutschen Bundes er= halten; solange sie einig sind, sind wir sicher nach außen und innen, ihrer vereinten Führung können wir ruhig und ohne Mistrauen folgen; sind sie getrennt, dann wehe Deutschland." Diese Ueberzeugung blieb überall für ihn maßgebend; er liebte Oesterreich nicht;

es waren oft kleine Zeichen sichtbar, daß der wiener Hof noch auf dem alten Kaiserstandpunkte gegen den zum Könige erhobenen Kurfürsten stand, und in diesem Punkte war der Stolz des Königs sehr empfindlich. Mit Einem Worte, man konnte von Georg V., dessen so eigenthümlicher und oft schwer verständlicher Charakter im Laufe dieser Notizen noch klarer hervortreten wird, mit Recht und in Wahrheit sagen: "Every inch a King"; es war nichts Kleines, nichts Niedriges, nichts Unreines in und an ihm; er war fest und stolz der Welt gegenüber, demüthig vor dem Gott, an den er glaubte, und voll warmen Gefühls für fremdes Leid.

Die maßgebende Persönlichkeit in der Regierung war zur Zeit meines Eintritts in den hannoverischen Dienst der Staatsminister des Innern von Borries, ein ebenso eigenartiger Charakter als der König in seiner Weise, aber von jenem unendlich verschieden, sodaß man oft vielleicht nur durch diese tiefe Verschiedenheit den großen Einfluß erklären konnte, den der Minister auf den König ausübte, der ihn nicht liebte und gegen ihn, schon weil er Minister war, ein gewisses eifersüchtiges Mistrauen hegte. Herr von Borries hatte die kleine hannoverische Beamtencarrière gemacht; er hatte in Göttingen studirt, war Gerichtshalter in Delm, dann Mitglied des Hofgerichts in

Stade und endlich Regierungsrath bei der Landdrostei Stade geworden. Im Jahre 1848 hatte er nach der liberalen Seite geneigt; bald aber schloß er sich, erschreckt über den Lauf der Bewegung, der streng conservativen Partei an, und gewann durch seine rastlose und unermüdliche Thätigkeit für die Wiederherstellung der alten ständisch gegliederten Verfassung, welche durch den Bundesbeschluß auf die Beschwerden der Stände erfolgte, die Führung in jener Partei, sodaß er schon in das Ministerium von Schele als Minister des Innern eintrat. Im Jahre 1852 aber legte er sein Portefeuille mit dem Justizminister von der Decken wieder nieder, da ihm Herr von Schele nicht energisch genug war, und bildete dann im Jahre 1855 mit den Grafen Platen und Kielmannsegge das Ministerium, welches den Bundesbeschluß ausführte und die Revision der Verfassung vornahm.

Herr von Borries war damals 58 Jahre alt, klein, mager und eckig in seiner Gestalt; sein trockenes, scharfes Gesicht wurde von dunkeln, glänzenden, von Feuer und Leben funkelnden Augen erleuchtet; er war vor allem ganz und in jeder Faser ein ehrlicher Mann; was er that, das that er in Ueberzeugung, recht zu thun; wo er glaubte im Recht zu sein, ging er ohne Rücksicht auf seine Person mit einer Festigkeit vor, die bis zum

starrsten Eigensinn ausartete. Dabei war er uneigen=
nützig und selbstlos, wie man es in unserer material
egoistischen Zeit selten findet; seine bittersten politischen
Gegner haben niemals den Hauch eines Vorwurfs
gegen seinen Charakter und sein Privatleben erheben
können. Er besaß einen klaren, scharf und schnell
arbeitenden Geist, der ohne Ermüdung alle Stunden
des Tages der angestrengtesten Thätigkeit widmen
konnte; aber die ganze Elasticität dieses Geistes war
beschränkt in dem engen Kreise des Königreichs Han=
nover und seiner Verwaltung, er blieb auch als Mi=
nister im wesentlichen Regierungsrath und behandelte
das ganze Königreich wie ein Amt oder höchstens wie
einen Landdrosteibezirk. Wie alle Personen von starkem
Willen war er herrschsüchtig bis zum Extrem; er
duldete keine Selbständigkeit neben sich und seine un=
erschöpfliche Arbeitskraft führte ihn dazu, alles selbst
machen zu wollen, wodurch er seine Thätigkeit vielfach
in Kleinigkeiten zersplitterte. Diese stets steigende
Neigung, alles zu beherrschen und keinen Willen neben
dem seinigen zu dulden, brachte ihn auch in Conflict
mit der ständischen Adelspartei, aus welcher er hervor=
gegangen war, denn er überzog das ganze Land mit einem
straff bureaukratischen Netz, welches dem alten Adel des
Landes ebenso widerwärtig war als den liberalen Parteien.

Um die Verhältnisse jener Zeit in Hannover vollständig zu verstehen, darf man nicht vergessen, daß seit fast zwei Jahrhunderten die Regenten nicht im Lande gewesen waren. Der König hatte in England residirt, und wenn er auch einen hannoverischen Minister in London an seinem Hofe hatte, so herrschten doch die Landesministerien in Hannover ziemlich unbeschränkt. Die Stellen der Minister, der Landdrosten und meist auch der unmittelbaren Verwaltungsbeamten, der Drosten und Amtshauptleute, waren zwar nicht gesetzlich, aber durch traditionellen Usus dem Adel vorbehalten; daneben hatte sich eine Art von corps bureaucratique entwickelt, welches die eigentliche Arbeit der Regierung verrichtete und auch die eigentliche Macht in seinen Händen hielt, und in welchem die Stellen der Generalsecretäre der Ministerien, der Referenten und der Räthe bei den Provinzialregierungen fast erblich waren, wenigstens meist in den Händen gewisser, untereinander wieder verwandter Familien blieben. Sowol dem Adel als der Bureaukratie war daher das Erscheinen des Königs im Lande, nach der Trennung der Krone von England, in Hannover unbequem. Unter Ernst August war dies weniger hervortretend, denn dieser Fürst, ein altenglischer Grand-Seigneur, betrachtete das hannoverische Königreich als eine ehrenvolle Versorgung seines

Hauses, griff aber wenig in das Innere der Verwaltung ein, woran ihn auch schon seine Unkenntniß der deutschen Sprache hinderte. Wo das aber dennoch geschah, entwickelte der alte Herr eine so lapidare Grobheit, daß jede Sache damit ein für allemal beendet war.

Als nun Georg V. seine ganze Kraft und Aufmerksamkeit eingreifend der Regierung widmete, als gar ein Mann von so eminenter Kraft und so durchdringendem Eigenwillen wie Herr von Borries an die Spitze der Verwaltung trat, da wurden alle jene früher regierenden Kreise in tausend Interessen, die sie für wohlerworbene Rechte hielten, verletzt. Besonders zwei Maßregeln machten Herrn von Borries zahlreiche Feinde. Die erste war die neue Organisation der Aemter, welche an die Stelle der alten sehr selbstständigen und meist durch Domänenpachten reich dotirten Drosten Amtmänner treten ließ, die nicht besonders glänzend besoldet waren und fast in allen Sachen bis zum Minister hinauf berichten mußten. Dazu trat vielfach eine Verlegung der Amtssitze und Amtsbezirke, sodaß die Eingesessenen ungewohnte Wege machen mußten, den alten Nimbus der Verwaltungsbeamten auf dem Lande vermißten und dazu noch eine Menge lästiger Schreiberei vor sich sahen, die sie früher nicht gekannt hatten. Die zweite verhängnißvolle Maßregel war die Ausscheidung des Domanialgutes der Krone. Dieselbe war dem Princip nach durchaus unanfechtbar. Die hannoverischen Domänen waren fast ohne Ausnahme altes Hausgut des Welfenhauses, sie waren zur Zeit der absoluten Regierung mit zur Aufbringung der Staatsbedürfnisse verwendet und dann im Jahre 1848 als Staatseigenthum behandelt. Bei der Revision der Verfassung war dann mit den Ständen vereinbart, daß ein Domänenbesitz von bestimmtem Ertrage für die Krone ausgeschieden werden sollte. Niemand im Volke hätte etwas dagegen gehabt, denn die Hannoveraner wollten ihr königliches Haus glänzend dotirt wissen; nun aber wurde bei der Ausscheidung praktisch in einer Weise verfahren, welche Kritiken gegen die Schätzungen bei der Kapitalisirung der Erträge von den zur Ausscheidung bestimmten Domänen hervorrief. Wie weit Herrn von Borries in dem Wunsche, dem königlichen Hause die möglich höchsten Einkünfte zu schaffen, dabei ein Vorwurf treffen konnte, wie weit etwa der Diensteifer unterer Organe thätig war, mag dahingestellt sein; jedenfalls erregte das Verfahren bittere Kritik und wurde von der Opposition zu fortwährenden, oft nicht sehr loyalen Angriffen und Verdächtigungen erfolgreich ausgebeutet. Diese besondere Lage des haunoverischen Domanialbesitzes der Krone muß hier auch noch deshalb besonders hervorgehoben werden, weil sie später bei den Vermögensverhandlungen mit dem Welfenhause nach der Annexion besonders bedeutsam wurde.

Herr von Borries hatte also zu der Zeit, als ich in den hannoverischen Dienst trat, im ganzen Königreiche fast keinen aufrichtigen Freund. Die Adelspartei hatte sich von ihm abgewendet, sie haßte ihn wegen seines rücksichtslosen Strebens nach bureaukratischer Omnipotenz und lächelte meist in höhnischer Schadenfreude über die Angriffe, welche die liberale Opposition gegen ihn richtete. Sein starrer Eigenwille ertrug aber auch die Autorität des Königs, so oft derselbe sich in Einzelheiten der Verwaltung mischte, nur widerstrebend, und da der König die Stellung constitutionell-parlamentarischer Minister nicht kannte und häufig durch directe Decrete eingriff, so entstanden dadurch vielfache Reibungen, die oft zu scharfer Spannung führten. Der König pflegte oft zu sagen: „Borries möchte mich in ein Zimmer setzen, zu dem er allein den Schlüssel hat; er hat die Neigung, ein Richelieu zu sein, und vergißt, daß ich nicht Ludwig XIII. bin." Herr von Borries hatte infolge der Beschränktheit seines Gesichtskreises — er war wol sehr selten über die Grenzen von Hannover hinausgekommen, und

alles, was man unter Humaniora versteht, lag ihm
fern — eine Einseitigkeit in politischen Dingen, die
oft fast als kindliche Naivetät erschien. So hatte eines
Tages die Polizeibehörde einer kleinen Stadt einen
Conflict mit einem Engländer gehabt, der zu diplomatischen Weiterungen führte und Herrn von Borries
Aerger und Verlegenheiten bereitete. Es erging darauf
ein Ministerialrescript an sämmtliche Behörden, welches
der Polizei zur Pflicht machte, im Verkehr mit allen
Ausländern Vorsicht und rücksichtsvolle Artigkeit zu
beobachten, besonders wenn dieselben großen und flotten-
führenden Nationen angehörten. Ebenso erklärte er
einmal in der öffentlichen Ständeversammlung, als es
sich um die Bestimmung über ein dem Fiscus ange-
höriges Haus handelte, das an den englischen Gesandten vermiethet war: die Stände möchten bedenken,
daß man auf den Vertreter einer Großmacht Rücksicht
nehmen müsse, mit welcher man in wichtigen finan-
ziellen Verhandlungen (über den Stader Zoll) stehe,
worauf dann der englische Gesandte Sir Howard in
höchster Aufregung sich beschwerte und sogleich seine
Wohnung räumen wollte. Die Opposition griff solche
Dinge mit besonderm Eifer auf, und Graf Platen,
der Minister der auswärtigen Angelegenheiten, that
das Seinige, um dem Könige die Verlegenheiten, die

aus dergleichen Aeußerungen einer naiven Ehrlichkeit hervorgingen, möglichst fühlbar zu machen.

In seinem persönlichen Leben und seiner äußern Erscheinung war Herr von Borries von einer unbeschreiblichen Einfachheit und einer zuweilen an den Cynismus streifenden Gleichgültigkeit gegen die Form. Er trug fast immer den blauen Interimsfrack der Minister, mit schwarzem Sammtkragen, seine Toilette war wenig elegant, und die Art, wie er Besuche empfing, entsprach sehr wenig der Stellung des einflußreichsten Ministers an einem Hofe von so großartiger Pracht, wie es der hannoverische war. Häufig wurde man in ein dunkles Zimmer geführt; der Minister rief aus dem Nebenzimmer, daß man ein wenig warten möge; dann erschien er, immer in dem blauen Interimsfrack, ein Käppchen auf dem Kopf, graue Filzpantoffeln an den Füßen und einen gelben Schiebeleuchter von Messing in der Hand. Diesen Leuchter stellte er auf den Tisch, und die Conferenz begann. Genau so hat der Empfang oft stattgefunden, wenn ich Fremde in wichtigen Angelegenheiten zu ihm führte. Freilich vergaß man über der geistvollen, scharfen und treffenden Unterhaltung des Ministers bald die außergewöhnliche Form. Diese Aeußerlichkeiten wurden denn auch Veranlassung zu fortwährenden Spöttereien, namentlich unter dem so formellen und gegen Fremde so steifen hannoverischen Adel, für dessen Vertreter im Ministerium der Graf Platen sich hielt, ohne es zu sein.

Der Graf von Platen-Hallermund, welcher bestimmt war, eine so verhängnißvolle Rolle bei dem Untergange des hannoverischen Königthums zu spielen, war zu jener Zeit 46 Jahre alt, erschien aber jugendlicher als sein Alter. Er war in allem — äußerlich und innerlich — fast das vollkommene Gegentheil des Herrn von Borries. Seine äußere Erscheinung war das Muster vollendeter Eleganz, sein Gesicht mit schwarzem, sorgfältig frisirtem Haar und wohlgepflegtem schwarzem Bart hatte vornehme Züge und konnte auch den Ausdruck gewinnender Freundlichkeit annehmen, seine Toilette war stets tadellos — er war in jeder Miene und jeder Bewegung der Mann der großen Welt. Sein Geist hatte eine ungemein leichte Empfänglichkeit und eine feine Auffassungskraft, die ihn jede Nuance einer Meinung, die ihm ausgesprochen wurde, sofort erfassen und verstehen ließ; er besaß eine scharfe, mit einem Blick bis ins Kleinste dringende Beobachtungsgabe, die ihn dann allerdings oft zu boshaftem Spott hinriß. Seine Bildung war vielseitig, aber wenig tief; er war von frühen Jahren in der Diplomatie bei auswärtigen Gesandtschaften beschäftigt gewesen, Geschäftsträger in Wien und Minister in Paris gewesen, dadurch war sein Horizont größer, sein Blick weiter geworden, ohne jedoch jemals eine überlegene staatsmännische Klarheit und Sicherheit zu gewinnen. Er suchte die diplomatische Geschicklichkeit in den moyens termes; Hindernissen kühn entgegenzutreten, war ihm unmöglich; er suchte sie zu umgehen, Entscheidungen hinauszuschieben, und in dem Bestreben, es jedem recht zu machen, verdarb er es oft mit allen. Dies lag weniger in einem Mangel an Muth, denn er war eines ritterlichen Aufschwungs fähig, als in seiner ungemeinen Receptionsfähigkeit fremden Meinungen gegenüber und in der absoluten Impotenz, eigene Gedanken zu fassen. Seine große Empfänglichkeit und sein feines Verständniß für jede Auffassung führte ihn dahin, daß immer der bei ihm recht hatte, der zuletzt mit ihm gesprochen und es verstanden hatte, seine Meinung klar und mit scharfer Entschiedenheit vorzutragen. Er war eine weiße Tafel, auf welche jeder schreiben konnte, was er wollte, und in dem Bestreben, zwischen zwei Stühlen vorsichtig zu wählen, war er stets in Gefahr, sich zwischen beide zu setzen.

Graf Platen war in seiner Gesinnung durchaus österreichisch, die wiener Gesellschaft hatte ihn äußerst entgegenkommend aufgenommen und seine liebsten Erinnerungen knüpften sich an die Kaiserstadt; er trug in sich die neubelebte Tradition aus der Zeit des Kurfürsten Ernst August. Damals war die Kurwürde an Hannover von Wien aus zugestanden unter der Bedingung, daß der neue Kurfürst stets mit dem Kaiser stimme, und den Grafen Platen war wieder auf den Antrag des Kurfürsten die Reichsgrafschaft Hallermund übertragen mit der Bedingung, daß sie auf der Reichsgrafenbank stets mit Kurhannover zu stimmen hätten. Diese ganz entschiedene Neigung und Vorliebe für Oesterreich hinderte den Grafen Platen nicht, stets in der Form ein gutes Verhältniß mit Preußen aufrecht zu erhalten, und in dem Bestreben, dies zu thun, sagte er wol vieles, was später den Thatsachen nicht entsprach. Er war voll hochmüthigen Stolzes auf seinen Namen und seine Stellung als Mitglied des hohen reichsunmittelbaren Adels, ohne dazu wol eigentlich voll berechtigt zu sein. Denn der Name und die Reichsstandschaft der Grafen von Hallermund war seinen Vorfahren übertragen, ohne daß dieselben den geringsten Zusammenhang mit jenem ausgestorbenen Geschlecht hatten und ohne daß ihnen der Besitz der Grafschaft zugestanden wurde, für welche sie als Ersatz das Erbpostmeisteramt in Hannover erhielten, dessen Einkünfte später abgelöst wurden und von deren Ab=

lösungsertrage die Familie ihren Majoratsgrundbesitz in Holstein erwarb.

Graf Platen, welcher von Herrn von Borries dem Könige für das auswärtige Ministerium vorgeschlagen war, wurde dessen Gegner in dem Augenblick, als die Adelspartei sich von jenem trennte; er ermuthigte die Angriffe gegen den Minister des Innern und machte dessen Persönlichkeit oft zur Zielscheibe seines spöttischen Witzes. Zugleich verschloß er seinem Collegen jede Mitwirkung und Kenntniß auf dem Gebiete der auswärtigen Politik, worin er vom Könige unterstützt wurde, der ein constitutionelles Gesammtministerium nicht anerkannte, sich selbst ausschließlich das Präsidium des Ministerrathes vorbehalten hatte und die Competenz eines jeden Ministers streng auf dessen Ressort beschränkt wissen wollte. Herr von Borries haßte dafür seinen Collegen auf das gründlichste mit der Zähigkeit seines Charakters, die beiden Ministerien des Innern und des Auswärtigen standen sich wie Antipoden gegenüber, und diese Feindschaft erstreckte sich selbst bis auf die Subalternbeamten. Eine besondere Eigenthümlichkeit des Grafen Platen war seine ungeheuere Indiscretion, welche wieder aus der Beweglichkeit und Empfänglichkeit seines Geistes entsprang und welche ihn oft Dinge sagen ließ, die ebenso viele

Verlegenheiten bereiteten als die naiven Derbheiten des Herrn von Borries, der dann seinerseits nicht unterließ, solche Gelegenheiten zu benutzen, um sich zu rächen.

Die übrigen Minister: Graf Kielmannsegge für Finanzen und Handel, Herr von Bothmer für die geistlichen Angelegenheiten und der Erblanddrost von Bar für die Justiz, wollten nichts mehr sein als Ressortchefs. Graf Kielmannsegge war so schwerhörig, daß es Mühe kostete, sich mit ihm zu verständigen; Herr von Bothmer war ein hochgelehrter, feingebildeter Mann, der viel für sein Departement arbeitete, und Herr von Bar ein heiterer Lebemann, der seine vortrefflich geschulten Referenten schalten ließ und so unendlich zerstreut war, daß man sich die wundersamsten Anekdoten von ihm erzählte und im Scherz behauptete, er vergäße oft, daß er Justizminister sei. Er hatte unter anderm einst eine große Soirée bei sich. Während die Gesellschaft sich in seinen Salons bewegte, sagte er zu dem österreichischen Legationssecretär von B., indem er dessen Arm nahm: „Kommen Sie, Herr von B., wir wollen unbemerkt fortgehen — es ist zu unerträglich langweilig hier." — „Aber mein Gott, Excellenz, wir sind ja bei Ihnen." — „Nun", seufzte Herr von Bar, „dann muß ich hier bleiben, — aber

Sie sind frei, — gehen Sie fort, — denn es ist in der That zu langweilig." Ein andermal soll er einen neu angestellten Briefträger in der Nähe seines Hauses gefragt haben, ob derselbe Briefe für ihn habe. „Für wen?" fragte der Briefträger zurück. Der Minister sann nach und ging dann kopfschüttelnd und verlegen weiter, während der Briefträger ihm ganz erstaunt nachsah. Einige Schritte weiter begegnete er einem Bekannten, der ihm zurief: „Guten Tag, Herr von Bar!" Der Minister schlug sich vor die Stirn: „Es ist wahr — von Bar" — damit eilte er dem Briefträger nach und rief: „Haben Sie Briefe für Herrn von Bar?", während sein Freund nun seinerseits kopfschüttelnd dastand. Die Zahl derartiger kleiner Geschichten war Legion, und man versicherte, daß die meisten derselben nicht nur ben trovati gewesen seien. Dabei aber war Herr von Bar ein scharfer und feiner Jurist und ein liebenswürdig wohlwollender Mann, sehr reich und unabhängig, aber sehr froh, wenn man ihn mit der Politik in Ruhe ließ.

Eine besonders hervorragende und bemerkenswerthe Persönlichkeit war der Generalpolizeidirector Wermuth, ein Mann von großer Thätigkeit und ebenso großem Ehrgeiz. Er war früher Jurist und Advocat gewesen, dann in das Polizeifach übergegangen und hatte mit

dem preußischen Polizeidirector Stieber gemeinschaftlich
in den Communistenuntersuchungen erfolgreich gear=
beitet. Er strebte in allem seinem Vorbild und Ideal
Herrn von Hinckeldey nach, ohne doch nur entfernt
dessen große Eigenschaften und dessen organisatorisches
Talent zu besitzen. Die Polizei war für ihn die Seele
der Regierungskunst, doch beschränkten sich seine Mittel
meist auf kleine Maßregeln, eine große weitblickende
politische Staatspolizei lag völlig außerhalb seines Ge=
sichtskreises. Er war unausgesetzt thätig, um dem
Minister und dem Könige Berichte zu erstatten und
Maßregeln vorzuschlagen; oft aber hatte man die
Empfindung, daß diese eifrige, fieberhafte Thätig=
keit keinen Zweck außer sich selbst habe. Er war
in allen äußern Dingen ein tüchtiger und geschäfts=
kundiger Polizeimann, und wenn er dabei einen
politischen Einfluß ausübte, so lag der Grund da=
für darin, daß er den bureaukratischen Neigungen
des Herrn von Borries — dessen alter Schulfreund
er war — schmeichelte und dem Könige gegenüber
sich als ein Mann hinzustellen wußte, der alles mög=
lich zu machen versteht. Zugleich mochte er wol die
Gefährlichkeit der Opposition ein wenig übertreiben
unter Hinweis auf die frühern Communistenver=
schwörungen, um dadurch die Nothwendigkeit der

Polizei und speciell seiner Polizei fortwährend fühlbar zu machen.

Er war eine äußerst wenig elegante Erscheinung, ziemlich corpulent, seine Bewegungen waren hastig und etwas plump, sein starker Kopf mit vollem, etwas gedunsenem Gesicht war von einer röthlichen, oft schief sitzenden Perrüke bedeckt; er schnupfte stark Taback und bediente sich dabei häufig eines roth oder blau carrirten Taschentuchs.

Es war natürlich, daß er der Gegenstand manches boshaften Witzes wurde; in den Adelskreisen nannte man ihn „Baron Bitter", und merkwürdig war es, daß der König zuweilen, allerdings harmlos und mehr bedauernd, von dem so unendlich wenig eleganten Extérieur des Generalpolizeidirectors sprach — er kannte die kleinsten Eigenthümlichkeiten desselben, seinen Gang, seine Manieren — bis auf das bunte Taschentuch.

Mehr hinter den Coulissen stehend, aber doch zuweilen von bedeutendem Einfluß war der Staatsrath Zimmermann, ein ursprünglich gothaischer Publicist, der während der Verfassungsstreitigkeiten durch seine Bearbeitung der staatsrechtlichen Fragen für den Bund sich früher sehr nützlich gemacht und in den nächsten Beziehungen zu Herrn von Borries gestanden hatte. Er hatte sich aber bei dem Zerwürfniß zwischen diesem und dem Grafen Platen dem letztern angeschlossen. Herr von Borries haßte ihn deshalb — da er ihn und mit Recht als den spiritus familiaris seines feindlichen Collegen ansah — mit der ganzen Zähigkeit seines Charakters, und hatte seine Entfernung von Hannover verlangt; Graf Platen setzte es durch, daß Zimmermann zum Ministerresidenten in Hamburg ernannt wurde. Er gab dem Herrn von Borries seinen Haß mit Zinsen zurück und wußte von Hamburg aus ihm mit seinem feinen, etwas mephistophelischen Geiste manchen Streich zu spielen, namentlich hatte er mannichfache Verbindungen in der Presse, und Herr von Borries vermuthete oft wol nicht mit Unrecht seine Feder in den feindlichen Artikeln mancher großen deutschen Blätter. Er war damals 50 Jahre alt, fein und weiblich zart gebaut, mit einem kränklich durchsichtigen Gesicht, in welchem scharfe dunkle Augen blitzten; er war ein Mann von umfassender Bildung und durchdringendem Verstande, aber sein ganzes Wesen war durchtränkt von jenem Geiste des Mikrokosmus, der in den Mittel- und Kleinstaaten lebte und der auch in Hannover alles erfüllte außer dem König Georg V. Seine Regel war de faire le mort — „wenn die Großen sich streiten, müssen wir Kleinen die Ohren anlegen", pflegte er zu sagen, „und warten, bis der Sturm vorüber ist". Daß der Sturm auch einmal die Kleinen fassen und zerschmettern könnte, daran dachte damals in Hannover niemand.

Eine noch zu erwähnende Persönlichkeit war der Geheime Cabinetsrath des Königs Dr. Lex, ein kleines, schwächliches, trockenes Männchen von unermüdlicher Arbeitskraft und polyhistorischer Gelehrsamkeit. Er war vom Könige Ernst August dem Kronprinzen als Vorleser beigegeben und dann von dem Könige Georg, als er zur Regierung kam, beibehalten als Geheimsecretär mit dem Titel Cabinetsrath, denn ein eigentliches Cabinet existirte nicht. Seine Functionen waren mühselig und verantwortlich. Er mußte des Königs Hand und Auge sein, ihm alles vorlesen, was einging, und zugleich alles schreiben, was der König dictirte, von den intimsten Familienbriefen bis zu den Resolutionen auf die Berichte der Minister: eine Arbeit, die er sich unendlich erschwerte, da er alles bis auf das Siegeln der Briefe selbst besorgte. Ohne Familie, still und bescheiden, fast bedürfnißlos, lebte er nur dem Könige, der ein unbeschränktes und begründetes Vertrauen in ihn setzte. Er war verschwiegen wie das Grab und nie kam ein unvorsichtiges Wort über seine Lippen. Hätte man dem blinden Könige einen Secretär schaffen wollen, so hätte man nur den Dr. Lex schaffen können, und um=

gekehrt hätte man für diesen keine passendere Stellung ersinnen können, als es eben die seinige war.

Der Hof als solcher war für die politischen Verhältnisse gleichgültig. Der König hielt mit ungemeiner Strenge darauf, daß niemand mit ihm über Dinge sprach, die nicht zu dessen dienstlichen Functionen gehörten; seine drei Flügeladjutanten: der Rittmeister Graf Wedel, der Major von Heimbruch und der Major von Kohlrausch, durften, ohne sich scharfe Zurechtweisungen zuzuziehen, niemals das politische Gebiet im Gespräch berühren, obgleich der letztere des Königs Jugendfreund war, den er duzte und in den er persönlich ein unbegrenztes Vertrauen setzte, das dessen unbedingte Ergebenheit auch durchaus verdiente.

Die Königin Marie, einen so großen Einfluß sie auch in Familienangelegenheiten und reinen Hofsachen ausübte, machte niemals einen Versuch, sich in eigentlich politische Angelegenheiten zu mischen, höchstens daß sie Personen, die sie nicht liebte, ihre Abneigung zuweilen etwas deutlich zu erkennen gab. Am kleinen altenburgischen Hofe aufgewachsen, war ihr das Ceremonielle lästig; die Scheu vor demselben ließ sie zuweilen Dinge thun oder unterlassen, die dann bedenkliche Folgen hatten. Ihrer Abneigung vor aller Repräsentation war es vielleicht zuzuschreiben, daß der

hannoverische Hof so wenig mit andern Höfen in Ver=
bindung trat, was namentlich in Bezug auf Berlin
sehr zu bedauern war; denn viele Misverständnisse
hätten durch persönliche Begegnung der höchsten Herr=
schaften, die so nahe verwandt waren, vermieden oder
aufgeklärt werden können. Die Königin war am zu=
friedensten im kleinen Familienkreise mit wenigen Ver=
trauten; am liebsten hätte sie vielleicht in einer Meierei
gelebt; sie besaß unbedingt alle Tugenden der Frau
und Mutter, aber vielleicht war die Ausschließlichkeit
derselben ein Fehler der Königin.

Dieser so zusammengesetzten Regierung gegenüber
stand die Opposition, zusammengefaßt in der Organi=
sation des Nationalvereins unter der Leitung des Herrn
von Bennigsen und flankirt von den unzufriedenen
Frondeurs der Aristokratie.

Herr von Bennigsen war wol ursprünglich durch
unbefriedigten Ehrgeiz in die Opposition gedrängt;
seine bedeutenden Fähigkeiten hatten im Staatsdienste
nicht die Anerkennung gefunden, die er wünschte und
auch verdiente, und er hatte der Regierung den Be=
weis von der Bedeutung seiner Persönlichkeit als Gegner
zu liefern unternommen. Um eine größere Basis für
seine Thätigkeit zu gewinnen, als sie das Königreich
Hannover und dessen auf kleinstaatliche Verhältnisse

beschränkte Opposition ihm bieten konnte, vielleicht auch um der eigenen Regierung gegenüber den moralischen Rückhalt an der damaligen preußischen Regierung der neuen Aera zu gewinnen, hatte er den Nationalverein gegründet und damit eine über alle Mittel- und Kleinstaaten ausgebreitete Macht geschaffen, welche in seiner Persönlichkeit gipfelte und für dieselbe das Piedestal bildete. Herr von Bennigsen war ein Mann von großer Begabung und ebenso tiefer wie gründlicher Bildung. Es war sehr zu bedauern, daß man ihm innerhalb der Sphäre der Regierung nicht den Raum für seinen Ehrgeiz geöffnet hatte; vielleicht wäre sein reicher und mit so vielen Mitteln ausgerüsteter Geist dann mehr zu positivem Schaffen gewendet; während er nun, in die Opposition gedrängt, nur in negativer Kritik seine Spannkraft üben konnte, wodurch er sich überhaupt, wie die ganze spätere Laufbahn des damaligen Präsidenten des Nationalvereins beweist, der positiv schöpferischen Thätigkeit entfremdete. Freilich ist es ja selbst mittelmäßigen Geistern leicht, durch negirende und kritische Opposition gegen die Macht zu glänzen, wie viel mehr mußte dies einem durch natürlichen Verstand und allseitige Bildung so reich ausgestatteten Manne wie Herrn von Bennigsen gelingen. Er war der Gentleman seiner Partei, der vornehme

Führer, dem die andern gern folgten, und dem sie sich nicht erst unterzuordnen nöthig hatten, da sie ihm sämmtlich untergeordnet waren.

Herr von Bennigsen hatte übrigens seine Stellung mit großer Geschicklichkeit genommen. Die gothaische Idee war in Hannover nicht populär, Preußen war im ganzen Volke nicht beliebt, und der Nationalverein hätte vielleicht im Königreiche Hannover nur eine verschwindend kleine Anzahl von Mitgliedern gefunden, wenn Herr von Bennigsen nicht zugleich an der Spitze der Opposition gegen die Regierung gestanden hätte, und wenn nicht Herr von Borries deshalb in eine persönliche Gegnerschaft gegen jenen Verein getreten wäre, dem sich nun alle diejenigen anschlossen, welchen der Minister des Innern verhaßt oder unbequem war. Auf diese Weise operirte Herr von Bennigsen mit einer Zwickmühle. Er führte dem Nationalverein alle mit Herrn von Borries unzufriedenen Hannoveraner zu und gab auf der andern Seite der innern Opposition durch die moralische Macht des weit ausgebreiteten Vereins und der von diesem beherrschten Presse einen immer steigenden Nachdruck. Man kann wol mit Recht sagen: Herr von Bennigsen hat den Nationalverein gegründet, aber Herr von Borries hat ihn in Hannover großgezogen.

Die eigenthümliche Naivetät des Ministers des Innern trat auch in dieser Beziehung scharf hervor. Es ist gewiß ein ganz richtiger Grundsatz, den eine conservative wie eine liberale, eine monarchische wie eine republikanische Regierung zu allen Zeiten ausgeübt hat und in allen künftigen Zeiten ausüben wird: daß nämlich Arbeiten und Lieferungen der Regierung, welche meist großen Vortheil bringen, unter verschiedenen qualificirten Bewerbern vorzugsweise den Freunden der Regierung übertragen werden. Es wäre natürlich und leicht gewesen, nach diesem Grundsatze in allen vorkommenden Fällen zu verfahren, ohne daß dadurch der geringste Grund zur Beschwerde gegeben werden konnte. Herr von Borries fand es aber für gut, jenen an sich so natürlichen und von jeder Partei, wenn sie die Macht hat, befolgten Grundsatz in ein bureaukratisches Rescript zu fassen und allen Landesbehörden die Uebertragung irgendwelcher öffentlichen Arbeiten oder Lieferungen an Mitglieder des Nationalvereins zu verbieten. Ja es wurde eine besondere Liste der bei allen solchen Gelegenheiten auszuschließenden Personen angefertigt. Nun blieb in Hannover keine solche Maßregel geheim; es existirte ein Club, der, ich weiß nicht aus welchem Grunde, den Namen „Lemförde" führte und der zu seinen Mitgliedern die

Räthe sämmtlicher Ministerien zählte; hier wurden nun die Maßregeln und Beschlüsse der Regierung mit der ungenirtesten Offenheit besprochen und discutirt, sodaß kaum jemals ein Geheimniß, das über die Personen der Minister selbst hinausging, länger als vierundzwanzig Stunden bewahrt blieb. So erfuhr denn auch Herr von Bennigsen von jener Verfügung und der aufgestellten Liste, welche man das Schwarze Buch nannte, und es erhob sich ein ungeheueres in der ganzen deutschen Presse widerhallendes Geschrei, welches auch auf Freunde der Regierung Eindruck machte, da die Maßregel in der Form, in welcher sie getroffen war, als eine Art von Proscription erschien, welche dem öffentlichen Gefühl widerstrebte. Aehnliche Fehler beging Herr von Borries in den Kammersitzungen, in welchen er die Stellung des Herrn von Bennigsen täglich erhöhte. Denn kaum hatte der Führer der Opposition eine Rede gehalten, welche er, oft unwillkürlich selbst dabei lächelnd, mit seinen Nadelstichen gegen den Minister würzte, so erhob sich auch schon Herr von Borries, um in gereizter Erregtheit eine ebenso lange und oft längere Erwiderungsrede zu halten, in welcher er dann auch jedesmal durch irgendeine Aeußerung seinem Gegner Stoff zu neuen Angriffen gab, sodaß zuweilen ganze Kammersitzungen nur einen oratorischen Zweikampf zwischen den Herren von Borries und von Bennigsen bildeten, bei denen der letztere meist den Preis der Dialektik davontrug und oft die Lacher auf seiner Seite hatte. Die Persönlichkeit des Oppositionsführers wuchs dadurch mächtig und trat immer mehr in den Vordergrund; viele seiner Reden wären völlig unbeachtet geblieben ohne die Erwiderungen des Herrn von Borries. Es war aber unmöglich, diesen davon zu überzeugen, daß er den Gegner groß= mache und daß er ihm den größten Theil seiner Be= deutung genommen oder sie ihn gar nicht hätte ge= winnen lassen, wenn er allen Angriffen gegenüber geschwiegen oder nur sachlich durch einen Regierungs= commissar hätte antworten lassen. Er faßte eben das parlamentarische Leben als einen Redekampf auf, bei dem er, der Minister selbst, stets auf der Bresche stehen müsse, und er glaubte einen großen Sieg er= fochten zu haben, wenn er später seine Reden gedruckt las, ohne zu bedenken, daß die Reden des Herrn von Bennigsen, die er veranlaßt hatte, in eine viel weitere Oeffentlichkeit drangen und in diesen weiten Kreisen unwiderlegt blieben.

Dieser unausgesetzte politische Zweikampf des Herrn von Bennigsen mit dem Minister ließ ihn in den Augen des Publikums um so mehr als der ganzen königlichen

Regierung gleichwerthig erscheinen, wodurch denn seine
Persönlichkeit mit um so größerm Nimbus umgeben
wurde, je mehr die übrigen Mitglieder der Opposition
an Geist, Bildung und Redegewandtheit weit unter
ihm standen und hier kaum erwähnenswerth sein
möchten, — als Curiosa vielleicht ein alter Veteran
der äußersten Linken, Herr Breusing, der Repräsentant
der loquax senectus und der Typus dessen, was der
wiener Volkswitz unter dem „Herrn von Justament=
nöt" versteht, sowie der Bauer Rebeker, der durch seine
überraschenden, aber meist in der Sache harmlosen
Derbheiten oft die Kammer in Erstaunen setzte und
erheiterte. Ich spreche hierbei nicht von Miquel.
Dieser trat damals im parlamentarischen Leben noch
nicht besonders hervor. Er überragte Herrn von
Bennigsen zweifellos an tiefem und feinem Geist, an
juristischem Scharfsinn und an positiver Schöpfungs=
kraft, und wäre, als er später mehr hervortrat, die
Katastrophe von 1866 nicht eingetreten, so würde ohne
Zweifel Miquel die Führung der Opposition über=
nommen und vielleicht ein fruchtbares Zusammen=
wirken mit der Regierung auf praktischem Wege er=
möglicht haben. Miquel hielt damals wenig vom
Nationalverein. Der Gothaismus erschien ihm als
eine kränkliche Theorie, die berliner neue Aera als

nicht gemacht, Deutschland zu reformiren, und die Idee an die Politik und die Erfolge von 1866 existirte damals noch in keinem Kopfe.

So ungefähr war die Lage des öffentlichen Lebens und die innere und äußere Stellung der Regierung in Hannover, als an mich die Aufgabe herantrat, eine publicistische Vertretung der Grundsätze und Maßregeln der Regierung in der Presse zu organisiren.

Der König — wieder infolge seiner englischen Erziehung, achtete die Bedeutung der Presse ungemein hoch, — er pflegte sie oft die sechste Großmacht zu nennen, — Herr von Borries war ungemein empfindlich gegen öffentliche Angriffe und noch mehr entrüstet darüber, daß er dieselben nur in äußerst beschränkter Weise zurückweisen konnte. Man verlangte von mir Abhülfe und setzte mich damit in eine nicht geringe Verlegenheit. Ist es überall schon keine leichte Aufgabe, eine Regierung in der Presse zu vertreten, so schien dieselbe bei den damaligen hannoverischen Zuständen fast unausführbar und war wohl geeignet, mich ziemlich muthlos zu machen. Wo die Regierung aus einer Partei hervorgegangen ist und von dieser gestützt wird, stehen ihr wenigstens die Organe dieser Partei selbst zu Gebote, — in Hannover hatte aber die Regierung keine solche Stütze — alle Parteien waren ihr feindlich und sie war ausschließlich auf ihren eigenen bureaukratischen Mechanismus angewiesen; dazu kam die Uneinigkeit zwischen den beiden hauptsächlichsten Ministern und — eine nicht geringe Klippe, das hohe persönliche Interesse des Königs gerade an dieser Frage, welches fortwährend die Eifersucht des Herrn von Borries erregte, während es doch unmöglich war, den unmittelbaren allerhöchsten Einfluß zurückzuweisen, um so weniger, da der König vielleicht der einzige war, der von einer vernünftigen und wirkungsvollen publi= cistischen Thätigkeit einen Begriff hatte und weitern Ideen zugänglich war.

Das Verhältniß, welches ich vorfand, war ein un= endlich primitives und fast komisches.

Die Regierung besaß ein officielles Blatt, die „Neue Hannoverische Zeitung", welches in seinem offi= ciellen Theil die Anzeigen der Behörden und in seinem nichtofficiellen Theil politische Leitartikel und Corre= spondenzen brachte, welche ihr von dem Ministerium des Innern vorgeschrieben wurden. Der Verleger er= hielt . jährlich für 10000 Thaler Regierungsdruck= arbeiten und außerdem mußten alle Beamten das Blatt halten, sowie alle Behörden ihre Bekanntmachungen in demselben inseriren lassen. In dieser „Neuen Hanno= verischen Zeitung" erschienen nun fortwährend Artikel zur Vertheidigung der Maßregeln der Regierung, oder vielmehr des Ministeriums des Innern, welche Herr von Borries, der keinen andern Einfluß auf das Blatt zuließ, meist persönlich durch seine Referenten inspirirte und welche ganz im Stile seiner Kammerreden schlagend, derb, oft provocirend, meist aber etwas steif und langweilig gehalten waren. Die sämmtlichen übrigen Blätter in der Stadt Hannover selbst gehörten der Opposition, an der Spitze die „Zeitung für Norddeutschland", von dem hochehrenwerthen, aber tief erbitterten Feinde der Regierung, Dr. Eichholz, redigirt — neben ihr der „Hannoverische Courier", welcher sich hoch durch maliciösen, aber oft pikanten Spott hervorthat und dessen Redacteur Frederichs als Mitglied des früher erwähnten Clubs Lemförde vielfach Gelegenheit hatte, die Indiscretionen der Ministerialreferenten zu verwerthen. Die übrigen Zeitungen in Hannover, „Tagespost" und „Tageblatt", sowie fast alle Tages- und Wochenblätter im Lande druckten die Artikel der „Zeitung für Norddeutschland" der Form oder wenigstens dem Sinne nach ab, und so kam es, daß die Artikel der „Neuen Hannoverischen Zeitung" einsam verklangen wie die Stimme des Predigers in der Wüste, während ringsumher bis auf die kleinen und kleinsten Blättchen der unbedeutendsten

Provinzialstädte die Opposition die Presse und die öffentliche Meinung beherrschte.

Nicht minder feindlich verhielt sich die ganze auswärtige Presse mit alleiniger Ausnahme des „Hamburgischen Correspondenten", mit welchem Herr von Borries eine persönliche Beziehung — ich weiß nicht wann und wie — angeknüpft hatte, und der alle Artikel des Ministers willig aufnahm. Sowol vom gothaischen als vom allgemein liberalen Standpunkt aus war die hannoverische Regierung der Gegenstand der heftigsten und bittersten Angriffe, — oft auch ungerechter Verleumdungen, die zum Theil von persönlich gereizten und erbitterten Correspondenten aus dem Lande selbst ausgingen, und nirgends existirte ein Organ, das solchen Angriffen entgegentrat.

Einen wesentlichen Punkt in dieser Richtung bildeten die Beziehungen zu Preußen, welche damals so schlecht als möglich waren, sodaß die ganze preußische und von Berlin aus inspirirte Presse einstimmig in der feindlichsten Weise gegen Hannover auftrat. Es war dies eigentlich ein merkwürdig abnormer Zustand bei der preußischen Erziehung und den preußischen Erinnerungen und persönlichen Sympathien des Königs und bei der eigenthümlichen Vorliebe des Ministers des Innern und des Generalpolizeidirectors für die

Institutionen der preußischen Bureaukratie, deren Nach=
ahmungen überall an die Stelle des althannoverischen
ständischen Selfgovernment gesetzt wurden.

Die Spannung war zuerst begründet durch die
provisorische Regierung der neuen Aera, welche so ganz
entschieden die gothaische Idee, den Bundesstaat mit
preußischer Spitze, auf ihre Fahne schrieb, und durch
den Nationalverein, der diese Idee mit der Opposition
im Innern in enge Verbindung setzte und dadurch
tiefes Mistrauen erregte, indem er damals schon auf
mögliche Annexionen hindeutete und von Italien auf
Deutschland exemplificirte.

Schon im März 1860 sagte Herr von Bennigsen
bei Gelegenheit einer Kammerdebatte über die von der
Opposition als unzulässig erachtete Vereinigung der
Ministerien der Finanzen und des Königlichen Hauses
in Einer Hand, wodurch die Verwaltung der Staats=
und Krondomänen unter denselben Chef gestellt war:
er begriffe nicht, wie die Regierung zu der Maßregel
der Domänenausscheidung habe greifen können, man
habe aber wol in Rücksicht auf gewisse durch die euro=
päischen Wirren bedingte Eventualitäten dem königlichen
Hause die Unterlage einer fürstlichen Existenz schaffen
wollen. Eine solche Aeußerung aus dem Munde des
Führers der Opposition machte in den Kreisen des

Hofes und der Regierung großes Aufsehen und verstimmte auf das tiefste gegen Preußen.

Die oppositionellen Blätter nährten diese Verstimmung, indem sie fortwährend die preußischen Zustände verherrlichten und indirect eine Annexionspolitik als wünscheswerthes Ziel hinstellten. Herr von Borries gab seinem Aerger über diese Kundgebungen des Nationalvereins in einer seinem ganzen Charakter entsprechenden, etwas kleinlichen und nicht besonders politischen Weise Ausdruck, indem er Preußen in unbedeutenden an sich gleichgültigen Fragen, welche zugleich den allgemeinen öffentlichen Verkehr berührten, Schwierigkeiten bereitete. Es handelte sich damals um den Bau der Bahn Buke-Kreiensen, und Herr von Borries verweigerte die Ueberführung dieser Bahn über die Linie der Hannoverischen Südbahn; ebenso wünschte Preußen die Zahl der Telegraphendrähte, welche es auf hannoverischem Gebiet besaß, zu vermehren, weil der Verkehr nach den preußischen Westprovinzen dies in der That erforderte: Herr von Borries verweigerte dies ebenfalls. Dies erbitterte natürlich wieder in Berlin, und die Spannung wurde immer größer.

Ein persönlicher Verkehr der beiden Höfe hätte bei den vielen gemeinsamen Jugenderinnerungen der re-

gierenden Herren, bei den so nahen Verwandtschafts=
beziehungen und bei der so großen persönlichen Liebens=
würdigkeit des Königs Georg manche Schärfen gemildert
und manche Misverständnisse aufgeklärt, — aber theils
die Abneigung der Königin gegen jede Repräsentation,
theils der Einfluß des so specifisch österreichisch ge=
sinnten Grafen Platen, der stets nach Wien blickte,
hinderten solche persönliche Annäherung. An jenen
kleinen Tracasserien freilich hatte Graf Platen keine
Schuld, — er hatte die unmittelbaren Unannehmlich=
keiten der gereizten Verhandlungen und unterließ auch
nicht, der preußischen Diplomatie gegenüber die Schuld
der Mishelligkeiten auf den Herrn von Borries zu
werfen; zu einem ernsten guten Einvernehmen mit
Preußen aber wollte er es in Rücksicht auf Wien ebenso
wenig kommen lassen als sein College.

Mir ist in Betreff der damaligen Verhältnisse, in
denen der erste Grund der spätern Katastrophe lag,
ein Wort meines alten verehrten Freundes, des Hof=
raths Schneider, stets in Erinnerung geblieben. Er
kam öfter nach Hannover, der König kannte ihn von
Berlin her und war ihm sehr gnädig, erinnerte sich
auch besonders gern seiner Schwester, der Gattin des
Kapellmeisters Schubert, welche in des Königs Knaben=
jahren als damals gefeierte Sängerin Maschinka

4*

Schneider in London zuerst die Weber'sche Musik, besonders die Arien des „Freischütz", gesungen und den Hof, die große Gesellschaft und das Publikum Englands entzückt hatte. Schneider bedauerte jedesmal, daß der König niemals nach Berlin käme und daß dadurch die beiden Höfe sich einander entfremdeten. „Man schreibt und spricht so viel von Annexionen", sagte er, „und ich begreife, daß das in Hannover verstimmt und besonders den König peinlich berührt, — aber warum erinnert man in Hannover denn Preußen unausgesetzt und in so kleinen Dingen daran, daß man ein Hinderniß ist, — daß man die zwei Staatshälften trennt? Und wenn man das aus politischen Gründen für nöthig hält, warum löst man die persönlichen Beziehungen? Kein Land in Deutschland macht Preußen mehr Schwierigkeiten politischer Natur als Mecklenburg. Warum spricht man niemals von einer Annexion von Mecklenburg? Weil der Großherzog und seine Familie über alle Differenzen der Regierungen hin sich stets als gute Freunde und Verwandte zeigen, nach Berlin kommen und ihre Beziehungen zur preußischen Armee pflegen. Eine Annexion von Mecklenburg, möchten noch so große politische Differenzen vorkommen, würde eine Unmöglichkeit sein." Der vortreffliche, so fein und weit blickende Schneider hatte recht, — aber alle

Versuche, eine persönliche Annäherung der Höfe zu erreichen, blieben erfolglos. Ein einziges mal fand etwas der Art statt und hatte — wie ich später erzählen werde — den vortrefflichsten Erfolg.

Außer den kleinen Zänkereien schwebten zwischen Hannover und Preußen aber auch ernstere Differenzen. Die Verhandlungen über die Ablösung des Stader Zolles hatten begonnen und beschäftigten die hannoverische Diplomatie; — wichtiger aber waren die preußischen Vorschläge zur Reform der Bundeskriegsverfassung, denen Hannover principiell entgegentrat, und die Frage der Eisenbahn von Minden nach dem Jadebusen, in welcher die hannoverische Regierung dem preußischen Wunsche, jene Bahn durch hannoverisches Gebiet zu legen, sich widersetzte. In den beiden letztgenannten Angelegenheiten war nicht Herr von Borries allein die Ursache des Widerstandes. Sowol in der Reformfrage der Bundeskriegsverfassung als in Betreff der Minden-Jadebahn vertrat Graf Platen entschieden das Interesse Oesterreichs, das der Ausdehnung des preußischen Einflusses in Norddeutschland keinen Spielraum gewähren wollte. Es wurde ihm leicht, dem Könige in den preußischen Vorschlägen in Betreff der Wehrverfassung des Bundes einen Eingriff in seine Kriegsherrlichkeit und in der Minden-Jadebahn einen militärischen Zwinggürtel zur Einengung Hannovers zu zeigen. Zu anderer Zeit wäre der König vielleicht in beiden Fragen zum Entgegenkommen geneigter gewesen — aber die Regierung der neuen Aera zeigte allerdings auch ihrerseits eine so entschiedene Animosität gegen Hannover, daß sie in der That kaum vertrauensvolles Entgegenkommen erwarten konnte. Insbesondere verstimmte den König persönlich die Wiederaufnahme der braunschweigischen Successionsfrage, welche gerade damals in Zeitungsartikeln und Broschüren, deren Ursprung man der preußischen Regierung oder wenigstens dem Herrn von Schleinitz zuschreiben zu sollen glaubte, fortwährend vor der Oeffentlichkeit behandelt wurde.

So hatte denn die hannoverische Regierung in der Presse nicht nur mit fast allen großen und kleinen Blättern des eigenen Landes, sondern auch mit allen liberalen Blättern in Deutschland und endlich zumeist auch mit dem preußischen Preßbureau zu kämpfen, welches, von dem Ministerpräsidenten von Manteuffel sehr wirksam organisirt, damals unter der Leitung der Herren von Jasmund und von Bardeleben stand und dem Antagonismus der neuen Aera gegen Hannover in schärfster Weise Ausdruck gab.

Die hannoverische Regierung hatte dagegen nur

sehr geringe Vertheidigungsmittel. Gegen die Blätter des Inlandes brachte man nach der damaligen Bundes=preßgesetzgebung Verwarnungen und Concessionsent=ziehungen in Anwendung, welche notorisch niemals etwas nützten und die Opposition nur dahin brachten, ihre Angriffe in vorsichtigere, darum aber um so ge=hässigere und wirksamere Form zu kleiden. Den aus=wärtigen Blättern gegenüber griff man zur Androhung der Entziehung des Postdebits und erreichte damit im günstigsten Falle, wenn die Maßregel wirklich Wirkung hatte, höchstens, daß das betreffende Blatt, um sich vor dem Verlust seiner hannoverischen Abonnenten zu be=wahren, über alle hannoverischen Dinge absolutes Schweigen beobachtete. Von einer Einwirkung in geistiger Beziehung, von einer Fühlung mit den publi=cistischen Kreisen oder gar von einer vertrauensvollen Verständigung, die so oft mit der Opposition möglich gewesen wäre, war keine Rede; die „Neue Hannoverische Zeitung" brachte ihre Leitartikel, welche Paraphrasen der Kammerreden des Herrn von Borries waren, die Oppositionsblätter erhielten ihre polizeilichen Verwar=nungen, — das war alles. Graf Platen verweigerte jede Mitwirkung zur Instruction des Regierungsblattes, und so leistete dasselbe in der That an Langweiligkeit das Unglaublichste und erinnerte vielfach an den alten

"Preußischen Staats-Anzeiger", der im Jahre 1830, an dem Tage, an welchem die Nachricht der Julirevolution nach Berlin gekommen war, einen Leitartikel über den Schmetterlingsfang zur Erbauung und Belehrung seiner Leser veröffentlichte.

Unter diesen Verhältnissen gehörte ein gewisser Muth dazu, die Preßangelegenheiten anzufassen, welche in mehr als einer Beziehung einem Wespenneste glichen.

Ich machte vor allem darauf aufmerksam, daß ich die polizeilichen Maßregeln, Verwarnungen und Concessionsentziehungen für wirkungslos hielte, oder daß wenigstens nach meiner Ueberzeugung die rein negative Wirkung mit der Gehässigkeit der Maßregel, welche wohlfeiles Märtyrerthum schaffe, in keinem Vergleich stände.

Ich stellte ferner die Nothwendigkeit dar, der Opposition auf publicistischem Boden einen geistigen Widerstand entgegenzusetzen, da ja die Regierung für alle ihre Schritte gute Gründe und Kräfte genug habe, dieselben darzulegen — wozu vor allem nöthig sei, Beziehungen nach allen Richtungen anzuknüpfen und Einfluß in der in- und ausländischen Presse zu gewinnen.

Endlich hob ich hervor, daß eine wirksame Vertheidigung der Regierung vor der öffentlichen Meinung nur dann möglich sei, wenn alle Ministerien in gleicher

Weise daran mitwirkten, — insbesondere sei das Auswärtige Amt dazu nothwendig, da man von fremden Blättern unmöglich eine Behandlung der innern hannoverischen Angelegenheiten verlangen könne, ohne ihnen zugleich interessanten diplomatischen Stoff zu geben und ihnen Material zur Beurtheilung der großen politischen Fragen zu bieten. Die Leitung der Presse müsse deshalb nicht unter dem Ministerium des Innern, sondern unter dem Gesammtministerium stehen.

Diese Grundsätze, welche stets das Fundament meiner Anschauungen über die Behandlung der Presse von seiten der Regierungen gebildet haben und durch meine Erfahrungen auf diesem Gebiete nur immer mehr befestigt worden sind, erregten, während der König sie vom ersten Augenblick an billigte, bei Herrn von Borries ein fast mistrauisches Bedenken. Er wollte von einer Beschränkung der polizeilichen Maßregeln nichts hören, in denen er allein heilsame Einschüchterung erblickte, und noch weniger wollte er eine Mitwirkung der übrigen Minister, am allerwenigsten des Grafen Platen, zugestehen, der natürlich dann seine Instructionen nicht der Prüfung und Approbation des Ministers des Innern unterworfen haben würde.

Die Herstellung einer publicistischen Organisation indessen wurde in Angriff genommen, und ich begann, so gut es auf dem schwierigen Boden anging, daran zu arbeiten. Eine der hauptsächlichsten Schwierigkeiten zur Begründung eines geistigen Einflusses auf die Publicistik lag in der Persönlichkeit des Herrn von Borries selbst, welcher von einer freien geistigen Bewegung keinen Begriff hatte, alles nach der Schablone machen wollte und vor allem stets selbst publicistisch zu arbeiten liebte. Jeden Morgen erhielt ich ein oder mehrere Billets mit Instructionen zur Behandlung einzelner Gegenstände. Dieselben trugen zwar stets die Nachschrift: "salva redactione", allein der Minister war doch sehr unzufrieden, wenn er nicht alle seine Gedanken und Wendungen wiederfand, deren Abdruck man fremden und unabhängigen Blättern, welche einer andern Form zugänglich gewesen wären, nicht zumuthen konnte. Einem Einfluß im Auslande stand der gesammte Liberalismus und der preußische Antagonismus entgegen. Die verschiedenen politischen Misverständnisse und Verstimmungen, deren ich bereits erwähnt, machten auch die Organe der preußischen conservativen Partei, so sehr dieselben der neuen Aera feindlich gegenüberstanden, zu Gegnern der hannoverischen Regierung, und selbst die "Kreuzzeitung" brachte feindselige Artikel gegen Hannover. Dazu kam, daß die verfügbaren Mittel sehr beschränkt waren. Ein Dispositionsfonds existirte nicht, — zum Ersatz dafür hatte das Ministerium des Innern eine eigenthümliche Besteuerung der ausländischen Versicherungsgesellschaften eingeführt. Jede solche Gesellschaft, welche für das Königreich concessionirt wurde, mußte eine bestimmte, von dem Minister des Innern in jedem Falle festgesetzte Summe in die Kasse des Ministeriums zahlen. Aus diesen Beiträgen bildete sich der sogenannte „Feuertopf", über dessen Verwendung die Stände kein Recht der Controle besaßen, der aber gerade deshalb fast in jeder Session den Gegenstand der lebhaftesten Angriffe bildete. Dieser Fonds, an sich ziemlich bedeutend, war nun aber für alle möglichen Zwecke ziemlich stark belastet und es blieb wenig genug zur Verwendung für Preßzwecke übrig, sodaß auch an die Gewinnung unbedingt nothwendiger literarischer Hülfskräfte nur in beschränktem Maße gedacht werden konnte.

Allen diesen Schwierigkeiten stand ich gegenüber, sie konnten nur allmählich überwunden werden, und die größten derselben lagen im Schoße der Regierung selbst. Dessenungeachtet begann ich meine Thätigkeit nach festem Plan und mit der Hoffnung, den geistigen Einfluß auf die Presse, den nach meiner Ueberzeugung jede Regierung haben muß und den sie zu erringen und festzuhalten das Recht und die Pflicht hat, nach meinen Anschauungen und Ueberzeugungen herstellen zu können, da ich für diese Anschauungen des Verständnisses und der Unterstützung des Königs gewiß war, der die Presse die sechste Großmacht nannte und dann meist hinzuzufügen pflegte: „Eigentlich aber ist sie die erste."

II.

Organisation der Provinzialpresse. — Staatsminister Bacmeister. — Die Druckarbeiten der Regierung als Subvention für die Zeitungsunternehmer. — Die auswärtige Presse. — Die Correspondenten. — Das Literarische Bureau in Berlin und die preußischen Zeitungen. — Die „Weser-Zeitung". — Die augsburger „Allgemeine Zeitung". Dr. Orges, Baron von Cotta. — Weitere Schwierigkeiten der politischen Preßleitung. — Die Instructionen des Herrn von Borries. — Feindschaft des Corps bureaucratique. — Literarischer Größenwahnsinn.

Um nun die Anschauungen der Regierung in wirksamer Weise der öffentlichen Meinung zugänglich zu machen und die Alleinherrschaft der Opposition zu brechen, veranlaßte ich zunächst eine generelle Verfügung an alle localen Verwaltungsbehörden, welche dieselben anwies, sich mit den Redacteuren — meist zugleich Besitzern und Druckern — der kleinen und kleinsten Provinzialblätter in persönliche Verbindung zu setzen und denselben zu eröffnen, daß die Regierung von ihrer Loyalität die Aufnahme von ruhig gehaltenen

Darlegungen und Begründungen des Regierungsstand=
punktes erwarte. Es sollte dabei ausdrücklich erklärt
werden, daß die freie, auch oppositionelle Besprechung
der politischen Fragen ihnen keineswegs verwehrt sein
und daß kein polizeilicher Druck gegen sie geübt
werden solle. Um alles Mistrauen auszuschließen,
wurde diese Vermittelung nicht den Polizeibehörden,
sondern ausschließlich nur den Verwaltungsbeamten
übertragen, welche dann zugleich die Zustellung der
einzelnen Artikel an die Blätter ihres Bezirks zu
übernehmen hatten.

Mit Ausnahme einiger Zeitungen der größern
Städte, welche ganz dem Nationalverein gehörten,
gingen fast alle Provinzialblätter auf die ihnen in
vertraulicher Weise gemachte Eröffnung ein, — die
meisten um so lieber, als sie die Artikel der Oppositions=
blätter nur aus Mangel andern Stoffes abgedruckt
hatten und sehr froh waren, nun scheinbar Eigenes
ihren Lesern bieten zu können und zugleich mit den
Behörden in ein freundliches Verhältniß zu treten.
Viele allerdings meldeten sich bald auch mit Unter=
stützungsansprüchen, welche sich indeß in so geringen
Dimensionen hielten, daß sie trotz der beschränkten
Mittel durch gelegentliche Subventionen befriedigt
werden konnten.

Die Landdrosten in den verschiedenen Districten ließen es sich auf Aufforderung des Ministers des Innern eifrig angelegen sein, durch geeignete, häufig nicht dem Dienst angehörige Vertrauenspersonen mit den einzelnen Blättern ihres Verwaltungsbezirks in Verbindung zu treten und sie zu einer verständigen, den Gründen der Regierung Raum gebenden und die Kritik der Regierungsmaßregeln in ruhiger Form haltenden Redaction zu bestimmen. Insbesondere fand ich ein tiefes Verständniß für die Bedeutung der Presse und die richtige geistige Einwirkung der Regierung auf dieselbe bei dem damaligen Landdrosten zu Aurich, dem frühern Minister Bacmeister, den Herr von Borries bei einem Besuch in Hannover mit mir bei einem ganz vertraulichen Theeabend zu einer eingehenden Besprechung zusammenbrachte und den ich damals zuerst kennen lernte. Da dieser hochbedeutende Mann noch in der letzten Zeit des Königreichs Hannover einen wesentlichen Einfluß auf dessen Schicksal ausübte und ich in manchen wichtigen Momenten mit ihm zu arbeiten und von ihm zu lernen die Freude hatte, so mögen einige Bemerkungen über ihn gleich hier an dieser Stelle ihren Platz finden.

Bacmeister stand damals im 56. Jahre seines Alters, er war kränklich und man konnte oft auf seinem Gesicht die Spuren körperlichen Leidens sehen; doch schienen seine feinen Züge durch das frische geistige Leben, das aus seinen scharfblickenden Augen sprühte, jünger als seine Jahre. Er besaß eine ebenso tiefe und reiche allgemeine Bildung als gründliche Kenntnisse und ausgedehnte Erfahrungen in den Rechts- und Verwaltungswissenschaften. Seine Arbeitskraft war trotz seiner empfindlichen Nerven unerschöpflich, seine Ideen stets groß und weit, seine Mittel zum Ziele schneidig und zähe. Er besaß eine hinreißende Beredsamkeit, welche ebensowol durch die schlagende Schärfe der Gründe, als durch die Eleganz des Ausdruckes und durch wahrhaft attischen Witz wirkte; wenn er sprach, spielte ein gutmüthig spöttisches Lächeln um seinen feinen Mund, seine Stimme war leise und fast monoton, dennoch erzwang er stets die allgemeine Aufmerksamkeit und seine scharfe Dialektik überzeugte fast immer seine Gegner, oder brachte sie zum Schweigen. Er war im Jahre 1842 in das Ministerium des Innern berufen worden und hatte die hannoverische Proceßordnung ausgearbeitet, welche in ihrer Art ein Meisterstück war und trotz der durch das Jahr 1848 veränderten Rechtsverhältnisse noch die materielle Grundlage des hannoverischen Proceßrechts bildet. Dann war er unter dem Ministerium Schele nacheinander

Minister des Cultus und der Finanzen gewesen, hatte sich darauf, weil er mit Schele nicht mehr übereinstimmte, zurückgezogen und war, wie schon bemerkt, unter Herrn von Borries Landdrost in Aurich. Trotz der freimüthigen Offenheit, mit welcher er zu allen Zeiten seine Meinung aussprach und vertrat, besaß er das Vertrauen aller, die ihm nahe getreten waren. Der König Ernst August hatte ihm die Abfassung seines Testaments übertragen, der König Georg zeichnete ihn bei jeder Gelegenheit aus, und selbst der so mistrauische Minister von Borries hatte niemals eine Differenz mit ihm, — er achtete seinen Geist und seinen Charakter, — vielleicht fürchtete er ihn, und trotz aller freundlichen Beziehungen hielt er doch bei dem Könige jeden Gedanken an eine Berufung Bacmeister's in das Cabinet fern — auch hätte sich dieser, dessen oberster Grundsatz das fortiter in re und suaviter in modo war, schwerlich damals dazu verstanden.

Dieser Mann nun, der, ganz wie ich, überzeugt war, daß der Einfluß der Regierung auf die Presse ein leitender, anregender, vertrauenerweckender sein müsse, daß vor allem jede polizeiliche Maßregelung von der geistigen Einwirkung völlig getrennt zu halten sei, war vielleicht unter allen höhern Beamten

Hannovers der einzige, bei dem ich eine wirklich eingreifende Unterstützung ganz in meinem Sinne fand; sonst trat mir namentlich die Bureaukratie mehr oder weniger offen feindlich entgegen, weil sie theils auf dem Standpunkte stand, daß die Zeitungsschreiberei etwas ganz Gleichgültiges sei, und daß für deren Behandlung, wenn sie je Beachtung verdiene, die polizeilichen Bundesgesetze völlig ausreichten, — theils auch weil ein großer Theil der Ministerialreferenten mit dem Nationalverein sympathisirte und sich der Angriffe gegen den oft rücksichtslosen Minister von Borries freute.

Dessenungeachtet hatten die von mir getroffenen Maßregeln eine schnelle und wie natürlich auch eine allgemein sichtbare Wirkung. Das frühere Verhältniß kehrte sich um. Während früher das Regierungsblatt isolirt war, blieben jetzt die eigentlichen Parteiblätter mit ihren Angriffen gegen die Regierung allein, — alle kleinen Blätter vertraten die Anschauungen der Regierung. Die Opposition begriff sehr wohl, wie gefährlich dieses System für sie war, — denn die großen Parteiblätter werden im allgemeinen nur von denen gelesen, welche ohnehin schon zur Partei gehören oder deren Anschauungen theilen, — die kleinen und kleinsten Zeitungen aber, welche in das Volk dringen, das noch keine eigene Meinung sich zu bilden vermag und sehr geneigt ist, das gedruckte Wort für unbedingte Wahrheit zu halten, machen in eigentlichem und eminentem Sinne öffentliche Meinung. Es begannen daher in allen Blättern der Opposition die allerheftigsten und meist sehr gehässigen Angriffe gegen das neue „Preßbureau", das nun wundersamerweise gerade die gothaischen Organe als eine von Preußen importirte Institution zu verdächtigen suchten, — man stellte dieses Preßbureau als eine dunkle, geheimnißvolle, von polizeilichen Schrecknissen umgebene Macht hin und drohte den Provinzialblättern, welche mit demselben in Verbindung traten, mit Entziehung der Abonnenten und Anzeigen, was indeß keinen Eindruck machte, da die Bewohner des Bezirks jener kleinen Blätter, denen die großen Zeitungen meist gar nicht zu Gesicht kamen, fortfuhren sie zu lesen und in ihnen ihre Anzeigen zu veröffentlichen.

Dies bestärkte mich noch mehr auf meinem Wege — je unruhiger der Gegner wird, um so mehr hat man ihm an seinem wunden Punkte wehe gethan. Der König Georg pflegte zu sagen: Wer regieren will, darf sich weder fürchten noch ärgern — diesen Grundsatz habe ich auch meinerseits stets im öffentlichen Leben befolgt; — in diesem Falle fürchtete ich die hämischen und persönlichen Angriffe der Opposition um so weniger, als ich mir bewußt war, einen freien geistigen Kampf anzustreben, und als ich mir das Ziel vorgesteckt hatte, die Presse von allen polizeilichen Fesseln zu befreien, um durch die Kraft der Wahrheit und der Gründe die öffentliche Meinung der Regierung zuzuwenden. Statt mich über jene Angriffe zu ärgern, ersah ich aus denselben zu meiner großen Freude, daß ich auf dem richtigen Wege war und die Gegner an ihrer empfindlichsten Seite gefaßt hatte.

Schon damals hatte ich auch den Gedanken, den ich später immer mehr als richtig in Bezug auf die Vertretung der Regierung in der Presse erkannte, nämlich durch die Zuwendung von Druckarbeiten diejenigen Zeitungsunternehmer, welche die Grundsätze und Gründe der Regierung vor dem Publikum vertheidigen, auch materiell zu unterstützen und sie dadurch für die ihnen zugewendete Feindschaft der Opposition zu entschädigen. Geldsubventionen haben etwas Gehässiges und für den Empfänger Niederdrückendes, sie können meist nicht fortlaufend gewährt werden und es sind dafür selten die genügenden Fonds vorhanden. Jede Regierung aber hat eine große Anzahl Druckarbeiten zu vergeben, und es ist doch nur natürlich, daß sie dieselben denjenigen

Druckerei= und Zeitungsbesitzern zuwendet, welche zu
ihren Freunden zählen und sie auf dem so wichtigen
Gebiet der Presse unterstützen. Eine solche Zuwendung
verursacht keine Extraausgaben, sie unterliegt keiner
Controle, sie bringt demjenigen, der sie empfängt,
großen Vortheil, ohne daß er die Demüthigung eines
Geschenkes oder einer geheimen Subvention empfindet.
Die Regierungen könnten durch eine richtige Ver=
wendung dieser Druckarbeiten auf eine weit freiere,
sicherere und würdigere Weise als durch directe Sub=
ventionen einen weitgehenden und festen Einfluß ge=
winnen; in Hannover war daran so wenig gedacht,
daß die Besitzer der erbittertsten Oppositionsblätter
große Beträge an den Druckarbeiten der Regierung
gewannen, während man oft um geringe Sub=
ventionen für die Drucker der kleinen Provinzial=
zeitungen in Verlegenheit war.

Auch in dieser Beziehung fand ich sogleich Verständ=
niß und Unterstützung bei dem Landdrosten Bacmeister;
allein es war unendlich schwer, etwas Durchgreifendes
darin zu thun. Denn solange Herr von Borries
die Preßangelegenheiten als seine ausschließliche per=
sönliche Domäne betrachtete, war immer nur über die
Druckarbeiten des Ministeriums des Innern zu ver=
fügen, die übrigen Ministerien hatten kein Interesse

oder waren abgeneigt, die Presse des Herrn von Borries
zu unterstützen, und etwas nachhaltig Wirksames konnte
auch in dieser Beziehung erst erreicht werden, wenn
die Presse, wie ich es für richtig und nothwendig er=
kannte, unter das Ressort des Gesammtministeriums
gestellt würde. Dazu war aber vorläufig wenig Aus=
sicht, da Herr von Borries jeden solchen Gedanken
als ein crimen laesae majestatis ansah. Zunächst
mußte ich mit dem Erreichten zufrieden sein, — die
Regierung hatte in der öffentlichen Meinung des
eigenen Landes Boden und feste Organe gewonnen,
sie war im Stande, zu Wort zu kommen, die Arena
war geöffnet, — es kam nur darauf an, im geistigen
Kampfe die bessern Waffen zu führen und die größere
Geschicklichkeit zu entwickeln.

Ich wendete also meine Thätigkeit und Aufmerksam=
keit der auswärtigen Presse zu, in welcher Hannover
der von aller Welt verfolgte Paria war. Der eigent=
liche Herd und Brennpunkt des allgemeinen Zeitungs=
krieges gegen Hannover war, aus den schon früher
angeführten Gründen, Berlin. Die liberalen Zeitungen
waren die alten Gegner der hannoverischen Regierung,
die officielle und officiöse Presse der neuen Aera unter=
stützte nach allen Kräften die Angriffe oder dirigirte
sie auch wol, und die conservativen Blätter waren

durch die kleinlichen Vexationen gereizt. Es schien mir daher richtig, den Feind im Mittelpunkt anzugreifen, und ich brachte hier einen Grundsatz zur Anwendung, den eine lange Erfahrung mir immer als richtig gezeigt hat, wenn es gilt, einen ausgedehnten und sichern Einfluß in der Presse zu begründen, nämlich nicht die Redactionen, sondern die Correspondenten zu gewinnen.

Die Redactionen großer Blätter haben immer eine Regierung, eine politische Partei, oder eine Geldmacht hinter sich; es ist im allgemeinen schwer, mit diesen Elementen, welche sich für eine Diplomatie in partibus halten, zu verkehren, mit großer Mühe und oft großen Opfern erreicht man gelegentlich einen abgeschwächten und kritisch commentirten Leitartikel, der mehr schadet als nützt, da ihn die Redaction selbst dem Publikum gewissermaßen als inspirirt denuncirt und sich dabei den Anschein gibt, als habe sie irgendeinem geheimnißvollen Druck weichen müssen.

Die Correspondenten aber finden für ihre Artikel, meist ohne alle Prüfung, in ihren Blättern Aufnahme, und mit jedem Correspondenten gewinnt man sicher und unauffällig alle Blätter, für die er schreibt. Das Publikum kennt das Metier eines Zeitungscorrespondenten vom Fach kaum, und der Zeitungsleser betrachtet mit einer Art von ehrerbietiger Bewunderung die vielen Briefe, welche die Redaction eines Blattes von allen Weltgegenden her unter den verschiedensten kabbalistischen Zeichen erhält und welche alle aus den eingeweihtesten Kreisen zu stammen und mit den maß= gebendsten Personen im nächsten Verkehr zu stehen scheinen. Nun gibt es aber in allen großen Städten gewisse Publicisten, welche einen Theil des Tages damit verbringen, in den Vorzimmern der Redactionen und der Ministerialbureaux Neuigkeiten zu sammeln, dieselben dann mit Geschick zustutzen und durch kühne, mehr oder weniger gewandte Combinationen ergänzen, um sie unter verschiedenen Zeichen an verschiedene Blätter zu versenden, aus denen sie dann wieder in andere übernommen werden und so in weitem Kreis= lauf die öffentliche Meinung eines großen Theiles des Publikums bestimmen. In Berlin gab es Corre= spondenten — nicht einen, sondern mehrere —, welche täglich einen Correspondenzartikel selbst schrieben. Diesen zerschnitten sie dann in so viele Theile, als sie Zeitungen zu bedienen hatten, und setzten die Theile nach dem Princip der Permutation so verschieden zu= sammen, daß jedesmal ein anderer Gegenstand und Satz den Anfang bildete. Diese verschiedenen Permu= tationen desselben Artikels wurden dann von Schreibern

abgeschrieben und gingen mit der Abendpost nach allen
Richtungen hin in die Welt, um in den verschiedensten
Kreisen die neueste öffentliche Meinung zu machen.
Besonders schlecht bezahlenden Blättern wurden dann
wol Verkürzungen des Artikels auferlegt, sodaß sie nur
zwei oder drei Abschnitte erhielten, große Zeitungen
mit starken Correspondenzhonoraren erhielten wol eine
besondere Einleitung und einige Specialnachrichten als
Zugabe.

Um nun in dieser Weise schnell einen weitgreifenden
Einfluß auf die außerhannoverische Presse zu gewinnen,
bot sich, als ich im November 1859 nach Berlin ging,
eine vortreffliche Gelegenheit. Die von dem Minister=
präsidenten von Manteuffel begründete Centralstelle
für Preßangelegenheiten war von dem Ministerium
der neuen Aera unter die Leitung der Herren von
Jasmund und von Barbeleben gestellt — der erstere
hatte vorher das „Preußische Wochenblatt" des Herrn
von Bethmann=Hollweg redigirt, der letztere war
irgend sonstwo publicistisch beschäftigt gewesen. Beide
Herren hatten durch die Art ihres Auftretens die
meisten Mitglieder jenes Bureau nicht angenehm be=
rührt, und ich fand dieselben, welche ein großes Corre=
spondenzgebiet beherrschten, in tiefer Erbitterung, sowol
gegen das Ministerium als gegen die Direction der

Centralstelle. Es wurde mir leicht, mehrere von ihnen zu engagiren, um die hannoverischen Interessen zu vertreten und mir sowol regelmäßige Berichte über alles, was in Berlin vorging, zu senden, als auch ihre Correspondenzen nach meinen Instructionen zu schreiben. Zugleich stellte ich eine Verständigung mit der conservativen Partei, unter der ich zahlreiche persönliche Freunde besaß, und mit der „Kreuzzeitung" und ihren Mitarbeitern her und fand Correspondenten für die hannoverische Regierungspresse, welche sonst aller journalistischen Thätigkeit fern standen und in der That aus besten Quellen zu schöpfen vermochten. Der Erfolg dieser Verhandlungen zeigte sich bald in sehr wirksamer Weise. Ich war nicht nur über alles, was in Berlin vorging, auf das genaueste unterrichtet, und erhielt Correspondenzen, welche der hannoverischen Regierungspresse ein höheres Interesse und eine bald allseitig anerkannte Bedeutung gaben, sondern ich war auch in der Lage, die Anschauungen der hannoverischen Regierung durch die nach meinen Instructionen arbeitenden Correspondenten zu gleicher Zeit und an den verschiedensten Orten in Blättern vertreten zu lassen, welche sich gegen eine directe Verbindung ohne Zweifel gesträubt haben würden.

Ich fand später — allerdings ließ sich das alles

erst allmählich herstellen — auch in Wien, Frankfurt a. M. und München sehr geschickte und vertrauenswürdige Agenten, welche ich fest engagirte und welche mir ebenfalls regelmäßige Berichte einsenden und ihre Correspondenzen nach meinen Instructionen einrichten mußten. Ich traf die Einrichtung, daß die Berichte eines jeden — soweit sie nicht absolut discrete Mittheilungen enthielten — abschriftlich allen übrigen, von meinen Instructionen über die Behandlung der einzelnen Punkte begleitet, regelmäßig mitgetheilt wurden, sobaß nicht leicht ein Gebiet Deutschlands und auch eines weitern Auslandes — da viele fremde große Zeitungen von meinen Agenten bedient wurden — von meinem Einfluß auf die Presse freiblieb. Die hannoverischen Anschauungen und Rechtsgründe in den eigenen Landesangelegenheiten, wie in den verschiedenen Fragen, welche damals die deutsche Bundespolitik bewegten, wurden von Berlin, von Wien, von Frankfurt a. M. und von München aus nach allen Richtungen hin geschrieben, ohne daß das Publikum, ja ohne daß selbst die Eingeweihten der Presse eine Ahnung des Zusammenhanges hatten.

Mit einzelnen der größern Weltblätter stand ich in persönlichen Beziehungen, mit andern, die der hannoverischen Regierung besonders viel Widerwärtigkeiten bereiteten, gelang es, statt des bisherigen schroffen Verhältnisses freundlichere Verbindungen anzuknüpfen. So waren Herrn von Borries besonders die durch die unmittelbare Nachbarschaft fast als hannoverisches Blatt zu betrachtende „Weser=Zeitung" und die namentlich in den vornehmern Kreisen Hannovers vielverbreitete augs=burger „Allgemeine Zeitung" äußerst feindlich, und beiden Blättern gegenüber hatte er in seiner gewaltsam bureau=kratischen Weise keine andere Waffe als die Entziehung des Postdebits. Diese Maßregel, welche dem Verbot des Blattes für das Gebiet des Königreichs fast gleich=kam, da jedes Exemplar dann einzeln unter Couvert gesendet werden mußte, war gegen die augsburger „All=gemeine Zeitung" einmal zur Anwendung gebracht und dann auf Verwendung der Gesandtschaft in München wieder aufgehoben. Der Erfolg war gewesen, daß von da ab die „Allgemeine Zeitung" zwar keine An=griffe gegen die hannoverische Regierung mehr brachte, aber daß dafür der Artikel Hannover gänzlich aus ihren Spalten verschwunden war, sodaß ihre Leser von der Existenz des Königreichs niemals Kenntniß erhielten.

Die „Weser=Zeitung" hatte bald nach meinem Eintritt in den hannoverischen Dienst wieder einige sehr heftige Angriffe gegen die Regierung gebracht, und Herr von

Borries wollte ihr den Postdebit entziehen, wodurch
das Blatt eine große Anzahl von Abonnenten ver=
loren hätte und sich, um solchen Schaden zu vermeiden,
dann wol ebenso wie die „Allgemeine Zeitung" zu einem
Verschweigen des Daseins Hannovers verstanden hätte.
Die „Weser-Zeitung" wurde damals von einem Herrn
Lammers redigirt, der — und mit Recht — für einen
zwar sehr entschieden liberalen, aber ernsten, tüchtigen
und nicht gehässig gesinnten Mann galt, mir aber un=
bekannt war. Dagegen hatte ich durch einen gemein=
samen Freund Beziehungen zu dem Eigenthümer des
Blattes, Herrn Schünemann, welcher ja durch die
Entziehung des Postdebits am härtesten getroffen
worden wäre. Ich veranlaßte den Minister, von der
harten Maßregel noch Abstand zu nehmen, und ließ
Herrn Schünemann ersuchen, nach Hannover zu kommen.
Derselbe folgte sogleich dieser Aufforderung, und ich
führte ihn eines Abends zu Herrn von Borries, dessen
offenes, gerades und ehrlich derbes Wesen denn auch
auf Herrn Schünemann einen Eindruck machte, der
von der Vorstellung sehr verschieden war, die er von
dem vielangefeindeten Minister hatte. Beide gefielen
sich gegenseitig sehr gut, und es wurde eine Ver=
ständigung bewirkt, infolge deren die „Weser-Zeitung"
künftig den Ton gegen Hannover wesentlich milderte

und auch Artikel aufnahm, die ich ihr zusendete, wobei
ich selbstverständlich dem Redacteur, Herrn Lammers,
niemals zumuthete, mit seiner Ueberzeugung in Wider=
spruch zu treten, was er auch seinem Charakter nach
niemals gethan hätte, — aber thatsächliche Auf=
klärungen und ruhige Darlegung von Gründen fanden
Aufnahme.

Auch zu einer Verständigung mit der augsburger
„Allgemeinen Zeitung" fand sich eine ganz eigenthümliche
Gelegenheit.

Es erschien, nachdem das Blatt lange über Hannover
völlig geschwiegen, plötzlich ein Artikel, der das größte
Aufsehen machte. Es war in demselben gesagt, daß
infolge von Differenzen des Grafen Platen mit dem
Herrn von Borries der erstere seine Entlassung ge=
fordert habe. Diese sei ihm vom Könige verweigert
und deshalb sei Herr von Borries nun zum Rücktritt
entschlossen. Die Zustände in Hannover, einzelne Vor=
gänge, die in der That stattgefunden hatten, waren
so genau geschildert, der ganze Artikel zeigte eine so
eingehende Kenntniß aller Verhältnisse und enthielt
dabei mehrere so sachgemäße und schlagende Aus=
führungen, daß der König selbst in hohem Grade be=
troffen war, da manche Ansichten und Urtheile, welche
jener Artikel enthielt, ihm, wenn er sie auch nicht als

unbedingt richtig anerkannte, doch ernstere Beachtung
zu verdienen schienen. Herr von Borries war sehr
erzürnt und dachte daran, strenge Maßregeln zu er=
greifen. Dem Könige lag vor allem daran, zu wissen,
woher jener Artikel stamme, um danach den Werth
und die Bedeutung seines Inhalts beurtheilen zu
können; er gab mir den Auftrag, sogleich persönlich
den Versuch zu machen, bei der Redaction den Ver=
fasser des Artikels zu ermitteln. Ich stellte ihm natür=
lich vor, wie schwer, ja fast unmöglich eine solche Er=
mittelung sei, da ja jede anständige Redaction das
unbedingteste Schweigen über ihre Mitarbeiter be=
obachte; der König befahl mir aber dennoch, den
Versuch zu machen, und autorisirte mich, der Redaction
mein Wort zu verpfänden, daß der Zweck der Nach=
forschung kein feindlicher und polizeilicher sei und daß
auch unsererseits die strengste Discretion werde be=
obachtet werden; zugleich gab er mir einen Im=
mediatbefehl an seinen Gesandten in München, den
Obersten von dem Knesebeck, mit, welcher demselben
auftrug, mir in jeder Weise unter absoluter Ver=
schwiegenheit zur Erreichung meines Zweckes behülflich
zu sein. Herr von Borries erkannte an, daß es besser
sei, noch einen Versuch der Verständigung mit der
augsburger „Allgemeinen Zeitung" zu machen, bevor

man zu feindlichen Maßregeln schritte, und ich reiste ab mit einem der peinlichsten und schwierigsten Aufträge, welcher dadurch noch um so bedenklicher wurde, daß sein eigentlicher Inhalt nur dem Könige bekannt war und daß ich ohne Mitwirkung und Kenntniß des Ministers des Auswärtigen mit dem unter demselben stehenden Gesandten zu thun hatte.

Ich fand in dem Obersten von dem Knesebeck, mit dem ich später noch mehrfach in nähere Beziehungen treten sollte, einen ebenso liebenswürdigen als scharfblickenden und dabei altdeutsch biedern, treugesinnten Mann, der mit allem Eifer bestrebt war, die Interessen Hannovers in Süddeutschland nach allen Kräften zu vertreten, dabei aber sich bitter darüber beklagte, daß er fast immer ohne Instructionen bliebe und vor allem stets im Dunkeln über die eigentlich leitenden Grundsätze der Regierung sich befände und daher nur mit der äußersten Zurückhaltung sich über die Politik, die er zu vertreten habe, äußern könne. Herr von dem Knesebeck war trotz vieler Beziehungen seiner Familie in Preußen ein sehr entschiedener Gegner der gothaischen Idee und der von der neuen Aera eingeschlagenen Richtung; er wollte die volle Selbständigkeit Hannovers und erblickte das sicherste Mittel zur Stärkung der ruhigen und sichern Kraft Deutschlands in dem engen Zusammenschlusse der Mittelstaaten unter kräftiger einheitlicher Entwickelung ihres Militärsystems, um sowol Preußen wie Oesterreich fest und unabhängig gegenübertreten zu können. Er misbilligte und beklagte das unglückselige schwankende Schaukelsystem der hannoverischen auswärtigen Politik, das nirgends feste Stützpunkte gewann und sich gerade die Mittelstaaten mistrauisch entfremdete, während er auf der andern Seite die vexatorischen Maßregeln in Eisenbahn= und Telegraphenangelegenheiten ebenso entschieden verur= theilte, durch welche Preußen stets daran erinnert werde, daß Hannover ein Hinderniß sei. Ich hatte bestimmten Grund zu der Annahme, daß, wenn die Differenzen zwischen den Ministern von Borries und Graf Platen zum Rücktritt des letztern führen sollten, Herr von Knesebeck dessen Nachfolger im auswärtigen Ministerium werden würde; vielleicht wäre dies ein großes Glück gewesen und hätte Hannover vor dem Untergange gerettet. Herr von Knesebeck, der die Ver= hältnisse der „Allgemeinen Zeitung" genau kannte und schon früher mit derselben verhandelt hatte, rieth mir, meiner eigenen Ansicht völlig entsprechend, durchaus ab, bei der Redaction einen Versuch zur Ermittelung des Verfassers jenes erwähnten Artikels zu machen, und empfahl mir dagegen, sowol über diesen Punkt als über ein regelmäßiges freundliches Verhältniß zu dem Blatte direct mit dem alten Freiherrn von Cotta in Stuttgart, der damals noch lebte und über dessen Eigenthümlichkeiten er mir viel mittheilte, sozusagen de puissance à puissance zu verhandeln, was dem alten Herrn stets sehr schmeichelhaft sei.

Ich fuhr nach Augsburg und suchte zunächst den Dr. Orges, einen geborenen Braunschweiger und Inhaber der vierten Klasse des hannoverischen Welfenordens, auf, der mich seines eifrigen Wunsches versicherte, der hannoverischen Regierung in jeder Weise gefällig zu sein, aber zugleich erklärte, daß er gegen den Dr. Kolb, der ihm in der Redaction coordinirt sei, schwer etwas ausrichten könnte. Dr. Orges war ein geistig sehr bewegter und vielseitig, aber autodidaktisch gebildeter Mann; wie das bei solchem Entwickelungsgange meist der Fall ist, war er unendlich überzeugt von sich selbst, seiner Vielseitigkeit fehlte die feste und breite Basis und er erfaßte gewisse Gesichtspunkte und Gedanken mit der Gewalt einer fixen Idee. So beherrschte ihn damals der Haß gegen Napoleon III., den er, sehr stolz auf diesen Einfall, mit dem epitheton ornans et perpetuum: "Der 2. December", bezeichnete, und seine hauptsächlichste Thätigkeit bestand in fulminanten Artikeln gegen das französische Kaiserthum, welche meist den Stempel der fortwährenden nervösen Irritation trugen, in der er sich befand und welche sich auch in seinem zitternd unruhigen Geberdenspiel und in seinen fast fieberhaft glänzenden Augen bemerkbar machte. Diese Irritation war sehr natürlich, da die anstrengende Redactionsarbeit wegen des Postenlaufes in der Nacht gemacht werden mußte, aber sie machte eine ruhige Unterhaltung sehr schwer, da Dr. Orges fast unaufhörlich sprach und jede mögliche Antwort vorweg anticipirte.

Dr. Kolb, ein alter Mann, halb gelähmt, sodaß er beim Sprechen stets den rechten Arm convulsivisch hin- und herbewegte, war ein altliberaler und etwas stumpf gewordener Doctrinär aus der Zeit, in welcher die ganze politische Welt das parlamentarische Schaukelspiel zwischen Guizot und Thiers eifrig verfolgte und eine schlagende Phrase auf der Rednerbühne für ein hochwichtiges Ereigniß ansah. Ich sprach beiden den Wunsch aus, ein freundliches Verhältniß mit der Zeitung herzustellen und solche Angriffe vermieden zu sehen, wie sie neuerdings gegen Herrn von Vories gerichtet worden; beide erklärten mir, daß sie durchaus keine principiell feindliche Haltung gegen irgendeine deutsche Regierung beobachten wollten, und daß ihnen der letzte fragliche Artikel von einer Seite zugegangen sei, die sie der hannoverischen Regierung nicht hätten für feindlich halten können.

Die längere Unterredung, die ich mit beiden Herren hatte, verlief praktisch resultatlos; Dr. Kolb entwickelte mir in weitläufiger Auseinandersetzung, daß nur im wahrhaft constitutionellen System das Ziel der Zukunft liege, und daß es Pflicht der Presse sei, die Regierungen zu diesem System zu drängen, das seine Spitze in einem deutschen Bundesparlament finden müsse. Dr. Orges seinerseits wendete eine unerschöpfliche Beredsamkeit auf, um mir klar zu machen, daß er das Verdienst habe, die Welt über die Gefährlichkeit des 2. December aufgeklärt zu haben, und daß die „Allgemeine Zeitung" die einzige „Macht" sei, welche Napoleon III. fürchte, wobei er mich zugleich in durchsichtiger Discretion seine bis in alle Cabinete hineinreichenden Verbindungen ahnen ließ. Ich schied indeß von beiden Herren, welche von den dunkeln Redactionslocalen der „Allgemeinen Zeitung" aus selbstbewußt in die ihnen unterthänige Welt der öffentlichen Meinung hinausblickten, in freundlichster Weise, hatte am Abend noch in dem Hotel Zu den drei Mohren, das damals durch seine, alle Rebengewächse der Erde umfassende Weinkarte berühmt war und später die Stätte werden sollte, an welcher der Deutsche Bund seinen letzten Athemzug aushauchen sollte, eine Besprechung mit dem Baron Reischach, dem Miteigenthümer der Zeitung, einem alten, vornehmen und vortrefflichen Herrn, der in Augsburg anwesend war, die Angelegenheiten des Blattes jedoch vollständig dem Herrn von Cotta überließ, und reiste am andern Morgen nach Stuttgart ab.

Dort nahm ich die Verhandlungen nach dem Rath des Herrn von Knesebeck in der That de puissance à puissance auf. Ich sendete von meinem Hotel aus ein Beglaubigungsschreiben des Gesandten mit meiner Karte an den Freiherrn von Cotta und fuhr eine Stunde später zu ihm. Ich fand einen ebenso originellen als liebenswürdigen alten Herrn, der sich alle Mühe gab, in seinem ganzen Wesen die Haltung eines jugendlichen Sportsman zu zeigen, und einen hoch aufgedrehten Schnurrbart und kleine Sporen trug, ohne daß dies alles lächerlich erschien, da alle seine kleinen Eigenthümlichkeiten doch von einer gewissen vornehmen Natürlichkeit getragen wurden. Er empfing mich mit vieler Feierlichkeit und begann damit, die tiefe Verehrung zu versichern, welche er für den König von Hannover hege, dessen Wünsche zu erfüllen stets sein eifrigstes Bestreben sein würde. Ich sprach ihm umgekehrt von dem Einfluß der von ihm beherrschten

Zeitung auf die öffentliche Meinung und die Cabinete und sagte ihm, daß gerade deshalb der König Werth darauf lege, von diesem Blatte seine Regierung nicht ignorirt zu sehen, wie dies bisher geschehen; ich sprach ihm ferner den Wunsch des Königs aus, den Verfasser des letzten Hannover betreffenden Artikels zu kennen, und versicherte ihn zugleich, daß nur Se. Majestät allein von seiner Mittheilung, wenn er mir eine solche machen wolle, etwas erfahren solle. Der Baron sprach darauf sehr ungehalten über seine Redacteure, die ihn so oft schon in Verlegenheiten gebracht hätten; Kolb sei ein altes Inventar der Zeitung, dem man ja manches nachsehen müsse, Orges eifrig und strebsam, aber „jung, sehr jung", und es war in der That sehr pikant, den alten Herrn von seinen Redacteuren sprechen zu hören, welche ihrerseits von einer so großen Höhe der Selbstschätzung auf die öffentliche Meinung Europas herabblickten. Der Baron sagte, daß er sich nur sehr wenig um die Details der Redaction in Augsburg kümmern könne, aber „strengen Befehl" gegeben habe, die sämmtlichen deutschen Regierungen mit dem ihnen gebührenden Respect zu behandeln. Für Se. Majestät den König von Hannover jedoch sei er bereit, alles Mögliche zu thun, deshalb bat er mich, um alle weitern Schwierigkeiten mit den Redacteuren zu ver=

meiden, alle Artikel, deren Aufnahme dem Könige erwünscht wäre, ihm selbst zu schicken. Es verstände sich ja von selbst, daß ich ihm nichts senden würde, was nach irgendeiner andern Seite hin verletzen oder seinem Blatte Verlegenheiten bereiten könne. Was nun den Verfasser des Artikels betraf, der die Aufmerksamkeit des Königs erregt hatte, so war ihm derselbe aus frühern unter demselben Correspondenzzeichen eingesendeten Artikeln bekannt. Er lehnte es zwar lächelnd ab, den Namen desselben zu nennen, bezeichnete ihn indeß durch verschiedene Andeutungen so genau, daß kein Zweifel mehr über die Persönlichkeit bestehen konnte, welche nicht zu den journalistischen Kreisen gehörte und zu verschiedenen Zeiten einen nicht geringen Einfluß auf die hannoverischen Angelegenheiten ausgeübt hatte. Es verstand sich von selbst, daß diese Andeutungen ausschließlich für die persönliche Kenntniß des Königs bestimmt waren, und es hat auch nie irgendjemand davon etwas noch erfahren, doch hatten sie den Erfolg, daß der König gegen alle Rathschläge, welche etwa von der Seite des Betreffenden kamen, mistrauischer und vorsichtiger wurde.

Die Verbindung mit dem Baron von Cotta bestand bis zu dessen Tode, und der alte Herr vermittelte mit loyaler Gewissenhaftigkeit alle Wünsche, welche der

König in Betreff der augsburger „Allgemeinen Zeitung" etwa haben mochte, und welche sich freilich meist auf die Berichtigung ganz unglaublicher Unterschiebungen und auf die Abwehr plumper Angriffe beschränkten, die aus den Kreisen der journalistischen Opposition in Hannover gegen die Regierung und oft mit besonderer Bosheit gegen die Person des Königs selbst gerichtet wurden.

Es war nun ein Mittelpunkt der gouvernementalen Publicistik geschaffen, der trotz der unzulänglichen Mittel und der ganz besonders unzureichenden publicistischen Kräfte, die mir zur Verfügung standen und die ich erst auszubilden und zu schulen hatte, manches zu wirken möglich machte. Ich gewann außer in Berlin auch in Wien, Frankfurt a. M. und München neue zuverlässige Berichterstatter, welche ebensowol die öffentliche Meinung scharf beobachteten, als sie im Stande waren, sich aus den leitenden Kreisen ihrer Regierung sichere Informationen zu schaffen. Die eingehenden Berichte theilte ich dann wieder wechselsweise in Abschrift den übrigen mit und fügte meine Instructionen über die Behandlung der einzelnen Fragen hinzu. Auf diese Weise bot ich nicht nur meinen Berichterstattern ein reiches Material wechselseitiger Informationen, sondern brachte auch durch die zahlreichen

Blätter, für welche sie correspondirten, die Anschauungen der hannoverischen Regierung in die weitesten Kreise des Publikums, das wol kaum jemals vermuthete, in berliner, wiener, frankfurter und münchener Correspondenzen auswärtiger Blätter überall Ausarbeitungen hannoverischer Instructionen zu finden. Ebenso wurden nach meinen Instructionen von den mir zu Gebote stehenden literarischen Mitarbeitern die Artikel für die inländischen Blätter und die direct von Hannover aus an die deutschen Zeitungen gesendeten Correspondenzen verfaßt und auf diese Weise die Möglichkeit gewonnen, eine und dieselbe Idee, welcher in der öffentlichen Meinung Eingang geschafft werden sollte, von den verschiedensten Seiten zugleich, ohne scheinbaren Zusammenhang in der Presse auftauchen zu lassen, sodaß es häufig geschah, daß von gegnerischer Seite ein von Hannover aus begünstigter Gedanke aufgegriffen und in der Meinung, der hannoverischen Regierung damit Opposition zu machen, propagirt wurde.

Die wesentlichste und oft kaum zu überwindende Schwierigkeit bestand aber für mich in der Ertheilung meiner Instructionen und in der Einholung meiner eigenen Informationen für dieselben. Herr von Borries trat in ein immer feindseligeres Verhältniß zum Grafen Platen, und der letztere verweigerte, was von

seinem Standpunkte völlig berechtigt war, jede Wirk=
samkeit für die Regierungspresse, solange dieselbe ganz
ausschließlich unter der officiellen Leitung des Ministers
des Innern stand. Es blieb also für die auswärtige
Politik für mich nur die Information des Königs
selbst übrig, und damit war ein Gebiet voll der ge=
fährlichsten Klippen geöffnet. Die Informationen des
Herrn von Borries selbst aber ließen sich in ihrer
schroffen Ehrlichkeit und Rücksichtslosigkeit oft nur mit
großer Vorsicht und Zurückhaltung für die Presse be=
nutzen, was dann wieder die größte Unzufriedenheit
des Ministers erregte. In welcher Weise Herr von
Borries seinem Unmuth gegen seinen Collegen vom
Auswärtigen Amte und gegen andere seiner Gegner,
z. B. den Staatsrath Zimmermann, in der Presse
Ausdruck zu geben wünschte, dafür mag unter anderm
die nachstehende Instruction von seiner Hand Zeugniß
geben:

„Der «Hamburger Correspondent» bringt in der
Nr. 55, von Hannover datirt, einen Artikel über die
Ablösung des Stader Zolls, in dessen Veranlassung
die amtliche Wirksamkeit des Grafen von Platen-Haller=
mund überhaupt und namentlich in Behandlung der
betreffenden Angelegenheit sehr hervorgehoben und auch
des Finanzministers Grafen von Kielmannsegge rüh=

mend erwähnt wird. Der nächstfolgende Artikel in demselben Blatte, auch von Hannover datirt, behandelt die bekannte Buke=Kreienser Bahn und spricht die Hoffnung aus, daß Hannover und Preußen sich darüber noch verständigen würden. Als Gegensatz hiervon brachten die «Hamburgischen Nachrichten» am nächstfolgenden Tage einen heftigen Angriff auf den Minister Graf von Borries, suchten dessen Wirksamkeit zu verkleinern und ihn auf jegliche Weise zu verdächtigen. Es wird darin diesem Minister eine feindselige Stellung gegen die preußische Regierung und namentlich die Schuld beygemessen, daß Preußen zum Bau der Buke=Kreienser Bahn geschritten, weil der Minister von Borries in Eisenbahnsachen gegen Preußen so wenig willfährig gewesen und weil das jetzige Ministerium in der «Hannoverischen Zeitung» fortdauernd angefeindet worden.

„Ein Artikel in der Nr. 56 des «Hamburger Correspondent», aus Braunschweig datirt, bespricht die dortigen Verhältnisse gegen Hannover und mißt die dortige ungünstige Stimmung gegen die hannoverische Regierung dem wenig liberalen Regimente gegen die Städte bey.

„Hier in Hannover glaubt eine sehr verbreitete Meinung nicht daran, daß jene Artikel hier und in Braunschweig geschrieben sind, wenn sie auch auf solchem Wege zur Redaction der betreffenden Blätter gelangt seyn mögen, vielmehr will man hier den Staatsrath Zimmermann mit jenen Artikeln in Verbindung bringen. Wir lassen dahingestellt, ob und inwieweit dieses begründet ist. Jene Artikel kunden von einer nähern Kenntniß der einschlagenden Verhältnisse. Auch soll der Staatsrath Zimmermann seit etwa einem Jahre sich im Sinne des gegen den Minister von Borries in den «Hamburgischen Nachrichten» gerichteten Artikels ausgesprochen haben.

„Das bringt uns eine Schilderung dieses Herrn in dem «Preußischen Wochenblatt» in Erinnerung. Damals ahnete man dort vielleicht nicht, daß nach wenigen Jahren der zu jener Zeit noch specifisch österreichisch gesinnte und wirkende Herr Zimmermann so bald andere Anschauungen gewinnen würde. Sonst würde die Schilderung wol glimpflicher ausgefallen seyn. Hier in Hannover hat und wird man die Thätigkeit des Herrn Zimmermann seit Aufhebung des Staatsgrundgesetzes nicht vergessen, und er mag sich jetzt auch noch so liberal geberden, es wird die Zeit kommen, wo alle Richtungen hier im Lande das Facit ziehen und mit ihm abrechnen werden. Er sucht den Adel freylich glauben zu machen, daß er lebhaftes In=

teresse für dessen politische Rechte hat; sucht auch gern die Adelsgesellschaft auf; im Innern seines Herzens haßt er aber, wie alle Emporkömmlinge, den Adel und hat mehrfach zu erkennen gegeben, daß er die Rechte des Adels nur als geeignete Mittel zur Verfolgung seiner Zwecke angenommen habe. Daß Zimmermann ständische Rechte nicht achtet, daß er sich darüber hinwegzusetzen weiß, wenn sie seinen Plänen hinderlich sind, hat er während seiner ganzen Thätigkeit im hiesigen Lande zur Genüge bekundet. Damit dient er doch wenigstens seinem Herrn rückhaltslos. Man erzählt sich im Publikum Aeußerungen von ihm, welche auch dieses sehr in Zweifel stellen. Man glaubt, daß er nur seinen eigenen Interessen dient, und daß, so wie er schwarz-weiß mit schwarz-gelb so rasch hat wechseln können, ihm auch der Wechsel des Herrn nach Umständen nicht sehr schwer fallen würde."

Ebenso heftige Ausfälle kamen gegen den Grafen Platen selbst vor, und so sehr auch der Unwille des Ministers des Innern durch die unablässigen kleinen Nadelstiche, welche ihm Graf Platen sowol als Zimmermann zu versetzen nicht müde wurden, begründet und vielleicht berechtigt sein mochte, so war es doch absolut unmöglich, derartige ganz directe und persönliche Angriffe gegen hochstehende hannoverische Staatsdiener durch die Maschinerie der hannoverischen Regierungspresse selbst zu verbreiten, wenn ich nicht die Regierung, die ich zu vertreten hatte, in den Augen meiner eigenen Organe auf das äußerste discreditiren wollte. Wenn nun auch Herr von Borries meist über derartige Instructionen die Worte „Salva redactione" zu setzen pflegte, so war er doch stets sehr unzufrieden, wenn sich diese Redactionsfreiheit in der Milderung oder Weglassung derjenigen Stellen äußerte, welche die hannoverische Regierung nach meiner Meinung compromittiren mußten. Er hatte eben keinen Begriff davon, daß man etwas nicht sagen könne und dürfe, was man für recht und wahr hält, und so sehr eine solche rücksichtslose Offenherzigkeit vielleicht ein Vorzug des persönlichen Charakters sein mag, so war sie doch eine bedenkliche Eigenschaft für einen Minister und am bedenklichsten für denjenigen, der solche Ausbrüche des Unwillens in die Oeffentlichkeit bringen und die Verantwortlichkeit für die Folgen derselben zunächst übernehmen sollte.

So groß nun auch die in diesen eigenthümlichen Verhältnissen liegenden Schwierigkeiten waren, so ließ ich mich doch durch dieselben nicht abschrecken; der Erfolg der wenn auch so mannichfach gelähmten Thätigkeit der Regierungspresse zeigte sich immer mehr, die

Fäden des politischen Lebens, welches die deutsche Pu=
blicistik jener Zeit bewegte, zogen sich mehr und mehr
nach Hannover zusammen, und die allerschlimmsten
Schwierigkeiten, welche mir aus dem Antagonismus
des Herrn von Borries und des Grafen Platen er=
wuchsen, beseitigte ich in den peinlichsten Fällen durch
Einholung der unmittelbaren Instructionen des Königs
selbst. Freilich hatte auch dieser Weg seine Klippen,
denn wenn ich auch durch einen Befehl des Königs
mir persönlich den Rücken zu decken vermochte, so
wurde dadurch doch der Minister stets unangenehm
berührt und das Vertrauensverhältniß, das gerade für
die Handhabung der Presse so nothwendig ist, wurde
mehr und mehr gestört, um so mehr, als der König
selbst mehrfach versuchte, mich mit dem Grafen Platen
in directere Beziehungen zu setzen.

Meine persönliche Stellung war dabei eine ganz
unklare. Ich stand im Staatshandbuch immer noch
als Hülfsarbeiter bei der Landdrostei, meine ganze Be=
schäftigung mit den Preßangelegenheiten hatte keine
officielle Basis, sie beruhte nicht einmal auf einem
schriftlichen Commissorium, und meine Stellung dem
Könige gegenüber stützte sich, ohne alle dienstlichen Be=
ziehungen, lediglich auf dessen persönliches Vertrauen.
Es fehlte unter diesen Umständen nicht an peinlichen

Frictionen aller Art, und die gegen mich gesponnenen Intriguen, namentlich unter den Kreisen der Referenten=
bureaukratie, waren zahllos. Denn der Grundsatz der französischen Juliregierung: „Le roi règne mais il ne gouverne pas", galt als oberste Maxime in dem Corps bureaucratique der hannoverischen Ministerial=
referenten. Der herrschsüchtige Geist und das Unfehlbar=
keitsbewußtsein der alten Zeit lebte in der jüngern Gene=
ration dieses Corps bureaucratique fort, und wenn sich dieser Geist schon gegen die strenge selbstwillige Zügelfüh=
rung des Herrn von Borries empörte, so mußte demselben ein plötzlich auftauchendes fremdes Element, das die der Bureaukratie stets so widerwärtige Presse bewegte und außerdem zuweilen in der einen oder andern Sache eine Initiative des Königs veranlaßte, doppelt ver=
haßt sein.

Die Schwierigkeiten meiner Stellung wurden durch den Mangel an Mitarbeitern erhöht; ich hatte einige Literaten engagirt, aber es war fast unmöglich, sie zu einer einigermaßen selbständigen Thätigkeit zu verwen=
den, da ihnen, wie damals leider noch den meisten der deutschen Zeitungsschriftsteller, jede juristische, politische und volkswirthschaftliche Vorbildung völlig abging und es nöthig war, selbst nach ausführlichster Instruction ihre Arbeiten fast wörtlich durchzucorrigiren. Dazu

kamen die tragikomischen Erfahrungen, welche man fast immer mit dem Größenwahn zu machen hat, der so oft die Zeitungsliteraten befällt, sobald sie von der Regierung verwendet werden. Sie glauben dann sofort Staatsmänner geworden zu sein und das Schicksal der Völker in ihrem Kopf zu tragen, sodaß oft ihre weitere Verwendung unmöglich wird. Ein eclatantes Beispiel solchen hoch aufgeschraubten Selbstbewußtseins erlebte ich an einem für meine geheime Correspondenz engagirten Mitgliede des Literarischen Bureau in Berlin. Die betreffende Persönlichkeit, etwas excentrischer Natur, erklärte sich für den Sprößling einer von dem Herzog Heinrich dem Mittlern abstammenden, lange verschollenen Linie des Welfenhauses, verlangte eine dieser Abstammung entsprechende Stellung in der hannoverischen Diplomatie und richtete lithographirte bogenlange Beschwerden über mich an die einzelnen Minister und die Mitglieder des Staatsraths, als ich solche wahnsinnigen Ansprüche durch Aufhebung des Engagements ein für allemal zurückwies. Die Anekdoten, welche in dieser Beziehung zu erzählen wären, sind ebenso zahlreich als ergötzlich, doch haben sie zu wenig allgemeines Interesse, um hier näher darauf einzugehen. Genug, ich arbeitete mit der nothbürftig hergerichteten Maschinerie so gut es gehen wollte, und konnte mit dem Erfolge insoweit zufrieden sein, als die Stimme der hannoverischen Regierung nun wenigstens in der öffentlichen Meinung gehört wurde und auch von den Gegnern nicht mehr überhört werden konnte.

Bald mehrten sich denn auch die Gelegenheiten zu umfassender Thätigkeit, und es mußte vorläufig die weitere Ausbildung des von der Opposition immer heftiger angegriffenen „Preßbureau" aufgegeben und mit dem Vorhandenen das Möglichste geleistet werden.

III.

Stärkere Bewegung in Deutschland. — Die Reform der Bundeskriegsverfassung. — Napoleon. — Sein Wunsch nach einer Verständigung mit Preußen und einer persönlichen Zusammenkunft mit dem Prinz-Regenten. — Französische Eröffnungen an den mittelstaatlichen Höfen. — Unfreundliche Gesinnungen des Königs Georg gegen das Napoleonische Frankreich. — Die Aeußerung des Herrn von Borries über die auswärtigen Allianzen deutscher Regierungen. — Seine Erhebung in den Grafenstand. — Die italienische Bewegung und Napoleon's Stellung zu derselben. — Unerwarteter Besuch des Königs Georg bei dem Prinz-Regenten in Berlin. — Der König und die übrigen deutschen Souveräne begleiten den Prinz-Regenten nach Baden. — Unterhaltungen mit Napoleon und Umstimmung der Gesinnungen des Königs gegen den Kaiser. — Das Schicksal Europas liegt einen Augenblick in den Händen Georg's V.

Die allgemeine politische Situation begann inzwischen immer complicirter zu werden, und überall zeigten sich die ersten damals wol den wenigsten Blicken noch deutlich erkennbaren und klar verständlichen Vorboten der Stürme, welche in immer sich steigernder Gewalt endlich die erschütternden Wetter von 1866 und 1870 zusammentrieben. Preußen fing an, die Bundesreform anzuregen, und ganz insbesondere die Bundeskriegsverfassung wurde der Gegenstand immer lebhafterer Erörterungen; es zeigte sich immer deutlicher, daß das berliner Cabinet die preußische Oberfeldherrnschaft als eigentliches und letztes Ziel anstrebte, und diese Aspirationen erregten sowol in Wien als an allen mittelstaatlichen Höfen Unruhe, freilich mehr Unwillen als Besorgniß, denn es fiel damals in der That niemand ein, daß jene Bestrebungen einst mit dem Schwerte in der Hand weiter geführt werden könnten. Bismarck war noch nicht auf der Weltbühne erschienen und hatte sein drohendes Wort von Blut und Eisen noch nicht gesprochen, Herr von Schleinitz schien sehr wenig gefährlich und die „freie Hand" der preußischen Politik unfähig, jemals die Waffe zu erheben. Die neue Aera war in den Augen der damaligen deutschen Staatsmänner nur insofern gefährlich, als sie überall die revolutionären Geister wach rief und immer mehr die Gefahr der Wiederholung des Jahres 1848 heraufzubeschwören schien.

Napoleon allein vielleicht fand die langsam emporschwellende deutsche Bewegung einer ernstern Beachtung werth. Er fürchtete jede Concentration der deutschen Militärmacht namentlich unter der Führung Preußens, dessen Militärsystem so viel beweglicher und darum aggressiver war, und er hoffte durch eine theilweise Unterstützung und Förderung der damals noch so schüchtern hervortretenden preußischen Ansprüche eine wirklich nationale Entwickelung der preußischen Politik für immer abzuschneiden, für sich eine Compensation zu erhalten und zugleich durch eine Aufrührung der Bundesreformfrage Gelegenheit zur Einmischung in die deutschen Angelegenheiten zu bekommen. Damals war Herr von Bismarck noch nicht Gesandter in Paris und Napoleon hatte daher keine Gelegenheit zu mündlichem Gedankenaustausch, zu welchem ihm die damalige preußische Vertretung nicht geeignet erscheinen mochte; er begann daher, während die französische Presse der preußischen Politik sich wohlwollend günstig zeigte, ganz vorsichtig in Berlin die Idee einer persönlichen Zusammenkunft mit dem Prinz-Regenten anzuregen. Zugleich wurden in Hannover, Ende April und Anfang Mai 1860, ebenso vorsichtige Eröffnungen in Betreff der deutschen Verfassungsverhältnisse gemacht, und ich setze voraus, daß die französische Diplomatie sich an den übrigen mittelstaatlichen Höfen in gleicher Weise äußerte.

Es sei, so ließ Napoleon erklären, durchaus nicht seine Absicht, sich irgendwie in die innern Angelegenheiten Deutschlands einzumischen oder gar der nationalen Idee in Deutschland entgegenzutreten, soweit dieselbe sich auf eine Belebung der schwerfälligen Formen des Deutschen Bundes richte, da der Kaiser gewiß sei, daß diejenige Bewegung, welche in Deutschland auf eine mit den Grundprincipien des Bundes, namentlich mit der vollen Souveränetät der Einzelstaaten, nicht vereinbare Neugestaltung hindränge, bei keiner deutschen Regierung Unterstützung finden werde. Denn jene Grundprincipien des Bundes und die Souveränetät der einzelnen deutschen Regierungen berührten das internationale Vertragsrecht und müßten die Einsprache der europäischen Garantiemächte hervorrufen.

Die Aufnahme solcher Aeußerungen in Hannover war um so kühler und zurückhaltender, als damals der König in den Traditionen seiner Jugend, in welcher er noch alle Eindrücke der so kurz vorhergegangenen Epoche von 1813—15 in sich aufgenommen, einen tiefen Widerwillen gegen das Napoleonische Frankreich hegte und diesen bei jeder Gelegenheit zu erkennen gab. Diese Gesinnung des Königs hatte die Stellung des französischen Gesandten Grafen Damrémont zu einer wenig angenehmen gemacht, ja es war sogar vorgekommen, daß der König im Gespräch mit dem Gesandten irgendeine natürlich nicht direct verletzende Aeußerung gemacht hatte, bei welcher er Napoleon I. einen grand conquérant nannte, worauf Graf Damrémont erwiderte: „Sire, tous les fondateurs de dynasties étaient des conquérants heureux", eine Bemerkung, welche das streng legitimistische Gefühl des Königs tief verletzte und seine kalte und stolze Zurückhaltung gegen das Napoleonische Frankreich und die kaiserliche Diplomatie noch verstärkte.

Es war gerade um diese Zeit, als bei Gelegenheit einer Petition des harburger Magistrats gegen die Polizei Herr von Borries die Bestrebungen des Nationalvereins, der unter den Mitgliedern der städtischen Collegien von Harburg stark vertreten war, die Aeußerung machte, daß „die deutschen Mittelstaaten und, so lange Recht gelte, auch die kleinern deutschen Staaten niemals ihre Souveränetät zu Gunsten einer andern deutschen Macht aufgeben würden, und daß dahin gerichtete Bestrebungen nur die bedauernswerthe Folge haben könnten, zu Schutzbündnissen mit auswärtigen Mächten zu führen, welche sehr zufrieden sein würden, die Hand in die deutschen Angelegenheiten zu bekommen".

Diese Aeußerung gab zu einer großen Agitation

gegen den Minister Veranlassung, und doch ist demselben niemals größeres Unrecht geschehen als gerade bei dieser Gelegenheit. Vielleicht war diese Aeußerung mit durch die vorsichtigen französischen Fühlungen veranlaßt, welche so durchaus keine Empfänglichkeit bei dem Könige gefunden hatten, jedenfalls sollte sie eine Warnung, nicht eine Drohung sein, denn Herr von Borries ging in seiner Abneigung gegen das französische Wesen viel weiter noch als der König, er war eben der Urtypus eines niedersächsischen Deutschen, und ich habe die feste Ueberzeugung, daß er als Minister niemals, auch in den äußersten Verhältnissen nicht, seinem König zu einer Allianz mit dem Auslande gerathen oder bei einem solchen Bündniß sein Portefeuille behalten haben würde. Wer den Herrn von Borries kannte, mußte davon überzeugt sein — auch die Führer der Opposition konnten kaum an dieser Gesinnung des Ministers zweifeln — und es war ein Zeichen der damaligen Erbitterung in den politischen Kämpfen, daß Herr von Bennigsen sich nicht scheute, die Sprecher des Nationalvereins in Heidelberg zusammenzurufen, um gegen jene Aeußerung des Herrn von Borries eine geharnischte, von deutschem Patriotismus überfließende Erklärung unterzeichnen zu lassen. Herr von Borries selbst hatte vielleicht ein wenig Schuld daran, daß die öffentliche Meinung so getäuscht werden konnte. Ich hatte in dem Kammerbericht des Regierungsblattes die Worte genau so, wie er sie gesprochen, abdrucken lassen, und rieth, sie vollkommen aufrecht zu halten und aus der Geschichte des Rheinbundes zu exemplificiren; gerade diese Geschichte konnte den Verdacht, auswärtige Bündnisse anzustreben, niemals gegen Hannover aufkommen lassen. Der Minister aber begann, an seinen Worten abschwächend zu deuteln, und ermöglichte dadurch die wol ohne bona fides ausgesprengte Auffassung, als habe er wider Willen sich seine eigentliche Meinung entschlüpfen lassen. Die Rechte der Zweiten Kammer gab, um dem Minister ihr Vertrauen gegenüber dem durch ganz Deutschland hallenden Geschrei zu beweisen, demselben ein Fest auf dem Limmer Brunnen am Tage der Grundsteinlegung zu dem Denkmal des Königs Ernst August, den 5. Juni 1860, und der König erhob an demselben Tage seinen Minister, dessen grunddeutsche Gesinnung er ebenso genau kannte, wie sie Herr von Bennigsen kennen mußte, in den Grafenstand.

Es war dies eine kleine Episode, aber sie steigerte die Entfremdung zwischen dem Grafen Borries und dem Grafen Platen immer mehr, denn letzterer hatte, wie alle möglichen Gelegenheiten, so auch diese benutzt, um dem ihm verhaßten Minister des Innern die Berührung des Gebietes der auswärtigen Politik zu verleiden. Graf Platen war bis zu seiner Ernennung zum auswärtigen Minister hannoverischer Gesandter in Paris und am Napoleonischen Hofe persona grata gewesen; er hatte bei seinem Abgange das Großkreuz der Ehrenlegion erhalten, und wie er überall es liebte, Fäden und Fädchen anzuknüpfen, so hatte er auch in Paris als Freund gegolten, was ihm nun durch den Lärm, den die Aeußerung des Grafen Borries machte, verdorben wurde. Das Entgegenkommen, das man ihm in Paris gezeigt hatte, galt übrigens wol weniger, wie es seine empfängliche Selbstschätzung annehmen mochte, seiner Persönlichkeit, als es dem Wunsche Napoleon's entsprang, gerade den König von Hannover, den Neffen Georg's IV., dieses unermüdlichen und unerbittlichen Feindes des ersten Kaisers, für sich zu stimmen. Auch die Erbitterung zwischen den Parteien in der Kammer steigerte sich durch diesen Zwischenfall, die Sprache der Redner auf beiden Seiten wurde immer gereizter, und man konnte dem Grafen Borries den Haß gegen die Gegner nach dem wenig ritterlichen Streich, den sie gegen ihn geführt, kaum verdenken, wenn es auch wol klüger gewesen wäre, Herrn von Bennigsen schweigend zu ignoriren, statt durch heftige Repliken dessen Persönlichkeit immer mehr in den Vordergrund zu stellen.

Ich schrieb damals eine Broschüre: „Offener Brief an Herrn von Bennigsen", welche viel Aufsehen machte und deren Manuscript ich heute noch mit vielen ungemein charakteristischen Bemerkungen des Grafen Borries besitze, die aber als Details einer vom Strom der Geschichte überrauschten Zeit kaum noch anderes als persönliches Interesse haben.

Neben den heftigen Kämpfen in der Zweiten Kammer kamen auch zuweilen Humoristica vor; so erregte ein Zufall bei der Wahl einer Commission große Heiterkeit. Die Rechte wählte den Abgeordneten Heyl, den Minister von Borries und den Generalpolizeidirector Wermuth, die Linke die Abgeordneten Gott, Schütze und von Bennigsen, sodaß also die Stimmzettel der ministeriellen Partei lauteten: „Heyl Borries und Wermuth", diejenigen der Opposition aber: „Gott Schütze Bennigsen."

In Italien bereitete sich eine neue Ordnung der Dinge vor, die Lombardei war Oesterreich entrissen und das Königreich Neapel krachte unter den Schlägen der von Piemont unterstützten Garibaldi'schen Revolution, Napoleon begann vor seinem eigenen Werke zu zittern. Seine Idee war ein dreigetheiltes Italien, dessen Norden Piemont, dessen Mitte der Kirchenstaat und dessen Süden Neapel umfassen sollte, und er suchte nach Wegen, um die über sein Ziel hinausschießende italienische Revolution zurückzuhalten; er war der Fessel der englischen Allianz müde und suchte nun in Deutschland neue Erfolge und zugleich neue Stützen. Seine Idee für Deutschland war, wie es täglich aus der Haltung der französischen Diplomatie und aus den gelegentlichen vertraulichen Eröffnungen, welche bald hier, bald dort in leisem Flüstertone gemacht wurden, klarer hervorleuchtete, ebenfalls wieder die Dreitheilung, Preußen sollte im Nordosten, Oesterreich im Südosten eine Sondermacht bilden und zwischen beiden sollte eine mittelstaatliche Gruppe, aus den vier Königreichen bestehend, sich entwickeln, welche dann, wie der Kaiser hoffte, naturgemäß eine Anlehnung an Frankreich gesucht haben würde.

Um zu sondiren und Anknüpfungen zu machen, lag dem Kaiser damals vor allem an einer persönlichen Begegnung mit dem Prinz-Regenten von Preußen, und zwar um so mehr, als die Thronrede im preußischen Landtage, welche die preußische Wehrkraft und die Vertheidigung der nationalen Integrität Deutschlands besonders betonte, sowie einige Worte, die der Prinz von Preußen in Saarbrücken gesprochen, ihre Spitzen gegen Frankreich zu richten schienen und in der Presse des Kaiserreichs eine wol von oben herab entzündete und immer mehr entflammte Aufregung hervorgerufen hatten. Die Bewegung in Deutschland wurde verstärkt durch die am 30. Mai im Kurfürstenthum Hessen octroyirte Verfassung und durch den Beginn einer feindlichen Erörterung des hannoverischen Nachfolgerechts in Braunschweig, sodaß man bereits deutlich die vulkanischen Zuckungen des Bodens spürte, auf welchem die politische Welt stand.

Anfang Juni ließ Napoleon in Berlin direct die Idee einer Zusammenkunft mit dem Prinz-Regenten von Preußen anregen, um die Wolken des Mistrauens zu verscheuchen, welche zwischen der deutschen und der französischen Nation, insbesondere zwischen Frankreich und Preußen, aufgestiegen seien, eigentlich aber wol, um zu versuchen, ob und wieweit der Prinz von Preußen den Napoleonischen Gedanken und Planen über die weitere Behandlung der deutschen Frage zugänglich zu machen sein möchte. Diese Zusammenkunft sollte die ganz harmlose und natürliche Form eines Besuches annehmen, welchen der Kaiser dem Prinz-Regenten bei Gelegenheit des Aufenthaltes des letztern in Baden-Baden machen wollte, und es schien fast unmöglich, einen solchen Besuch, der ja an sich eine ganz besondere Aufmerksamkeit und Höflichkeit war, abzulehnen.

Als die in Aussicht genommene Zusammenkunft in Hannover bekannt wurde, war der König sehr beunruhigt. Er fürchtete, daß der Eindruck derselben in ganz Deutschland einen sehr bösen Eindruck machen, daß die gothaische Partei in der Hoffnung auf französische Unterstützung oder französisches Geschehenlassen immer mehr versuchen werde, Preußen auf die Bahn eines deutschen Piemonts zu drängen, daß die Kluft, welche sich zwischen Preußen und Oesterreich zu öffnen begann, immer größer werden, und daß die Partei des Umsturzes der monarchischen Ordnung aus der entstehenden Verwirrung allein Vortheil ziehen werde.

Der König — ich erzähle das Folgende nach seinen mir oft wiederholten eigenen Mittheilungen — dachte lange allein über die empfangene Nachricht nach, es war am 12. Juni abends, er fand aus den bereits angeführten Gründen, daß die Zusammenkunft des Prinz-Regenten von Preußen mit dem Kaiser Napoleon zu einer für die ruhige Entwickelung des deutschen Verfassungslebens höchst gefährlichen Misdeutung Veranlassung geben könne, und bat, wie er das in besonders bewegten Augenblicken stets that, Gott eifrig um Erleuchtung, in welcher Weise er die ihm als deutschem Bundesfürsten obliegende Pflicht erfüllen könne, alle Gefahr von Deutschland, soviel an ihm liege, abzuwenten. Endlich, es war schon spät am Abend, glaubte er das Richtige gefunden zu haben, er sagte sich, daß hier nur eine schnelle persönliche Verständigung zum Ziele führen könne, und daß er eine solche seinem Vetter und dem Regenten einer deutschen Großmacht schuldig sei. Ohne einen Augenblick zu zögern, ließ er alle Reisevorbereitungen treffen, und zwar in absoluter Stille, und reiste mit dem gegen Mitternacht abgehenden Zuge, von seinem Flügeladjutanten begleitet, nach Berlin, nachdem dem dortigen hannoverischen Gesandten, Oberstlieutenant von Reitzenstein, der telegraphische Befehl zugegangen war, einen Wagen auf den Bahnhof zu schaffen. Im Salonwagen legte der König die preußische Uniform des Regiments der Zietenhusaren, dessen Chef er war, sowie Band und Stern des Schwarzen Adlerordens an, und fuhr nach seiner Ankunft in Berlin mit seinem Adjutanten und dem höchst erstaunten Herrn von Reitzenstein direct vom Bahnhof nach dem Palais Unter den Linden, welches heute noch der Kaiser bewohnt.

Es war noch nicht 7 Uhr, der Prinz=Regent befand sich noch in seinem Schlafzimmer und war ohne Zweifel nicht wenig verwundert, als der Kammerdiener höchst aufgeregt meldete, daß der König von Hannover soeben in das Palais getreten sei. Nach kurzer Zöge=

rung eilte der Prinz=Regent in das Arbeitszimmer, wo der König ihn erwartete. Die hohen Herren umarmten und küßten sich, wie sie stets bei ihrer Begrüßung thaten, und sogleich begann der König: „Du willst mit Napoleon in Baden zusammenkommen? das geht nicht, das wird man falsch auslegen, ich bin gekommen, um dir meine Ansicht mitzutheilen, du darfst nicht allein hingehen, ich will mit dir gehen, die andern sollen es auch, dann wird jede Misdeutung ausgeschlossen und im Kreise der deutschen Fürsten wirst du Napoleon würdiger gegenüberstehen." Der Prinz=Regent dankte dem König gerührt für seinen Besuch, der ihm Gelegenheit gebe, mit seinem nächsten Nachbarfürsten und Verwandten seine Meinungen auszutauschen. Die beiden hohen Herren setzten sich ganz vertraulich zusammen, besprachen die Sache und das Resultat der Besprechung war, daß bei der am 15. stattfindenden Zusammenkunft in Baden der Prinz=Regent von den deutschen Königen und noch andern deutschen Fürsten umgeben war.

Die schnelle persönliche und vertrauensvolle Initiative des Königs Georg hatte in diesem Falle den besten und segensreichsten Erfolg, und es ist nur zu bedauern, daß so viele störende und verwirrende Elemente der persönlichen Begegnung der beiden so nahe verwandten und in ihren Charakteren sich so sympathischen Fürsten stets entgegentraten. Die verhängnißvolle Katastrophe von 1866 hätte durch persönliche Besprechung nach meiner Ueberzeugung vermieden werden können und vermieden werden müssen.

Der König blieb bis zum Nachmittag in Berlin, dinirte im Palais und kehrte abends, nachdem der Prinz-Regent ihn zum Bahnhofe begleitet, sehr zufrieden über das Resultat seiner Reise nach Hannover zurück. Die Diplomatie sowol als die allerhöchsten Herrschaften selbst traten in lebhafte Correspondenz und am 14. Juni reiste der König nach Baden ab.

Es war abgemacht, der dortigen Zusammenkunft jedes äußere Zeichen politischer Bedeutung zu nehmen, und daher blieb der Minister der auswärtigen Angelegenheiten zurück, der König war nur begleitet vom Generallieutenant Jacobi, dem Oberhofmarschall von Malortie, dem Cabinetsrath und dem Flügeladjutanten Oberst von Bobbien.

Die Beschreibungen der Zusammenkunft der deutschen Fürsten füllten damals alle Zeitungen. Alle Etikette war verbannt, die einzige Erörterung in dieser Beziehung fand über den Vortritt unter den deutschen Souveränen statt und dieser wurde einstimmig dem Prinzen von Preußen zugestanden als Regenten der preußischen Großmacht, obgleich er persönlich, da er noch nicht König war, den Majestäten im Range nicht gleichstand. Die wesentlichsten politischen Besprechungen zwischen den deutschen Fürsten fanden über die Reform der Bundeskriegsverfassung statt, welche die preußischen Vorschläge einheitlicher gestalten wollten, und für welche Preußen auf die ihm zu gewährende Bundesfeldherrnschaft hinarbeitete. Wie das fast immer bei den Besprechungen der Souveräne der Fall ist, kam bei diesen Conferenzen, über welche der König von Sachsen das Protokoll führte, nichts weiter heraus, als daß die hohen Herren sämmtlich ihre Bereitwilligkeit zu einer einheitlichern Concentration und Stärkung der deutschen Wehrkraft aussprachen; man verständigte sich über das Princip einer gleichmäßigern Organisation der zusammengesetzten Armeecorps, glitt über die Frage der Oberfeldherrnschaft hinweg und überließ die Ausführung des allgemein anerkannten Princips spätern Ministerconferenzen. Doch nahm die persönliche Zusammenkunft der Fürsten den gegenseitigen Beziehungen den Hauch von Bitterkeit und Mistrauen, welcher dieselben in der letzten Zeit seit des Eintrittes der neuen Aera getrübt hatte, und die Worte des Prinz-Regenten, welcher versicherte, daß er die Rechte seiner deutschen Bundesgenossen heilig halten werde, obgleich er das Festhalten an dem von ihm betretenen Wege und die Hoffnung aussprach, immer mehr von seinen Verbündeten auf diesem Wege neben sich zu sehen, wurden von den hohen Herren mit großer Befriedigung aufgenommen.

Wichtiger und bedeutungsvoller waren die Unterhaltungen der deutschen Fürsten mit Napoleon, welcher hier zum ersten mal ein Parterre von legitimen Königen um sich vereinigt sah. Es ist wol zweifellos, daß er damals dem Prinz-Regenten gegenüber die ersten Anregungen fallen ließ, um Preußen auf dem Wege einer hegemonistischen Bundesreform vorwärts zu drängen, bei welcher er Deutschlands Macht durch den Antagonismus der beiden Großmächte paralysiren und für sich schließlich die Frucht eines Compensationsobjects pflücken wollte. Ebenso zweifellos ist es, daß der Prinz-Regent diese Anregungen durch seine kalte Zurückhaltung fast im Keime erstickte, sie boten später dem Fürsten Bismarck Gelegenheit, Napoleon so fest in seine eigenen Netze zu verstricken, daß er, von Schritt zu Schritt fortgezogen, zum Werkzeug bei der Herstellung der deutschen Einigkeit werden mußte.

Besonders merkwürdig waren die in Baden angeknüpften Beziehungen zwischen Napoleon und dem König Georg V.

Der König war, wie schon bemerkt, bis zu seiner

Reise nach Baden ganz von seiner altenglischen und
legitimistischen Abneigung gegen das Napoleonische
Frankreich erfüllt gewesen und trat dem französischen
Kaiser mit einem wol geradezu feindlichen Vorurtheil
entgegen. Er war, soviel ich mich erinnere, der ein=
zige der deutschen Souveräne, welcher dem französischen
Kaiser seinen höchsten Orden, den Sanct=Georgs=Orden,
noch nicht gegeben hatte, und daher auch das Groß=
kreuz der Ehrenlegion nicht besaß, sodaß er Napoleon
nicht wie die übrigen nach der Höflichkeitssitte der Sou=
veräne mit dem Bande der französischen Decoration
empfangen konnte. Am Tage nach der ersten officiellen
Begrüßung fand nun im Englischen Hof, wo der
König wohnte, eine äußerst eigenthümliche Scene statt.
Napoleon fuhr ohne Begleitung vor und ließ sich nach
der Wohnung des Königs führen, wo er in den Salon
trat, jede ceremonielle Anmeldung verbietend. Der
König vollendete eben in seinem Schlafzimmer seine
Toilette, und der Kaiser wartete ruhig in dem leeren
Salon. Bald trat der König, auf den Arm seines
alten Kammerdieners Mahlmann gestützt, ein. Mahl=
mann, der den Kaiser nicht kannte und einen Fremden
in einfachem Civilanzug in dem Salon sitzen sah, rief
ihn heftig an und sagte ihm voll Entrüstung, daß dies
die Zimmer Sr. Majestät seien. Der König stutzte

unwillig; schon aber hatte sich Napoleon erhoben und den König angeredet, der dann die Stimme des Kaisers erkannte und den Kammerdiener entließ. Napoleon zog ein Etui mit dem Großcordon der Ehrenlegion hervor und überreichte denselben dem Könige, der nun die französische Decoration dankend, wenn auch mit einiger Verlegenheit annahm und an demselben Tage noch den telegraphischen Befehl nach Hannover schickte, um sofort durch einen Kurier die Insignien des Georgs-Ordens nach Baden kommen zu lassen. Der Kaiser blieb lange bei dem Könige und suchte während des Aufenthaltes in Baden noch mehrmals die Gelegenheit zu vertraulichem Gespräch mit dem Könige. Er sprach ungemein offen und mit all der liebenswürdigen, hinreißenden und überzeugenden Beredsamkeit, deren er fähig war. Er suchte den König besonders von seiner conservativen Gesinnung und von seiner hohen Achtung vor der Legitimität zu überzeugen und ihm darzuthun, daß im Interesse der Ordnung und Ruhe in Europa auch vom legitimen Standpunkt das Napoleonische Kaiserthum die einzig mögliche Regierungsform in Frankreich sei. Die legitime königliche Linie, so wiederholte er mehrmals in seinen Gesprächen, sei unmöglich geworden und könne schon deßhalb nicht in Frage kommen, weil der Graf Chambord kinderlos sei, — die Orléans seien schlimmer als illegitim, sie seien antilegitim und hätten sich durch ihre Felonie jedes Anrechtes an den französischen Thron verlustig gemacht, während er sowol wie sein Oheim die Revolution gebändigt und aus dem Chaos den Kaiserthron wieder hätten emporsteigen lassen. Er sei solidarisch mit allen europäischen Monarchen in dem Kampfe gegen die Revolution und in der Erhaltung der Grundprincipien des europäischen Gleichgewichts. Auch sprach er mit hoher Achtung vom Grafen Chambord und erklärte, daß er nichts sehnlicher wünsche, als diesem Herrn ein der Vergangenheit seines Hauses würdiges Los zu bereiten. Genug, es gelang ihm durch den eigenthümlichen Zauber, den er in der Unterhaltung auf jedermann auszuüben wußte, und durch das feine, verständnißvolle Eingehen auf die Charaktereigenthümlichkeiten, das er so meisterhaft verstand, den König völlig umzustimmen und dessen ungünstiges Vorurtheil in sympathische Bewunderung zu verwandeln.

Der König kam in seinen Gesinnungen gegen Napoleon gänzlich verändert zurück und erklärte den französischen Kaiser, von welchem er bisher nur mit großer Kälte und in vertrauten Kreisen sogar stets mit einer wenig verhüllten Geringschätzung gesprochen hatte, für einen außerordentlichen Mann voll großer und edler Gesinnungen und voll bewunderungswürdigen Geistes. Der derbe und oft etwas rücksichtslose Graf Damrémont wurde abberufen und an seine Stelle trat der elegante und geschmeidige Baron von Malaret. Das vorher kalte und gereizte Verhältniß der französischen Diplomatie zum hannoverischen Hofe wurde ein vertrauliches und freundliches, und Herr von Malaret war der besonders bevorzugte Liebling des Hofes und der Hofgesellschaft.

In der Presse durfte auf besondern Befehl des Königs über die Zusammenkunft in Baden=Baden nichts mitgetheilt werden als die folgende von Sr. Majestät selbst festgestellte Erklärung:

„Hannover, 23. Juni. Seine Majestät der Kaiser der Franzosen hatte Seiner königlichen Hoheit dem Prinz=Regenten von Preußen den Wunsch zu erkennen gegeben, mit ihm eine Zusammenkunft zu haben, um dadurch seinen Willen, den Frieden zu erhalten, vor Europa zu beweisen, und die Besorgnisse vor der französischen Politik in Deutschland zu zerstreuen. Seine königliche Hoheit der Prinz=Regent hatte die Zusammenkunft, wie Deutschland mit Dank anerkennen wird, nur unter der Voraussetzung angenommen, dabei die Integrität Deutschlands in keiner Weise in Frage ge=

stellt zu sehen. Seine Majestät unser König, von dieser bevorstehenden Zusammenkunft unterrichtet, erklärte sich bereit, sowie auch Ihre Majestäten die Könige von Baiern, Sachsen und Würtemberg, nebst einigen andern Bundesfürsten, bei dieser Zusammenkunft, welche in Baden stattfinden sollte, anwesend zu sein und dem Prinz-Regenten zur Seite zu stehen. Seine Majestät der Kaiser der Franzosen hat nun den deutschen Fürsten, die so in Baden zusammengetroffen waren, persönlich wiederholte und übereinstimmende Versicherungen der friedlichen und freundschaftlichen Gesinnungen, von welchen er Deutschland gegenüber beseelt sei, ertheilt; und der Prinz-Regent sowie die übrigen anwesenden deutschen Fürsten, gleichwie sie bereit gewesen wären, die Ehre und Sicherheit des gemeinsamen Vaterlandes mit aller Kraft zu vertheidigen, haben diese Versicherungen nur mit der innigsten Befriedigung aufnehmen können. Das deutsche Volk wird in den gespannten Verhältnissen, in welchen sich Europa befindet, diese Versicherungen zu seiner wahren Beruhigung erfahren. Es wird zugleich, als das sicherste Unterpfand für kriegerische Zeiten, mit Freude erkennen, wie seine Fürsten hier, auch selbst schon im Frieden, dem Auslande gegenüber fest, einig und treu zusammengestanden. Aber die persönliche Anwesenheit dieser hervorragenden Bundesfürsten bot auch, abgesehen von den Verhältnissen mit Frankreich, zugleich Gelegenheit zu Erwägungen und Besprechungen über die jetzigen Verhältnisse Deutschlands selbst. Dabei wiederholte der Prinz-Regent seinen mitverbündeten Fürsten die Erklärungen über die Politik Preußens, welche er bei dem Schlusse des Landtags vor seinen Kammern und an der Grenze Frankreichs vor dem Volke gegeben hatte, daß er es nicht blos als die Aufgabe der deutschen, sondern als die erste Aufgabe der europäischen Politik Preußens erachte, den Territorialbestand sowol des Gesammtvaterlandes als der einzelnen Landesherren zu schützen; sowie ferner, daß seine Bemühungen niemals die Absicht hätten, das völkerrechtliche Band, welches die deutschen Staaten umfasse, zu erschüttern. Er drückte zugleich die Hoffnung auf eine Verständigung zwischen Oesterreich und Preußen aus, und kam dadurch dem ausgesprochenen Wunsche der übrigen Bundesfürsten, daß eine vertrautere und innigere Verbindung zwischen diesen beiden deutschen Großmächten angeknüpft werde, entgegen. Auch konnte der directe freundliche Ideenaustausch der dort anwesenden Fürsten Deutschlands nur dazu dienen, dieselben im Interesse unsers gesammten Vaterlandes noch inniger miteinander zu verbünden. Das ist die Bedeutung dieser deutschen

Fürstenversammlung in Baden für das deutsche Volk; und sie ist dadurch ein wichtiges Blatt in der neuern Geschichte."

Diese Erklärung wurde in der officiellen "Neuen Hannoverischen Zeitung" abgedruckt und den übrigen mit der Regierung in Verbindung stehenden Blättern der Wunsch ausgesprochen, sich aller weitern Commentare zu enthalten.

Die persönliche Begegnung des Kaisers mit dem Könige und die eingehenden Unterhaltungen zwischen beiden sollten jedoch noch eine weitere und ganz eigenthümliche Folge haben und hätten vielleicht Veranlassung werden können, daß die Schicksale Europas eine andere Wendung genommen hätten.

Um das Folgende vollständig zu verstehen, muß ich vorausschicken, daß sich damals am hannoverischen Hofe als französischer Lehrer des Kronprinzen ein gewisser Blache de Montbrun befand, ein junger Mann von guten Manieren und einfachem Geist, der in Beziehungen zum Grafen Walewski gestanden hatte und sehr laut und offen seine legitimistischen Gesinnungen aussprach. Einige Zeit vorher war der Graf von Chambord auf einer Reise durch Hannover gekommen und am Hofe mit allen königlichen Ehren empfangen worden. Abends, als der Graf von Chambord sich im Kreise der königlichen Familie befand, hatte der König jenen Herrn Blache mit den Worten herbei= gerufen: „Venez, je vous ferai l'honneur de vous présenter à votre roi." Dies hatte natürlich Auf= sehen erregt, war weiter erzählt worden und der fran zösische Gesandte hatte den Minister der auswärtigen Angelegenheiten über den Vorfall interpellirt, sodaß die Sache sich zu einer diplomatischen Affaire aufbauschte, welche Veranlassung gegeben haben mochte, daß in den Berichten des Gesandten nach Paris Herr Blache de Montbrun als eine Person von besonderer Bedeutung und als ein Vertrauter des Grafen Chambord oder wenigstens als ein einflußreiches Mitglied der Legiti mistenpartei dargestellt wurde.

Im September nun kam eines Tages Herr Blache de Montbrun sehr aufgeregt zu mir und erzählte, er sei tags vorher durch ein Telegramm nach Minden gerufen, wo eine Persönlichkeit von hohem Einflusse, deren Namen er nicht zu nennen sein Ehrenwort ge= geben habe, ihn hätte sprechen wollen. Diese Person habe ihm ein Programm übergeben und ihn beauftragt, in geeigneter Weise zu erforschen, welche Aufnahme und Beurtheilung die in demselben enthaltenen Ideen am hannoverischen Hofe finden möchten. Er sei nun in der äußersten Verlegenheit und wisse sich seines

Auftrages nicht anders zu entledigen, als indem er zu mir käme und mir das Programm mittheilte.

Dieses höchst merkwürdige Schriftstück enthielt nun in kurzen, scharfen und bestimmten Sätzen den Entwurf eines Vertrages zwischen dem Kaiser Napoleon und dem Grafen von Chambord auf folgenden Grundlagen:

1) Der Graf von Chambord erkennt den Kaiser Napoleon, da derselbe nicht sein „Successeur légitime" sein könne, als „Continuateur reconnu de sa dynastie" an und wird allen französischen Legitimisten sowie den europäischen Höfen dies unter Ausschluß der Familie Orléans von allen Rechten auf den französischen Thron anzeigen.

2) Der Kaiser wird dem Grafen von Chambord alle Besitzungen seines Hauses in Frankreich herausgeben, ihm den Titel „Majesté royale" zuerkennen und ihm eine Residenz in Frankreich in jeder Stadt außer Paris, die der Graf wählen sollte, einräumen.

3) Der Kaiser wird die Annexion des Königreichs Neapel verbieten, die Räumung des neapolitanischen Gebietes von sardinischen Truppen und den Freischaren Garibaldi's erzwingen und die bour-

bonische Dynastie auf dem Throne von Neapel erhalten. Auch ist der Kaiser bereit, seine bons offices für die Erhaltung der bourbonischen Linie auf dem Throne des Herzogthums Parma ein= treten zu lassen oder eine angemessene und volle Entschädigung für die herzogliche Familie zu er= wirken.

Das Schriftstück war so präcis und scharf gefaßt, der feine Unterschied zwischen „Successeur légitime" und „Continuateur reconnu" zeigte ein so tiefes Verständniß des politischen Rechts und zugleich eine so überlegene Beherrschung des Ausdruckes, daß ich keinen Augenblick glauben konnte, Herr Blache de Montbrun sei der Verfasser dieses Programms. Dasselbe konnte ihm vielmehr nur von einer mit dem Gange der Politik in hohem Grade vertrauten Person gegeben worden sein. Dasselbe enthielt die vollständige Realisirung der italienischen Föderationsidee, welche Napoleon schon seit dem Züricher Frieden der sardini= schen Annexionspolitik entgegenzusetzen bestrebt war, und zugleich gewann der Kaiser die Partei der Legiti= misten und versetzte den Orléans einen empfindlichen Schlag. Dies hatte in jener Zeit eine große Bedeu= tung; die Legitimisten waren noch sehr stark und der Kaiser war kaum noch rückhaltslos von den europäischen

Mächten anerkannt. Er mußte dahin streben, im Innern Frankreichs alle conservativen Elemente um sich zu schaaren und zugleich den legitimen Mächten, die er zum Kampfe gegen die Revolution und zugleich zu einer Revision des europäischen Völkergesetzes, der Wiener Congreß-Acte, vereinigen wollte, als berechtigter Herrscher Frankreichs entgegenzutreten. Denn Napoleon strebte, so sehr er auch in seinem Leben mit der Revolution gespielt hatte, nach nichts mit solchem Eifer als nach seiner anerkannten Aufnahme in die sogenannte Familie der Könige. Er wollte seine Dynastie in das europäische Recht aufnehmen lassen, denn er fürchtete für dieselbe nicht die Revolution so sehr als die europäische Coalition, welche seinen Oheim gestürzt hatte. Eine Legitimirung durch den Grafen von Chambord mußte ihm den ersehnten gleichberechtigten Platz unter den europäischen Souveränen öffnen; er war als Continuateur reconnu der alten französischen Monarchie und als eingesetzter Nachfolger der allerchristlichsten Könige nicht mehr der „Parvenu", welcher erst den Krimkrieg zu führen gezwungen gewesen war, um von dem Kaiser Alexander den Titel „Mon frère" zu erlangen, den der stolze Nikolaus ihm versagt hatte. Es kam dazu, daß die Ausführung des Programms, die Einwilligung des Grafen Chambord vorausgesetzt kaum Schwierigkeiten zu bieten schien. In Preußen war man damals tief entrüstet über die Losreißung der Lombardei von der deutschen Großmacht Oesterreich, man zeigte seinen Widerwillen gegen das sardinische Italien und gegen dessen Bündniß mit der Garibaldinischen Revolution sehr deutlich, ebenso wie die Sympathie für den König von Neapel, welchem sogar das preußische Schiff, die Loreley, zur Verfügung gestellt wurde. Noch stärker war diese Strömung am petersburger Hofe, und Oesterreich hätte ja selbstredend jede Zurückwerfung der piemontesischen Annexionspolitik mit Jubel begrüßt. Außerdem fand die Ausführung des Programms auch in dem Züricher Frieden, den alle Mächte gebilligt, seine völkerrechtliche Basis. Ein scharfes Veto Napoleon's gegen Garibaldi und Victor Emanuel, zu welchem er die volle Macht besaß, würde also die Zustimmung und Unterstützung aller übrigen Mächte gefunden und höchstens vielleicht bei England ein leises, aber wirkungsloses Grollen erzeugt haben. Ich war daher der Ueberzeugung, daß das Programm, welches Herr Blache de Montbrun mir brachte, wenn es nicht von Napoleon selbst ausginge, doch von einer Person kommen müsse, welche mit den Ideen und Wünschen des Kaisers völlig vertraut wäre.

Nun war gerade am Tage vorher der Graf Walewski, bis dahin französischer Minister der auswärtigen Angelegenheiten, auf einer Reise durch Minden gekommen, und es lag daher sehr nahe, anzunehmen, daß er es sei, der Herrn Blache de Montbrun jenes Programm gegeben habe, um so mehr, als die legitimistischen Gesinnungen des Grafen Walewski bekannt waren. Auch daß man Herrn Blache wählte, um die Sache zunächst in seine Hände zu legen, schien erklärlich nach dem vorher erzählten Vorgange. Ich fragte ihn, ob er das Programm von dem Grafen Walewski erhalten, er erklärte sich durch sein Ehrenwort zum Schweigen verpflichtet, wollte jedoch auch meine Frage nicht mit Nein beantworten, und die ganze Sache erschien mir so wichtig, daß ich es für nöthig hielt, das Programm dem Könige mitzutheilen.

Dieser war im höchsten Grade betroffen und erklärte sogleich, daß der Inhalt des eigenthümlichen Schriftstückes völlig mit den Anschauungen übereinstimme, welche Napoleon ihm bei seinen Unterhaltungen in Baden ausgesprochen habe, und daß er überzeugt sei, das Programm komme von niemand anders als von dem Kaiser selbst, welcher diesen sonderbaren Weg gewählt habe, da er eine solche Sache nicht officiell anregen könne, um sich keinem Echec auszusetzen,

und gewiß gewesen sei, daß Herr Blache das verhäng=
nißvolle Papier schon irgendwie in die rechten Hände,
sei es in die seinigen oder in die des Grafen Cham=
berd, bringen werde.

Ich hatte das Programm zugleich meinem alten
Freunde, dem Hofrath Louis Schneider in Berlin, ge=
sendet, um zu hören, wie man etwa in Berlin darüber
dächte. Dieser hatte es dem Prinz-Regenten mitgetheilt
und kam schon am nächsten Tage nach Hannover, um
sich bei dem Könige zu melden, der ihn, wie immer,
sehr gnädig empfing, und dem er sagte, daß der Prinz=
Regent dieser Idee und der weitern Verfolgung der=
selben ein hohes Interesse zuwende, denn auch dem
Regenten müßte Napoleon in Baden ähnlich Anklin=
gendes gesagt haben. Der König ließ Herrn Blache
rufen und befragte ihn in Gegenwart des Hofraths
Schneider auf das schärfste und eingehendste nach dem
Ursprunge des Papiers. Herr Blache erzählte den
Hergang dem Könige ebenso, wie er ihn mir erzählt
hatte, erklärte ebenfalls, daß er durch sein Ehrenwort
gebunden sei, denjenigen, der ihm das Programm ge=
geben, nicht zu nennen, wollte aber nicht verneinen,
daß es der Graf Walewski gewesen sei. Zugleich fügte
er hinzu, jene Persönlichkeit habe auf das bestimmteste
erklärt, daß von seiten des Kaisers die Unterhandlung

sogleich aufgenommen werden solle, sobald von dem Könige, oder dem Grafen Chambord, oder einer europäischen Macht ein "gros bonnet", wie er sich ausdrückte, dafür bestimmt und bevollmächtigt werden würde. Nur mit dem Grafen Platen werde man nicht verhandeln, denn dieser sei unfähig, die für eine solche Sache nöthige Discretion zu beobachten, schwanke nach allen Seiten und werde, wenn ähnliche Verhältnisse jemals eintreten sollten, der "Liborio Romano" des Königs werden. Liborio Romano war, wie man sich erinnert, der Minister des Königs Franz II. von Neapel, der diesen durch seine zweideutige und schwankende Haltung in seine damalige Lage gebracht hatte. Es war diese Aeußerung um so auffallender, als Graf Platen als Gesandter in Paris dort persona grata gewesen war, und als Herr Blache persönlich kaum jemals mit demselben in Berührung gekommen war und keinen Grund zu feindseliger Gesinnung gegen ihn haben konnte. Obgleich der König nichts darüber äußerte, so schien es mir doch, als ob auch in dieser Beziehung eine Andeutung in Baden gefallen sei, denn er beschloß, dem Grafen Platen nichts von der Sache zu sagen, und sendete, allen, die um die Sache wußten, strengste Verschwiegenheit auferlegend, Herrn Blache nach Paris, mit dem Auftrage, diejenige Persönlichkeit, welche ihm das Programm gegeben, aufzusuchen und derselben zu erklären: daß es ihm, Herrn Blache, unmöglich sei, weiter etwas in der Sache zu thun, bevor er nicht einen Beweis zu liefern vermöge, daß von seiten des Kaisers Napoleon die Ausführung des Programms oder wenigstens die Verhandlung auf der Basis desselben gebilligt werde.

Was den Grafen Chambord betrifft, so wollte der König, und gewiß mit vollem Rechte, demselben in diesem unklaren Stadium einer fast mysteriösen Angelegenheit nichts davon mittheilen, es schien indeß die Ausführung des Programms auch nach dieser Seite nicht unmöglich zu sein. Zwar widersprach die dem Prätendenten der französischen Legitimität angesonnene Verzichtleistung den Principien, die derselbe bisher stets hochgehalten und laut ausgesprochen, doch war ebendadurch, daß der Graf Chambord, der ja keine Descendenz hatte und mit dessen Tode also in jedem Falle die Erbfolgefrage wieder streitig werden mußte, den Kaiser nur als „Continuateur" seiner Dynastie anerkennen sollte, das Legitimitätsprincip gewissermaßen intact erhalten, sodaß der Prinz eigentlich nur ganz persönliche Rechte aufzugeben hatte. Dadurch aber rettete er einem Zweige seines Hauses den Thron von Neapel, indem er zugleich jedes Nachfolgerecht der dem legitimen Princip stets so feindlichen Orléans ausschloß; es war jedenfalls zu erwarten, daß das Haus Bourbon auf den Grafen Chambord im Sinne der Annahme der Napoleonischen Propositionen, wenn dieselben wirklich officielle Gestalt annehmen sollten, einwirken werde. Ja eine solche Einwirkung mußte man sogar von seiten der französischen Legitimisten annehmen, von denen ein großer Theil sehr geneigt war, sich nach dem Tode des Grafen Chambord dem Kaiserreiche zuzuwenden, das jedenfalls der Legitimität näher stand als die Orléans, und mindestens Frankreich Ruhm und Macht gebracht hatte. Waren doch bereits zahlreiche Legitimisten, ohne durch äußere Rücksichten dazu gezwungen zu sein, in den Dienst des Kaisers getreten, wie der Marquis de Moustier und der Herzog von Gramont, der Jugendfreund des Grafen von Chambord, und allen diesen würde eine Versöhnung des Kaisers mit dem letzten directen Abkömmling der alten legitimen Könige sehr erwünscht gewesen sein.

Zu derselben Zeit, als Herr Blache jenes Programm überbrachte, hatte sich der französische Admiral Barbier le Tinan mit seiner Escadre vor Gaëta gelegt, wohin inzwischen der König Franz II. mit den Trümmern seiner Armee sich zurückgezogen hatte, und verhinderte den sardinischen Admiral Persano, die Festung von der Seeseite anzugreifen; es lag hierin ein Beweis, daß Napoleon in der That die Entscheidung über die neapolitanische Frage noch offen halten wollte.

Der Hofrath Schneider ging nach Berlin zurück, und man dürfte dort die weitere Entwickelung dieser so eigenthümlich eingefädelten Angelegenheit mit ebenso viel Spannung erwartet haben als in Hannover.

Es schien indeß durchaus nothwendig, daß in einer Sache, welche so weit reichende Consequenzen in sich schloß, der König einen durch seine Stellung und Erfahrung zu so ernsten und wichtigen Verhandlungen berechtigten und befähigten Staatsmann zur Seite habe, da er einmal dem Grafen Platen nichts davon mitzutheilen Veranlassung hatte. Ich rieth daher dem Könige, von dem Geh. Cabinetsrath Lex unterstützt, auf das dringendste, den Herrn von Stockhausen, damals Gesandter in Wien, nach Hannover zu berufen. Derselbe hatte früher den Gesandtschaftsposten in Paris bekleidet, mußte also die dortigen Verhältnisse genau kennen und war dann auch in der Lage, die ganze Sache, wenn sie festere Gestalt annehmen sollte, in Wien anzuregen und von dort aus an den Grafen Chambord zu bringen. Der König schickte Herrn von Stockhausen den Befehl, unter dem Vorwande persönlicher Geschäfte einen Urlaub nachzusuchen und sogleich nach Hannover zu kommen.

Inzwischen kehrte Herr Blache de Montbrun von Paris zurück und brachte einen Brief des Grafen Damrémont, der bis vor kurzem französischer Gesandter in Hannover gewesen war und als „Ministre plénipotentiaire en disponibilité" eine neue diplomatische Verwendung erwartete. Graf Damrémont erklärte in diesem Briefe in klaren und unzweideutigen Worten, daß er bereit sei, auf Grund jenes Programms mit einem von dem Könige von Hannover bevollmächtigten Vertreter in Verhandlung zu treten. Damit war unzweifelhaft erwiesen, daß das Programm, gleichviel welche Mittelsperson für die Lancirung desselben gewählt war, vom Kaiser kam, denn niemals würde ein Mann in der Stellung des Grafen Damrémont sich schriftlich zu einer so unmittelbar die persönlichen und dynastischen Verhältnisse des Kaisers berührenden Verhandlung bereit erklärt haben, wenn er nicht zuvor bei Napoleon angefragt und von diesem selbst die Autorisation dazu erhalten hätte.

Herr von Stockhausen kam an, und hätte ich denselben früher gekannt, so würde ich niemals auf seine Berufung gedrungen haben. Er war eine Natur, welche sich über die Grenzen der formalistischen Traditionen der bureaumäßigen Diplomatie hervorzuwagen nicht den Muth fassen konnte und es für unmöglich hielt, daß von Hannover aus irgendwie große politische Fragen angeregt werden könnten. Er war außerdem ein tief erbitterter Preußenfeind und witterte in der ganzen Sache — ich habe keine Ahnung warum — eine preußische Intrigue, durch welche der König den andern Mächten gegenüber in Verlegenheit gebracht werden könne; genug, er bot alles auf, um den König zu bestimmen, die Sache fallen zu lassen. Vielleicht mochte ihn dabei auch eine ganz persönliche Rücksicht bestimmen. Denn wenn er diese so bedeutungsvolle Verhandlung, von der Graf Platen ausgeschlossen war, übernommen hätte, so war die natürliche Folge, daß er selbst das Portefeuille der auswärtigen Angelegenheiten übernehmen mußte. Er lebte aber gern in Wien, wo er eine beliebte Person war, ein Minimum von Geschäftslast zu tragen hatte und sich materiell besser stand als auf dem Posten eines hannoverischen Ministers der auswärtigen Angelegenheiten, dessen arbeitsvoller und verantwortlicher Stellung er sich, trotz einer nicht geringen Werthschätzung seiner eigenen Persönlichkeit, doch wol auch nicht gewachsen fühlen mochte.

Der König wurde unsicher und suchte, eine unglückliche Eigenschaft seines Charakters, Zeit zu gewinnen, wodurch Zögerungen in einer Sache entstanden, die ihrer ganzen Natur nach zu schneller Entscheidung drängte, da sich die Dinge in Italien ja nicht lange in der Schwebe erhalten ließen. Diese Zögerungen, welche, wie der Verfolg dieser Aufzeichnungen noch öfter zeigen wird, für den König selbst und für Hannover stets so verhängnißvoll wurden, darf man freilich nicht ganz dem Charakter des Königs zur Last legen. Er fand eben, wie auch dieser Fall beweist, in den so kleinlich eingeengten Verhältnissen Hannovers keine Menschen zur Ausführung großer und weiter Ideen. Hannover war gerade durch die Verbindung mit England so von aller großen Politik ausgeschlossen und so auf seine eigenen kleinen Verhältnisse beschränkt geblieben, daß in der ganzen Staatsdienerschaft nichts größere Scheu erregte als eigenes Denken und Handeln. Man fand dort gute Verwaltungsbeamte und gute, ja vortreffliche Juristen, aber keine Staatsmänner, mit ganz wenigen Ausnahmen, die dann aber von dem ganzen Corps bureaucratique einmüthig verfolgt und zurückgedrängt wurden; es hätte mindestens noch einiger Generationen bedurft, bis Hannover Persönlichkeiten von der Bedeutung eines Beust oder eines Dalwigk hervorzubringen vermocht hätte.

Genug also, die Sache wurde verzögert, da Herr

von Stockhausen keine andere Absicht hatte, als sich dieselbe mit guter Manier vom Halse zu schaffen; es kam noch eine Anregung von Paris an Herrn Blache, derselbe wurde noch einmal dorthin geschickt, um sich ungemein verclausulirte Erklärungen geben zu lassen. Er kam aber natürlich ohne dieselben zurück, Graf Damrémont hatte ihm gesagt, daß, nachdem er bestimmt und rückhaltslos seine Bereitwilligkeit zum Eintritt in die Verhandlungen erklärt, er nun, und zwar nur noch kurze Zeit, einen gegenseitigen Unterhändler zu erwarten habe. Dennoch wartete man noch ziemlich lange Zeit, immer lag der französische Admiral vor Gaëta, und erst als immer und immer von Hannover nichts kam, überließ endlich der Kaiser Napoleon die italienische Entwickelung ihrem Schicksale.

So entschlüpfte den Händen des Königs ein Faden, durch welchen er, wenn derselbe energisch festgehalten und geschickt weiter gesponnen wäre, einen mächtigen Einfluß auf die damals in der Gärung befindlichen Schicksale Europas hätte gewinnen können. Er würde sich Napoleon selbst und fast alle europäischen Souveräne verpflichtet haben, besonders aber würden durch die Aufnahme dieser Sache in Gemeinschaft und unter fortwährender Verständigung mit dem Prinz-Regenten von Preußen die in Baden wieder angeknüpften persönlichen Beziehungen zwischen beiden hohen Herren sich immer fester zusammengezogen haben und dadurch wäre die spätere Entfremdung und wol auch die Katastrophe von 1866 vermieden.

Besonders auch in dieser letztern Beziehung bedauerte ich es tief, daß jene Sache so traurig im Sande verlief, denn mein sehnlichster Wunsch war es immer, daß der König mit dem preußischen Hofe in persönliche Verbindung treten möge, wodurch allen politischen Differenzen die gehässige Spitze abgebrochen wäre.

Ich habe mich später in Paris überzeugt, daß jenes Programm in der That vom Kaiser Napoleon ausgegangen war und daß derselbe zu jener Zeit einen sehr hohen Werth auf dessen Ausführung gelegt hatte. Damals konnte ich nichts weiter thun, denn für mich, noch sehr jung und eben fremd in den hannoverischen Dienst getreten, war es unmöglich, bei einer solchen Verhandlung mitzuwirken, und nach den mit Herrn von Stockhausen gemachten Erfahrungen war es, auch wenn dazu noch Zeit gewesen wäre, bedenklich, irgendeine andere Persönlichkeit vorzuschlagen.

IV.

Plane und Ideen zur Bekämpfung der Opposition, insbesondere der gothaischen Idee, auf geistigem Gebiet. — Arbeiten zur Gründung einer allgemeinen deutschen conservativen Partei und eines großen Preßorgans zur Vertretung des Bundesrechts und der Selbständigkeit der Fürsten und Staaten sowie zur Herstellung einer kräftigern militärischen Tüchtigkeit der Bundesarmee. — Schwierigkeiten der Durchführung dieser Idee. Herr von Schätzell. Regierungsrath von Witzleben. — Stellung von Sachsen und Baiern. Freiherr von Schrenck und Freiherr von der Pfordten. Fürst Schönburg. — Pessimistische Resignation in Oesterreich. — Leben des Königs Georg in Norderney. — Braunschweigische Erbfolge. Graf von der Decken. — Lebensgefahr des Kronprinzen. — Ernst-August-Denkmal. — Der Kronprinz Secondelieutenant. — Charakter und Entwickelung des Kronprinzen, der Prinzessin Friederike und der Prinzessin Mary.

—

Es schien zu jener Zeit besonders nothwendig, der gothaischen Idee, welche die souveräne Selbständigkeit der deutschen Fürsten bedrohte, an der diese doch, auf das Völkerrecht gestützt, festzuhalten entschlossen waren,

eine andere lebensfähige und das Volk belebende Idee
gegenüberzustellen. Denn es war klar, daß ohne die
Kraft einer solchen volksthümlich lebenskräftigen Idee
die Fürsten in dem Kampfe um die autonome Selbst=
ständigkeit endlich unterliegen mußten. Sie besaßen
die materielle Macht des Widerstandes nicht, und hätten
sie im äußersten Falle die Hülfe Oesterreichs angerufen
oder angenommen, so würde die österreichische Hege=
monie, im Falle sie durch einen Krieg österreichischer
Waffen hätte erkämpft werden können, dem Stolze der
Fürsten und der Selbständigkeit der deutschen Staaten
vielleicht verderblicher geworden sein als eine preußische
Führung.

Die Geschichte des alten Reiches liefert ja Bei=
spiele genug von dem Hochmuth und der Rücksichts
losigkeit, mit welcher das Haus Habsburg seine
Autorität geltend machte, sodaß es sogar vorgekommen
war, daß die kaiserlichen Ambassadeurs als Vertreter
der Person des Kaisers den Rang vor dem Fürsten
beansprucht hatten, an dessen Hofe sie beglaubigt waren
— und die deutschen Fürsten hatten ja ihre in dem
Bunde beruhende und durch den Bund garantirte
Selbständigkeit nur durch die Aufhebung der römischen
Kaiserherrlichkeit des österreichischen Hauses über das
Deutsche Reich erlangt.

Der König Georg insbesondere war von diesem Gedanken tief durchdrungen und hatte die höchste Abneigung, Oesterreich irgendwelchen maßgebenden Einfluß auf die Schicksale Deutschlands einzuräumen. Er pflegte es oft auszusprechen, daß das römische Kaiserthum Oesterreichs die nationale Entwickelung Deutschlands jahrhundertelang zurückgehalten, und daß Oesterreich stets die deutsche Macht, soweit es über dieselbe zu gebieten vermochte, nur dazu benutzt habe, um seine europäische Stellung zu stützen. — Die Tradition des preußisch-hannoverischen Bündnisses aus dem französischen Kriege war in ihm im hohen Grade lebendig, und wenn er auch bedauerte, daß damals ein deutscher Bürgerkrieg zu diesem Bündnisse die Veranlassung gewesen, so würde er doch stets zu einem Bündniß mit Preußen bereit gewesen sein, sobald nur in Berlin nicht die gothaische Idee des Bundesstaats mit der preußischen Spitze auf die Fahne geschrieben worden wäre.

Ich habe den König bei den Verhandlungen über die Reform der Bundeskriegsverfassung häufig sagen hören, daß er bei der Wahl eines Bundesfeldherrn im Falle eines deutschen Krieges niemals einem andern Fürsten seine Stimme geben werde als dem Könige von Preußen, aber ebenso werde er niemals einem Bundesbeschluß zustimmen, welcher die freie Wahl der souveränen Fürsten ausschlösse und dem Könige von Preußen als ein eigenes Recht die Würde des Bundesfeldherrn übertragen sollte, welche er nur der freien Wahl seiner souveränen deutschen Bundesgenossen verdanken dürfte.

Die gothaische Idee stützte sich zu jener Zeit vorzugsweise auf die liberale Opposition in den einzelnen Ländern, welche, fest zusammengeschlossen und agitatorisch thätig, in der concentrirten geistigen und materiellen Macht Preußens einen Rückhalt und ein Drohungsmittel gegen die eigenen Regierungen suchte, und auf das in dem ganzen Volke wurzelnde und immer stärker emporwachsende Bewußtsein, daß die ganze Organisation des Deutschen Bundes zu schwerfällig sei, um im Falle eines Krieges schnell wirksamen militärischen Schutz zu gewähren und im Frieden die immer steigenden Anforderungen des Verkehrslebens genügend zu befriedigen.

Um also für die deutschen Fürsten in dem Kampfe um ihre monarchische Selbständigkeit gegen die hegemonistischen Bestrebungen Preußens und der gothaischen Partei gleichartige ideelle Stützpunkte und materielle Machtmittel zu gewinnen, erschien es einmal nothwendig, eine conservative Parteibildung auf föderativer Grundlage ins Leben zu rufen, und sodann eine praktische Bundesreform anzubahnen und durchzuführen, welche den vorhandenen und überall empfundenen Misständen Abhülfe schaffte, ohne doch die autonome Selbständigkeit der einzelnen Länder und die monarchische Souveränetät der Fürsten zu beschränken.

Der König sah die Richtigkeit dieses Gedankens, den ich bei ihm wiederholt anregte, vollkommen ein. Ich hatte eine nur für ihn bestimmte kleine Abhandlung unter dem Titel „Der Fürst des 19. Jahrhunderts von Machiavell dem Jüngern" geschrieben, in welcher ich ausgeführt hatte, wie und durch welche Mittel in der heutigen Zeit des constitutionellen Staatslebens, welches absolute Gewaltacte unmöglich mache und den Versuch derselben thöricht erscheinen lassen müßte, die Fürsten dennoch durch geschickte und klug berechnete Behandlung der Minister, der Parlamente und der verschiedenen Volksklassen die unumschränkte persönliche Herrschaft in ihren Händen festzuhalten vermöchten, und in welcher ich ganz besonders die Nothwendigkeit hervorgehoben hatte, daß die Regenten, um wirklich Herren der Regierung zu bleiben, sich stets zu Vertretern und Führern großer fruchtbringender Ideen machen müßten, welche das Volk zu beleben und zu bewegen vermöchten und auf diese Weise die große Menge stets, den parlamentarischen Parteien und den bureaukratischen Hemmnissen zum Trotz, an die Person des Fürsten fesseln müßten, — eine Nothwendigkeit, welche alle großen Selbstherrscher von Cäsar bis auf Ludwig XIV., den Kaiser Nikolaus von Rußland und endlich Napoleon III. erkannten und zur Richtschnur ihres Handelns machten. Der König nahm an diesem Essay des modernen Machiavell ein großes Interesse, billigte die darin ausgesprochenen Ansichten und stimmte auch meinen Vorschlägen zur Verwirklichung derselben vollständig bei.

In Betreff der conservativen Parteibildung war ich der Meinung, daß es zunächst darauf ankäme, ein großes gesammtdeutsches conservatives Preßorgan ins Leben zu rufen, welches streng auf dem Standpunkte des Bundesrechts stehend, dennoch für eine gesunde Entwickelung und Reform der Bundesorganisation die Initiative ergreifen müsse und nicht nur in den Fragen des Einzellebens der deutschen Staaten, sondern auch ganz insbesondere in der Vertretung der Gesammtinteressen der deutschen Fürsten den Regierungen den Zugang zur weitesten Oeffentlichkeit und zugleich den Parteien den Mittelpunkt der Vereinigung und Verständigung bieten sollte. Conservative Elemente waren ja überall in Deutschland genug vorhanden, und sie besaßen ungleich größern Einfluß auf das öffentliche

Leben, größere materielle Mittel und weitaus größere und gediegenere Intelligenz als die liberale Opposition, welche nur durch die disciplinirte Einigkeit, ihre ausschließliche Herrschaft über den Journalismus und ihren rücksichtslosen Gebrauch der Phrasen Bedeutung besaß.

Das Beispiel Preußens war in dieser Beziehung im hohen Grade lehrreich. Auch dort waren ja die conservativen Elemente zahlreich vorhanden gewesen, aber sie hätten sich nie zu einer in das öffentliche Leben eingreifenden und dasselbe zeitweise beherrschenden Partei zusammengefügt, wenn nicht die „Kreuzzeitung" für sie die Sammelfahne und zugleich das Mittel zu einer unausgesetzten Anregung, Verständigung und Ermuthigung gebildet hätte.

Ebenso wahr es ist, daß die Zeitungen sich auf die Parteien stützen müssen — ebenso unumstößlich richtig ist es auch, daß großartig wirksame Parteien, vorausgesetzt, daß die Grundelemente für dieselben vorhanden sind, sich nur durch eine Zeitung zu bilden und zu erhalten im Stande sind.

Ein solches großes deutsches conservatives Organ mußte nun aber, wenn es wirksam sein sollte, eine freie geistige und materielle Unabhängigkeit besitzen. Es wäre wol nicht schwer gewesen, den König bei seinem großen Interesse für die Sache zu der Gründung

eines solchen Blattes aus seinen eigenen persönlichen
Mitteln zu bestimmen, namentlich wenn befreundete
und gleichgesinnte Fürsten auf seine unmittelbare An=
regung hinzugetreten wären. Dann aber wäre das
Blatt ausschließlich zum Moniteur der hannoverischen
und der sonst noch betheiligten Regierungen geworden
und hätte seinen Zweck der Parteibildung und seine
Macht, das Parteileben anzuregen, vollständig verfehlt
— es wäre dann nur ein officiöses Organ mehr, nie=
mals aber eine Stütze der Regierung geworden nach
dem alten immer wahren Grundsatz: „On ne peut
s'appuyer que sur ce qui résiste."

Es mußte also bei der Gründung eines solchen
Blattes schon eine starke Betheiligung der conservativen
Partei ins Auge gefaßt werden, in welcher die Fürsten
zwar voranstehen, aber keinen absolut maßgebenden,
unabhängige Meinungsäußerungen ausschließenden
Einfluß ausüben durften.

Ich schrieb ein Promemoria über die Aufgabe der
deutsch=conservativen Partei und die Gründung einer
deutsch=conservativen Zeitung, in welcher ich alle diese
Gesichtspunkte ausführlich darlegte und besonders auch
die Nothwendigkeit der freien Unabhängigkeit des Organs
betonte — ich schlug nicht Frankfurt am Main, sondern
Hannover als den Sitz dieses Blattes vor, wie ich

denn überhaupt die Ueberzeugung hatte und stets geltend machte, daß Hannover ausschließlich dazu geschaffen sei, den Mittelpunkt für alle gesammtdeutschen conservativen Interessen zu bilden. In diesem Falle sprach für Hannover vor allem auch seine günstige Lage in Betreff der Zeitungscommunication. Die englischen und französischen sowie die überseeischen und berliner Zeitungen und Correspondenzen trafen in Hannover so ein, daß ein dort erscheinendes Blatt eine schnelle und lebendige Vermittelung der Nachrichten von Ost nach West zu Stande bringen konnte.

Hannover war sodann derjenige Ort, welcher sich am besten für den dem Blatte zu gebenden und zu bewahrenden Charakter der allgemeinen deutschen Universalität und Impartialität eignete. Hannover ist norddeutsch, es würde ein dort erscheinendes Blatt also bei den preußischen Conservativen, in Mecklenburg, Hessen u.s.w. Sympathien finden und bei den süddeutschen Staaten und Völkern auf der andern Seite nicht das Mistrauen erregen, als sollte es norddeutsche Interessen specifisch vertreten.

Hannover war endlich durch seine maritime Stellung geeignet, dem Blatte in dem deutschen Handelsstande Interesse zu erregen.

Der König faßte diese Idee mit großer Lebhaftigkeit auf, erkannte auch, von Jugend auf an die Verhältnisse der englischen Presse gewöhnt, unbedingt die Nothwendigkeit der freien Unabhängigkeit an, er begriff, daß das Blatt und eine Partei, die es gründen sollte, eine freundliche Stütze der Regierungen, aber nicht ihr Organ sein müsse, um die gothaische Idee wirklich zu bekämpfen und der liberalen Opposition sowol als der preußischen Regierung zu imponiren. Aber der König war auch wol der einzige, der die Tragweite des Planes innerhalb der hannoverischen Regierung erfaßte und begriff — dem hannoverischen Ministerium und der ganzen hannoverischen Bureaukratie hatte selbst der auf Grund der münchener Conferenzen ausgearbeitete Plan eines Preßorgans der deutschen Bundesversammlung in Frankfurt am Main, welcher sich allerdings im wesentlichen mit der Aufzählung der Schwierigkeiten beschäftigte, nur lächelndes Achselzucken erregt, obgleich man damals doch an ein rein officielles Organ gedacht hatte.

Die hannoverische Bureaukratie hatte keinen Begriff von einem öffentlichen Parteileben, das sich nicht vom grünen Tisch commandiren lassen solle, und der Graf Borries, der doch als Minister des Innern vorzugsweise bei der Ausführung des Planes mitwirken mußte, wollte seinem ganzen Charakter nach von einer unabhängigen Zeitung und einer frei und mächtig dastehenden Partei nichts wissen, da er stets geneigt war, jede Kritik der Regierungsmaßregeln, auch von conservativer Seite, als eine die Monarchie untergrabende Auflehnung anzusehen.

Dessenungeachtet zögerte ich nicht, die Sache in Angriff zu nehmen. Der König unterzeichnete eine Erklärung, in welcher er seine unbedingte Billigung und Genehmigung des von mir vorgelegten Planes aussprach, und der Graf Borries konnte nun nichts anderes thun, als demselben seine Zustimmung, und soweit es nöthig war, seine Befürwortung angedeihen zu lassen. Ich hatte den materiellen Plan auf eine Actiengesellschaft von 80 Actien zu je 500 Thalern basirt, wobei dann nach erfolgter Zeichnung der König von Hannover schließlich mit seinem ergänzenden Antheil hinzugetreten wäre, und begann nun eine den Sommer des Jahres 1861 ausfüllende Thätigkeit zur Realisirung des Unternehmens.

Der von mir hochverehrte Minister von Schätzell war der erste, der sich mit großem Eifer für die Sache interessirte, zugleich aber auch als eine ganz besondere Schwierigkeit auf die alte Rivalität Sachsens gegen Hannover hinwies. Ebenso eifrig wirkte dafür der Regierungspräsident von Lauer in Bückeburg und der mir seit langen Jahren befreundete damalige Erbgraf, jetzt regierende Graf von Leiningen=Billigheim. Die Herzogin von Anhalt=Bernburg, der Herzog von Dessau, der Fürst von Schaumburg=Lippe und der Großherzog von Mecklenburg=Strelitz sowie auch der Prinz Wilhelm von Schaumburg-Lippe zeichneten sogleich Actien, auch unter den hannoverischen Conservativen erfolgten mehrere Zeichnungen, sodaß die Sache im ersten Anlauf sehr günstig sich zu gestalten schien, wenn auch der Graf von Borries dem ganzen Unternehmen gegenüber eine gewissermaßen skeptische Stellung bei behielt.

Leider sollte sich seine Meinung über die Schwierigkeiten der Einigung einer großen conservativen Partei in Deutschland, ja selbst über die Verständigung der Fürsten als richtiger darstellen als meine auf das Beispiel der preußischen conservativen Partei begründete Hoffnung. In Sachsen wurde die Sache zwar als höchst wichtig und beachtenswerth aufgenommen, und ich erhielt ein ausführliches Promemoria des sächsischen Regierungsraths von Witzleben in Leipzig, welchem dort die besondere Bearbeitung der Presse aufgetragen wurde.

Dieses Promemoria trat der Gründung einer einzigen deutschen conservativen Zeitung aus äußern und innern

Gründen entgegen, indem es die häufig verschiedenen Interessen der Regierungen und der conservativen Elemente in den einzelnen Staaten als miteinander unvereinbar hinstellte und auch die Verbreitung eines einzigen Organs über ganz Deutschland für ganz besonders schwierig und zweifelhaft erklärte.

Herr von Witzleben schlug vor, in den verschiedenen Gegenden Deutschlands besondere Zeitungen in größerm Maßstabe ins Leben zu rufen, welche die Aufgabe haben sollten, die Opposition in ihren verschiedenen Hauptsitzen anzugreifen. Es sollte für Rheinland und das nordwestliche Deutschland ein Gegengewicht gegen die „Kölnische Zeitung", für Norddeutschland gegen die „Weser-Zeitung" und die „Hamburger Nachrichten", für Mitteldeutschland gegen das „Frankfurter Journal" und die thüringer Blätter, für Franken gegen den „Nürnberger Correspondenten", für Würtemberg gegen den „Schwäbischen Merkur" geschaffen werden. Vor allem wollte dann Herr von Witzleben ein neues telegraphisches Correspondenzbureau für Deutschland errichten, aus welchem die conservative Presse ihre Telegramme und bei größerer Ausdehnung des Instituts auch ihre Correspondenzen beziehen könne, damit die conservativen Organe sich von der Benutzung der englischen und französischen Blätter als Quelle für thatsächliche Mittheilungen losmachen und sich von dem Wolff'schen Correspondenz-Bureau emancipiren können.

Es trat also in diesem Project ein ganz neuer Vorschlag entgegen, welcher zum mindesten, wie Herr von Witzleben selbst zugab, einen Aufwand von 100000 Thalern erfordert haben würde, und welcher nach meiner Ueberzeugung gerade das nicht erreichen konnte, was durch das hannoverische Project bezweckt wurde: nämlich die Bildung und Einigung einer über ganz Deutschland ausgebreiteten conservativen Partei.

Es würde durch die Errichtung so vielartiger Blätter, deren jedes dann doch kaum auf die Höhe eines Weltblattes hätte erhoben werden können, nur die Reihe der officiösen Zeitungen vermehrt worden sein, und wahrscheinlich würden die neugeschaffenen Blätter dann ungelesen oder nur auf kleine Leserkreise beschränkt geblieben sein.

Diese Ansichten waren zu verschieden und es ließ sich kaum hoffen, zwischen denselben jemals eine Verständigung zu finden. Inwieweit dabei die von Herrn von Schätzell hervorgehobene Rivalität zwischen Hannover und Sachsen mitgewirkt habe, möge dahingestellt bleiben — jedenfalls mußte bei dem Plan vorab von einer sächsischen Betheiligung Abstand genommen werden.

Ganz besonders wesentlich war die Betheiligung

von Baiern und Oesterreich, denn es galt ja vor allem, die conservativen Elemente in Nord- und Süddeutschland zusammenzufassen. Nur auf dieser Basis wäre es möglich gewesen, der Agitation für die preußische Hegemonie wirksam entgegenzutreten, indem man ein derselben gleichartiges, in dem Willen und Bestehen des Volkes selbst wurzelndes Zukunftsbild aufstellte. Auf dieser Basis würde man dann auch mit den preußischen Conservativen wieder Fühlung haben gewinnen und mit ihnen die allen gemeinsamen großen nationalen Interessen haben discutiren und in einer allseitig befriedigenden Form zur Ausführung bringen können.

Ich reiste daher mit persönlichen Cabinetsbefehlen des Königs an die Gesandten zur Förderung der Sache nach München und Wien ab. Von Frankfurt aus besuchte ich in Niederwalluff den damals dort wohnenden Erbgrafen von Leiningen-Billigheim. Ich fand denselben von ganz dem feurigen Eifer für eine freisinnige Belebung und Durchgeistigung der conservativen Parteiinteressen beseelt, der mich selbst erfüllte — freilich aber auch tief niedergedrückt von den traurigen Erfahrungen, die er mit der gleichgültigen Schwerfälligkeit und pessimistischen Resignation der süddeutschen Conservativen gemacht hatte.

Graf Borries war im Bade Soden. Ich brachte den Grafen von Leiningen zu ihm, damit beide sich über die Grundzüge einer Verständigung der nord- und süddeutschen Conservativen zu einer großen anti- gothaischen Partei aussprechen könnten.

Die Gelegenheit dazu war um so günstiger, als gerade in jenen Tagen sich das Comité des deutschen hohen Adels zur Ueberreichung eines Ehrenschildes an den König Franz II. von Neapel versammelt hatte, zu welchem außer dem Grafen von Leiningen der leider jetzt auch schon längst verstorbene Prinz Emil zu Sayn-Wittgenstein, der Fürst Karl Egon zu Fürsten- berg, der Graf Alfred zu Erbach-Fürstenau und der Graf Eberhard zu Stolberg-Wernigerode gehörten.

Ueber die Principien und über die Nothwendigkeit eines Auffassens der conservativen Elemente zu ge- meinsamem Handeln herrschte volles Einvernehmen, aber über den Weg der Ausführung konnte, auch ab- gesehen von der kurzen Zeit, kaum eine Verständigung zwischen der großartig kühnen Auffassung der süd- deutschen großen Herren und dem bureaukratisch engen Standpunkte des Grafen Borries hergestellt werden.

Fast schien es, als ob alle Bemühungen, die Sache der deutschen Fürstenrechte zu retten, nur dazu dienen sollten, die Schwierigkeiten immer klarer zu stellen, und

Graf Leiningen, reich an Erfahrungen über die Unentschlossenheit, bureaukratische Schwerfälligkeit und hochmüthige Sicherheit der Regierungen, war schon längst zu dem wehmüthig schmerzlichen Resultat gekommen, das sich in dem Wort ausdrückte: Wie die Sachen stehen, scheint es mir „qu'il faut sauver les souverains malgré eux".

Der Oberst von Knesebeck in München ergriff den Gedanken einer Einigung der süddeutschen conservativen Partei, sowol aus eigener Ueberzeugung als um den Willen des Königs zur Ausführung zu bringen, mit aller Entschiedenheit. Ich besuchte mit ihm den damaligen bairischen Minister des königlichen Hauses und des Auswärtigen, Baron Schrenck, um demselben den ganzen Plan darzulegen und ihm zugleich zu erklären, daß wir zunächst der Zustimmung und Mitwirkung des Königs von Baiern und der bairischen Regierung sicher sein wollten, bevor wir uns unmittelbar an bairische conservative Privatkreise wendeten. Herr von Schrenck, ein trockener, sehr ernster und formeller Mann, auf dessen Gesicht es unmöglich war, einen Gedanken zu lesen oder den Eindruck dessen, was man ihm sagte, zu verfolgen, hörte mit größter Aufmerksamkeit zu, bemerkte jedoch in seiner Erwiderung sogleich, daß es ihm für die deutschen Regierungen sehr bedenklich erschiene, sich an ein gemeinsames Organ bei der Vertretung ihrer oft widerstreitenden Interessen zu binden, und daß zugleich die in den Vordergrund gestellte Unabhängigkeit des zu gründenden Blattes für die Regierungen Verlegenheit bereiten könne. Ich erkannte aus seinen Worten vollständig den Standpunkt jener alten Diplomaten, welche sich für vollkommen beruhigt hielten, wenn sie die Rechte und Ansichten der Regierungen am Bundestage in Frankfurt am Main discutirten und schließlich in vorsichtig formulirten Anträgen zur Abstimmung brachten, ohne sich dem Gedanken öffnen zu können, daß das Volk mit seinem Willen und Streben als ein hochbedeutungsvoller, ja schließlich maßgebender Factor in die Politik eingetreten war, und daß die deutsche Frage, welche man auf dem Wiener Congreß so bedächtig in den Formalismus der Bundesacte eingefügt hatte, in der That in einen Fluß gekommen war, dessen Strömung eines Tages aller Dämme und Schranken spotten mußte.

Herr von Schrenck versprach indeß, die Sache weiter zu erwägen und dem von München abwesenden Könige vorzutragen — doch gewann ich die Ueberzeugung, daß die bairische Regierung der ganzen Sache gegenüber mindestens eine passiv negative, ja vielleicht schließlich eine abweisende Stellung einnehmen werde.

Ich sprach auch mit Herrn von der Pfordten, der in München anwesend war, und fand in ihm ganz den liebenswürdigen geistreichen Mann, der niemals den Professor abstreifen konnte und überzeugt war, daß die Geschicke der Völker sich ebenso nach denselben wohl ausgesonnenen Theorien regeln und leiten lassen, welche die Studenten vor dem Katheder aus dem Munde eines verehrten Lehrers ehrerbietig anhören und in verba magistri als unumstößliche Lehrsätze nach Hause tragen. Herr von der Pfordten erkannte die Nothwendigkeit einer selbstthätigen Action der deutschen Conservativen im höchsten Maße an, sprach auch seine vollste Billigung für den Gedanken eines gemeinsamen Organs aus, — dann aber hielt er eine akademische Abhandlung über die großen Schwierigkeiten des Unternehmens und sprach besonders seinen Zweifel aus, ob Hannover der richtig gewählt Ort dafür sei. Aus allem, was er sagte, gewann ich die Ueberzeugung, daß auch bei ihm die negative Kritik stärker sei als die positive Schöpfungskraft, und daß er sich kaum jemals zu einer wirklich großen und kühnen Politik würde aufraffen können, oder daß ein momentaner Aufschwung bei ihm in den feinen Netzen von tausend Bedenklichkeiten stecken bleiben werde. Auch ging, ohne daß er es direct aussprach, aus allen seinen Worten die An-

schauung klar hervor, daß Baiern keine Parität mit
den übrigen deutschen Fürsten anerkennen dürfe und
für sich eine ganz besondere Rolle und ein ganz be=
sonderes Recht beanspruchen müsse.

Alles, was ich in München sah und hörte, ent=
muthigte mich tief, wenn auch Herr von Knesebeck die
Hoffnung nicht aufgab und mich im Einverständniß
mit Herrn von Schrenck zu einer Fahrt nach Tegern=
see zum alten Prinzen Karl veranlaßte, der ganz ins=
besondere auf die conservativen Adelskreise in Baiern
einen bestimmenden Einfluß auszuüben vermochte. Auch
diese Reise war vergeblich — denn der Prinz, ein
strenger formalistischer Militär, hatte absolut kein Ver=
ständniß für die Zwecke des Projects, noch weniger
für den Einfluß und die Bedeutung der Presse und
der öffentlichen Meinung.

Um mich über die Verhältnisse in Wien vorher
zu informiren, sprach ich in Starnberg mit dem öster=
reichischen Gesandten Fürsten Schönburg, welcher dort
in der Sommervilleggiatur des münchener Corps diplo-
matique mit Herrn von Knesebeck wohnte. Der Fürst
Schönburg, ein Mann, der alle liebenswürdigen Eigen=
schaften der alten österreichischen Aristokratie besaß und
sich vor vielen Mitgliedern derselben durch eine feine
Bildung auszeichnete, informirte mich eingehend über

die Verhältnisse in Wien und empfahl mir besonders,
mich an den Freiherrn Max von Gagern zu wenden,
welcher die deutsche Politik im Ministerium damals
bearbeitete und welcher für diesen Plan, der die Neu=
gestaltung und Kräftigung des deutschen Bundeslebens
verfolgte, mir besonders förderlich sein werde. Der
Fürst aber verhehlte mir nicht, daß es eine sehr be=
deutende und einflußreiche Partei in Oesterreich gebe,
die auf dem Standpunkt stehe, sich gar nicht mehr um
Deutschland zu kümmern, sondern rücksichtslos rein
österreichische Politik als europäischer Großstaat zu
machen. Er sprach es auch offen aus, daß er selbst
in seiner rein persönlichen Anschauung dieser Partei
die Berechtigung nicht absprechen könne, denn Oester=
reich sei im Jahre 1859 von Deutschland im Stich
gelassen worden; die deutschen Angelegenheiten seien
nur eine Last, welche die Bewegung des Kaiserstaates
lähme und seine freie europäische Politik fortwährend
mit Hindernissen umgebe. Oesterreich habe seine
höchste Machtentwickelung entfaltet, seinen größten euro=
päischen Einfluß ausgeübt, nachdem es in der Napo=
leonischen Zeit sich von Deutschland ganz losgesagt und
trotz der vorhergegangenen Unglücksfälle ausschließlich
als freie europäische Macht gehandelt habe; der Bund
sei für Oesterreich ein Hemmniß und es werde im

entscheidenden Augenblicke nie auf denselben rechnen können, — wie das Jahr 1859 bewiesen.

Es war nicht zu leugnen, daß diese Ansichten, welche der Fürst zwar nicht als die seinigen und mit großer Vorsicht, doch aber mit der Offenheit eines unabhängigen und ohne Rücksicht auf jeweilige Regierungsgrundsätze nur die Macht und Größe seines Vaterlandes im Herzen tragenden Grand-Seigneurs aussprach, vom österreichischen Standpunkte vieles Richtige enthielten.

Die Ereignisse haben sie bewahrheitet, mich aber entmuthigten sie im voraus in Betreff der Unterstützung, welche ich in Wien finden würde, und ließen mehr und mehr in mir die Ueberzeugung erwachsen, daß die deutschen Fürsten und Staaten für ihre nationale Entwickelung und ihre Rechtssicherheit bei Oesterreich niemals eine zuverlässige Stütze finden würden, und daß man dort immer mehr bestrebt sein werde, Deutschland zu einem Fußschemel für die europäische Stellung der habsburgischen Monarchie zu machen.

Ich fand in Wien meine geringen Erwartungen noch unterboten.

Der Freiherr Max von Gagern war freilich ein warmer Anhänger einer vorzugsweise deutschen Politik; aber er bewegte sich zugleich in jenen eigenthümlichen unklaren Theorien, welche später zu dem eigenthümlichen Anlauf des frankfurter Fürstentages führten, auf den ich seinerzeit zurückkommen werde, und er stand mit seinen wirklich warmen und opferbereiten deutschen Gesinnungen fast allein. Der Generaladjutant Graf Folliot de Crenneville versprach freilich, die Sache dem Kaiser zu empfehlen und dessen persönliche Theilnahme zu befürworten — auch der Baron Friedenthal, der specielle Leiter der Preßangelegenheiten, sagte dem Unternehmen alle möglichen Unterstützungen zu; doch verließ ich Wien mit der Ueberzeugung, daß von dort aus nichts Ernstes zu hoffen sei, um so mehr, als der hannoverische Gesandte von Stockhausen, einer jener vorsichtig ängstlichen Diplomaten, welche vor jeder neuen und durchgreifenden Idee wie vor einem Gespenst zurückbeben, mir nicht das Vertrauen einflößte, daß er die Angelegenheit ernstlich weiter verfolgen werde. Indeß stellte ich wenigstens eine persönliche Verbindung mit der österreichischen Preßleitung her, welche auch später aufrecht gehalten wurde und sich in vielen Fällen als fruchtbar wirksam erwies.

Ich kehrte nach Hannover zurück, reicher um eine große Enttäuschung, zugleich aber auch um einen lehrreichen Blick in die tiefe Zerfahrenheit der deutschen Zustände.

Die deutschen Regierungen hatten kein Verständniß für die furchtbare Gefahr des immer gewaltiger gegen sie anschwellenden Stromes, sie glaubten sich gegen denselben zu schützen durch die kleinen und kleinlichen Bollwerke, welche sie aus Bundesparagraphen und Bundesbeschlüssen aufeinanderhäuften, und welche doch bei der ersten Sturmflut wie leichter Triebsand zusammensinken mußten.

Der König war in Norderney — Graf Borries bei ihm, und ich fand den Befehl vor, mich dorthin zu begeben.

Der regelmäßige Sommeraufenthalt des Königs in Norderney war ganz besonders und eigenthümlich anziehend. Der König bewohnte das sogenannte große Logirhaus, das einzige damals auf der Insel befindliche, wirklich geräumige und durchaus gegen Stürme geschützte Gebäude außer dem Cur- und Conversationshause.

Die Königin, welche in frühern Jahren auch das Seebad gebraucht hatte, besuchte später Norderney nicht mehr, und dadurch gewann das Hofleben dort eine zwanglos freiere Bewegung. Der König liebte das Seebad mit dem kräftigen Wellenschlage von Norderney und die frische Seeluft ungemein, denn da ihm der Genuß der Natur durch das Gesicht versagt war, so war er um so empfänglicher und empfindlicher für den Ozongehalt der freien frischen Luft. Obwol Norderney zu seinem eigenen Lande gehörte, so wollte er dasselbe doch wegen seiner Eigenschaft eines internationalen Bades als einen neutralen Ort betrachtet wissen und hielt deshalb von dem Augenblick seiner Ankunft auf der Insel das Incognito äußerlich aufrecht, er trug keine Uniform und auch seine Umgebung mußte stets in Civil erscheinen, wobei übrigens seine äußere Erscheinung ausnehmend gewann. Denn so stattlich bei seiner reckenhaften Gestalt ihn auch die Militäruniform, namentlich die der Garde-du-Corps, kleidete, so trat doch in dem Civilanzuge, den er mit vollendeter Eleganz trug, die außerordentliche Vornehmheit seiner Züge und seiner Haltung noch mehr hervor als in der enganschließenden steifen Militärtracht. Er hatte die Eigenthümlichkeit, bei der Civilkleidung stets nur den blauen Cordon des Hosenbandordens anzulegen, und es war unmöglich, etwas Eleganteres und Anmuthigeres zu sehen als seine Erscheinung in dem schwarzen Salonanzuge mit dem Stern und dem dunkelblauen Bande des most noble order of the garter. Jeden Tag fand ein Diner von dreißig bis vierzig Couverts statt, und da ein großer Theil der in Hannover accreditirten auswärtigen Diplomaten

sowie eine große Anzahl distinguirter und oft hoch=
interessanter Personen sich während der Saison in dem
Seebade zusammenfanden, so war die Gesellschaft, welche
man an der Tafel des Königs sah, eben durch die
Verschiedenheit ihrer Elemente ganz besonders anregend.
Die Köche hatten den Befehl, stets das Vorzüglichste
zu leisten, die Dampfschiffe brachten unausgesetzt die
ausgesuchtesten Dinge nach der sonst oft nur noth=
dürftig verproviantirten Insel, und die königlichen
Keller mußten ihren edelsten Inhalt für diese Diners
in Norderney hergeben, welche selbst für den raffinir-
testen Gourmand nichts zu wünschen übrigließen, so=
daß der jüngere Herr von Manteuffel, der frühere
landwirthschaftliche Minister und Bruder des preußi
schen Ministerpräsidenten, ein regelmäßiger Sommer=
gast auf der Insel, scherzhaft zu sagen pflegte, daß man
in keinem Orte der Welt besser speise als im Hotel
zum weißen Roß auf Norderney, und der König selbst
gebrauchte häufig lachend diese Bezeichnung für sein
Haus auf der Insel. Die Lakaien trugen schwarze
Reiselivreen und legten nur für den Dienst bei der
Tafel die prächtige und scharlachrothe Livree an, welche
dem hannoverischen Hause traditionell angehörte und
von diesem mit an den englischen Hof gebracht wurde.
Am Abend versammelte sich stets eine kleinere Gesell=

schaft in den Zimmern des Königs, bei welcher auf die Hoffähigkeit keine Rücksicht genommen wurde und zu welcher hannoverische und fremde Künstler und sonstige Personen, für welche der König sich interessirte, eingeladen wurden. Karl Devrient, als Hofmann ebenso gewandt wie als Künstler bedeutungsvoll, las hier vor, zuweilen begleitete der ebenfalls in Norderney öfter anwesende Dreyschock seine Vorträge in der Weise der alten Troubadoure, ein seltener und eigenthüm= licher Genuß. In spätern Jahren hielten an diesen Abenden auch die hannoverischen Schauspielerinnen, insbesondere Fräulein Preßburg sowie der liebens= würdige und vom Könige besonders begünstigte Schau spieler Sonntag Vorträge, deren Gegenstand der König selbst, und zwar meist aus dem Gebiete heitern Hu= mors, auswählte. Ein blindgeborener Pianist Joseph Laber, ein Böhme, den der König stets in seiner Um gebung hatte, trug hier in außerordentlich technischer Meisterschaft und wunderbar tiefer Empfindung Beetho= ven's Sonaten vor, und auch hierbei bestimmte der König selbst, welches der Meisterwerke des großen Tondichters er hören wollte. Er war bei diesen Abend= gesellschaften, bei denen man im einfachen Ueberrock erschien, von außerordentlicher Liebenswürdigkeit, wußte die Gesellschaft stets in anregender Conversation zu

erhalten und war unerschöpflich in heitern Einfällen
und Anekdoten, wie denn auch jeder der Anwesenden
in freiester Weise seine Meinung äußern durfte. Ein
regelmäßiges und gern gesehenes Mitglied dieses kleinen
Cirkels war der tiefgelehrte und dabei von kindlich
harmlosem Humor übersprudelnde Pfarrer Closter,
welcher früher Pastor auf Wangeroge gewesen und
nach der tragischen Zerstörung dieser früher so wohl=
habenden und bevölkerten Insel durch die Sturmfluten
von dem Grafen von Schönburg=Glauchau an dessen
Patronatskirche zu Meerane in Sachsen berufen worden
war. Ebenso gehörte zu diesen kleinen Cirkeln die
geistvolle Gräfin Adlerberg, die Gemahlin des russi
schen Generals, so oft sie in Norderney anwesend war.

Das Leben des Hofes in Norderney gab zu manchen
scherzhaften und pikanten Ereignissen Veranlassung,
welche stets die höchste Heiterkeit des Königs erregten
und Gelegenheit zu vielen scherzhaften Neckereien gaben.
So gab es in Norderney außer einer alten Post=
chaise, welche über das Watt nach Norden fuhr, keine
Wagen, und als die Prinzessin Alexandrine von Preußen
bei schlechtem Wetter sich zum Diner des Königs be
geben wollte, mußte sie sich dieses eigenthümlichen Fahr
zeuges bedienen und in demselben vor dem Logirhause
vorfahren. Die übrigen Damen mußten sich durch

Gummischuhe und Umhüllungen aller Art gegen den ziemlich häufigen Regen schützen, wenn sie in großer Toilette zum Diner erschienen. Es existirten zwar außer jenem Postwagen noch zwei Sänften, deren Dimensionen freilich für die damals noch modernen Crinolinen sehr wenig geeignet waren — aber auch auf dieses Vehikel mußten die Damen verzichten, denn eines Tages hatte der Flügeladjutant des Königs, Graf Erhard Wedel, erzählt, daß die eine dieser Sänften für die Ertrunkenen und die andere für die Pocken= kranken bestimmt wäre, und von diesem Augenblick an wollte niemand mehr von dem ohnehin so mangel= haften Communicationsmittel Gebrauch machen.

Der König besaß in Norderney eine Segeljacht, ein ausgezeichnetes in England gebautes Schiff, auf welchem er häufig lange Fahrten, von sieben Uhr morgens bis zum späten Abend, unternahm. Das Schiff war mit dem höchsten Comfort eingerichtet, es wurde auf demselben auf das vortrefflichste dinirt, dennoch war die Einladung zu diesen Seefahrten für viele Badegäste ein nicht geringer Schrecken.

Der König hatte die Eigenthümlichkeit, niemals seekrank zu werden, und fühlte sich in der reinen Luft des offenen Meeres ganz besonders wohl — daher unternahm er seine Ausfahrten nur bei starkem Wind, und alle, die nicht ebenso seefest waren wie er selbst, geriethen dabei in die bedenklichsten Stadien jener tückischen Krankheit, mit welcher der Gott des Meeres die vermessenen Landbewohner bedroht, die sein Gebiet betreten. Herr von Manteuffel bat häufig den König ganz jammervoll um die Gnade, ihn nicht zu seinen Seefahrten befehlen zu wollen, aber der König verweigerte ihm stets lachend diese Gnade, und immer von neuem hatte Herr von Manteuffel seinen Kampf mit den Dämonen der Seekrankheit zu bestehen, ein Kampf, der für die Zuschauer ebenso erheiternd als für die Betheiligten empörend ist. Ich war außer dem Schloßhauptmann Grafen Alfred Wedel häufig der einzige in der Umgebung des Königs, der ebenfalls niemals eine Spur von Seekrankheit empfand, daher mußte ich zuweilen als „Hofmarschall zur See" fungiren und kam dabei in die Lage, den mitfahrenden Damen, wenn sie ihre innersten Gefühle zu den Fluten und Winden hinströmen ließen, die Honneurs des Schiffes in einer Weise zu machen, welche mehr medicinisch als salonfähig war.

Der König saß auf dem Hinterdeck des Schiffes auf einem Sofa — die übrige Gesellschaft gruppirte sich um ihn oder spazierte zwanglos auf dem Schiffe umher, bis das unter so erschwerenden Umständen stattfindende Diner servirt wurde. Hinter Sr. Majestät am Rade stand der Steuermann, ein Eingeborener von Norderney, Namens Raß, und eins der merkwürdigsten Originale, das man sehen konnte; — er war von einer unerhört freimüthigen Derbheit, durfte zur größten Erheiterung des Königs alles sagen — und es war gefährlich, mit ihm anzubinden.

So zum Beispiel fuhr einst der Graf ...., welcher häufig in England war und sich auf englisches Wesen und die Kenntniß der englischen Zustände viel zugute that, mit und begann mehreres an der Tafelage des Schiffes zu tadeln, da man in England andere Methoden in Anwendung brächte. Der König drehte sich lachend nach dem Steuermann um und sagte:

„Hörst du wol, Raß, dein Schiff ist nicht in Ordnung — du mußt das verbessern —."

„Ja, Majestät", erwiderte der alte Raß trocken — „das hat nichts zu sagen — der Graf .... ist wol eine große Laterne, aber es ist leider kein Licht darin."

Graf .... konnte nichts Besseres thun, als sich der allgemeinen homerischen Heiterkeit mit guter Miene anzuschließen.

Ich fand den König ganz besonders mit dem Studium der braunschweigischen Erbfolgefrage beschäftigt. —

Die Oppositionspresse erörterte damals diese Angelegen=
heit sehr viel in einem für Hannover entschieden
feindlichen Sinne — es wurden vielfach Stimmen
laut, welche für den demnächstigen Anfall des Herzog=
thums Braunschweig an Preußen plaidirten, und obwol
die preußische Regierung ausdrücklich erklärt hatte, daß
sie die Erbrechte des Hauses Hannover in Braunschweig
durchaus anerkenne, obgleich diese Erbfolge in den Ver=
fassungen beider Länder zweifellos ausgesprochen war,
so erregten jene Stimmen dennoch eine peinliche Auf=
merksamkeit. Der König hatte die Prüfung der Frage
befohlen und der Staatsrath Zimmermann hatte ein
Mémoire darüber geschrieben, in welchem er ausführte,
daß es äußerst zweifelhaft sei, ob ein blinder Regent
in Braunschweig zu herrschen berechtigt wäre — er
rieth deshalb, um alle weitern Erörterungen zu ver=
meiden, daß der König seine persönlichen Erbrechte auf
Braunschweig schon jetzt auf den Kronprinzen über=
tragen möge. Diese Ansicht erregte aber mit vollstem
Rechte bei dem Grafen Borries sehr ernste Bedenken,
auch abgesehen von der großen Jugend des damals
fünfzehnjährigen Kronprinzen, welche im Falle des
Todes des Herzogs von Braunschweig eine Regentschaft
mit allen daran haftenden Verwirrungen und Ver=
wickelungen nothwendig gemacht haben würde. Denn

es gab unter der liberalen Opposition und auch unter der frondirenden Adelspartei viele, welche die Regierung des blinden Königs nur für einen Nothbehelf aus Mangel anderer Descendenz ansahen und für die Meinung Propaganda machten, daß der Kronprinz nach erreichter Majorennität an Stelle seines Vaters zu treten habe, wobei man namentlich unter dem Adel wol darauf hoffen mochte, viele alten Ansprüche unter der Regierung eines jungen und unerfahrenen Jünglings wieder geltend machen und durchsetzen zu können. Unter diesen Umständen konnte die Abtretung der Erbrechte auf Braunschweig an den Kronprinzen für Hannover ein gefährliches Präcedens bilden.

Der König legte mir das Gutachten des Staatsraths Zimmermann vor, und ich glaubte mit vollem Recht die von demselben aufgestellte Ansicht widerlegen zu müssen. Das einzige geschriebene Recht in Deutschland, welches über die Regierungsunfähigkeit der Fürsten sich ausspricht, ist in der Goldenen Bulle enthalten, und dies spricht ausdrücklich nur von geistigen Fehlern und Unvollkommenheiten. Die braunschweigische Verfassung enthält nichts über die Regierungsunfähigkeit eines Blinden. Freilich haben zwei Herzoge von Braunschweig, weil sie blind waren, auf die Regierung verzichtet, doch ist in den Urkunden, die darüber vorhanden sind, ausdrücklich der freie Wille ihres Verzichts betont und sogar hinzugefügt, daß, wenn der Herzog, dem sie die Regierung übertrugen, die Bedingungen, welche sie für ihre Personen ausgemacht, nicht erfüllen sollte, sie die Regierung wieder zurückzunehmen sich vorbehielten.

Meinen Bericht über den Erfolg meiner Reise, in welchem Graf Borries allerdings seine pessimistische Auffassung bestätigt fand, hörte der König mit großem Interesse an, er wollte indessen die weitere Verfolgung der Ideen, welche er für richtig erkannte, nicht aufgeben, und ich fand für dieselben hier bei einem Manne, mit dem ich später in langjährigen nähern Beziehungen stand, ein lebhaftes Verständniß und eine thatkräftige Mitwirkung. Dies war der Graf von der Decken von Ringelheim, der Sohn des in den Befreiungskriegen ausgezeichneten hannoverischen Generalfeldzeugmeisters Grafen von der Decken. Er war, damals 54 Jahre alt, ein Mann von ebenso vielseitiger als gründlicher Bildung und von einer jugendlich feurigen Lebhaftigkeit des Geistes im Streben für die Durchführung von Ideen, die er ebenso freiwillig von andern aufnahm als er sie mit schöpferischer Genialität in sich selbst zu finden wußte. Er hatte in frühern Jahren in der hannoverischen Diplomatie gedient und würde vielleicht

einer der wenigen gewesen sein, welche die neue Organi=
sation des Königreichs Hannover mit Takt und Geschick von großen Gesichtspunkten aus hätten durch=
führen können, wenn ihn nicht sein auf großen
Majoratsbesitz gestützter Unabhängigkeitssinn vom
Staatsdienste fern gehalten hätte. Er war dem Könige,
der ihn von Jugend auf kannte, mit unbedingter An
hänglichkeit ergeben und stets bereit, ohne Rücksicht und
Furcht, ihm alle seine Kräfte zu widmen, wenn es
einem großen Zweck galt. Ich besprach mit ihm ein=
gehend die antigothaische Parteibildung und die föbera-
listische Bundesreform, welche beiden Punkte ich für
die Grundbedingungen der Prosperität, ja der künftigen
Existenz der deutschen Mittelstaaten erkannte, und wurde
von ihm bestärkt, trotz aller Schwierigkeiten und Hinder=
nisse auf dem eingeschlagenen Wege vorwärts zu gehen,
wobei er mir zugleich seine kräftigste Unterstützung ver
sprach. Er hat dies Versprechen jederzeit gehalten
und unter allen Erinnerungen an Hannover ist mir
die an diesen ritterlich furchtlosen, geistvollen und
loyalen Mann voll Treue und Wahrheit eine der
liebsten und erfreulichsten.

Obgleich das, was ich mit dem Grafen von der
Decken in der von uns gemeinschaftlich als nothwendig
erkannten Richtung zur Ausführung bringen wollte, sich

durch mehrere Jahre hinzieht, so möge es doch hier in einem besondern Abschnitt zusammenhängend erzählt werden, da es von großer Bedeutung für das damalige politische Parteileben Deutschlands war. Zuvor aber muß ich noch eines Vorfalls erwähnen, der den König zu jener Zeit auf das tiefste bewegte. Es war dies die Gefahr des Ertrinkens, in welche eines Tags beim Baden der Kronprinz gerieth, indem eine der mächtig an das Ufer anschlagenden Wellen ihn niederriß und fortspülte. Zwar wurde er nach einigen Augenblicken durch einen der Badewärter gerettet, aber es hätte eben nur noch eines weitern Augenblicks bedurft, um ihn auf den abschüssigen Grund zu ziehen, der zu den unergründlichen Tiefen des Meeres führte. Der König war durch den Vorfall mächtig erschüttert, und in der That war auch, da die hannoverische Linie des Welfenhauses nur auf den zwei Augen des Kronprinzen ruhte, die Gefahr eines plötzlichen Todes desselben für die damaligen Verhältnisse von schwerer verhängnißvoller Bedeutung. Als das Ereigniß bekannt wurde, liefen aus allen Theilen des Landes von fast allen Städten, Behörden, Corporationen, Innungen u. s. w. Glückwunschadressen ein, und der König beschloß infolge der großen Wichtigkeit, die er der Rettung seines Sohnes für sein Haus und sein Königreich beilegte, eine jede derselben einzeln zu beantworten. Er trug mir auf, die Entwürfe zu diesen Antworten auszuarbeiten, und es war dies in der That keine leichte Sache, da es sich darum handelte, viele hundertmal dasselbe in immer andern Worten zu sagen. Bei dem Vortrage dieser Entwürfe, welche der König mit der äußersten Aufmerksamkeit prüfte, erstaunte ich über seine bis ins einzelnste gehende Kenntniß der Verhältnisse des Landes — einer jeden der verschiedenen Antworten fügte er noch irgendetwas auf die besondern Verhältnisse der Absender der Glückwunschadressen Bezügliches hinzu, was denselben den Beweis liefern mußte, wie eingehend er ihre Schreiben gelesen und wie sehr ihn dieselben erfreut hatten. Später wurden die sämmtlichen Adressen und die Antworten des Königs darauf in einem besondern Album vereinigt, das in dem Welfenmuseum seinen Platz fand und auf welches ich mit der Genehmigung des Königs die Inschrift setzte:

Guelphici leonis proles
Maris subiit diras moles
Obstupebat patria.
Resurrexit ex profundis:
Salvatori super undis
In excelsis gloria!

Da die Beantwortung aller dieser Adressen viel Zeit in Anspruch nahm und auch der Geheime Cabinetsrath Dr. Ley ernstlich erkrankt war, so befahl der König, daß ich in Norderney bleiben und erst mit ihm selbst zurückkehren sollte — und aus dieser an sich geringfügigen Ursache entstand die erste Trübung meiner Beziehungen zum Grafen Borries. Dieser nahm es übel, daß ich nicht mit ihm zugleich nach Hannover zurückkam, er sah in meiner wachsenden persönlichen Annäherung an den König ein Verhältniß, das ihm als Minister unbequem erscheinen mochte, und ich fühlte später sehr deutlich, daß von dieser Zeit an ein gewisses Mistrauen gegen mich bei ihm vorhanden war. Auch der Staatsrath Zimmermann mußte wol erfahren haben, daß ich sein Mémoire über die braunschweigischen Verhältnisse abfällig kritisirt hatte, und bei seiner großen persönlichen Eitelkeit mochte ihn dies um so mehr verletzen, als er bisher in allen staats- und bundesrechtlichen Fragen die einzige Autorität in Hannover gewesen war.

Nachdem ich noch etwa drei Wochen in Norderney geblieben war und immer mehr Gelegenheit gefunden hatte, die hinreißende persönliche Liebenswürdigkeit, die vielseitige Bildung und den tiefen Geist des Königs kennen und bewundern zu lernen, kehrte ich dann mit demselben Anfang September nach Hannover zurück — reicher um die Erinnerung an eine schöne, hoch anregende und interessante Zeit, aber auch reicher um zwei Feinde, welche damals zu den einflußreichsten Persönlichkeiten in Hannover gehörten.

Unmittelbar nach der Rückkehr nach Hannover fand die feierliche Enthüllung der bronzenen Reiterstatue des Königs Ernst August statt, welche aus Beiträgen des ganzen Landes errichtet war und die Inschrift trug: „Dem Landesvater sein treues Volk."

Der König hatte für diese Feier den 21. September gewählt, als sechzehnten Geburtstag des Kronprinzen, welcher den Namen seines Großvaters trug, und die Gefahr, aus welcher der Kronprinz kurz vorher errettet war, machte für ihn diesen Tag noch bedeutungsvoller und trug zu einer um so allgemeinern Betheiligung an dem Fest bei. Ich erhielt den Auftrag der Veranstaltung eines Prachtwerkes, welches mit entsprechenden Bildern in Buntdruck eine ausführliche Biographie des Königs Ernst August sowie eine detaillirte Beschreibung der Enthüllungsfeier umfassen sollte, — ebenfalls eine äußerst schwierige Arbeit, denn es waren Deputationen aus allen Landestheilen anwesend, die sämmtlichen Gewerke waren mit kunstvollen Emblemen aufgezogen und der König verfolgte unter fortwährender eingehendster Betheiligung die kleinsten Einzelheiten des mühsam zusammenzustellenden Werkes.

Die Feier verlief in der That glänzend; freilich gab sie der Opposition abermals zu vielen boshaften Bemerkungen über die Ueberhebung des welfischen Stolzes Gelegenheit, welche man dem Könige beimaß, denn der Oberhofmarschall von Malortie, ein sonst von allen oratorischen Hyperbeln weit entfernter Mann, brauchte in seiner Rede, welche er als Präsident des Denkmalcomité hielt, die Phrase: „Den Welfen gehorchen noch heut die Völker am Nord= und Süd= pol der Erde", wobei er die in England herrschende Linie des Welfenhauses im Sinne hatte, aber im Hinblick auf das kleine Hannover gab dieses Wort zu vielem Spott Veranlassung.

Der Kronprinz, welcher bis dahin, obgleich er bereits als Chef des Regiments „Kronprinz Dragoner" in den Armeelisten geführt wurde, noch keinen persönlichen militärischen Rang hatte und nur an der Tafel bei größern Diners in einem kurzen blauen Schnurrock mit einem kleinen Säbel erschienen war, wurde an seinem sechzehnten Geburtstage zum Secondelieutenant im Regiment der Garde=Husaren ernannt und erschien bei der Enthüllungsfeier zum ersten mal in der reichen Uniform dieses Regiments, derselben, welche auch das eherne Reiterbild seines Großvaters trug.

Es mag hier, wo der Kronprinz zum ersten mal

nicht mehr als Kind auftrat, wol der Ort sein, auch über ihn und seine beiden Schwestern etwas zu sagen.

Der Kronprinz Ernst August hatte von Natur einen liebenswürdigen, offenen und kindlich heitern Charakter. Das Familienleben am Hofe war ein ungemein inniges — der König liebte seine Gemahlin auf das zärtlichste, er nannte sie, wenn er von ihr sprach, stets: „meine Engelskönigin", und brauchte diesen Ausdruck selbst zuweilen vor größern Versammlungen. Sein edles Gesicht leuchtete vor Glück und Freude, so oft er die Stimme seiner Kinder hörte, die er stets, wenn sie zu ihm herantraten und seine Hand an ihre Lippen führten, auf das zärtlichste umarmte und auf die Stirn küßte.

Unter den Eindrücken eines so glücklichen und trotz des großen Glanzes, welcher den Hof nach außen umgab, bürgerlich einfachen Familienlebens war der junge Prinz aufgewachsen, und der reine Eindruck einer schönen, ungetrübten Kindheit spiegelte sich auf seinem offenen Gesicht und in seinem freien, klaren Blick wider. Er war schön und schlank gewachsen, und wenn er auch nicht das classisch edle Profil seines Vaters besaß, so machte seine Erscheinung doch einen anmuthigen und gewinnenden Eindruck. Sein Gouverneur war der Oberstlieutenant von Issendorf, ein gewissenhafter, taktvoller, aber strenger und ernster Mann, gewesen, und infolge seines Einflusses wußte der Prinz trotz seiner Jugend gut zu repräsentiren und jedem, mit dem er sprach, etwas Freundliches und Verbindliches zu sagen. Seine Fortschritte in den Wissenschaften hatten mit seiner moralischen Entwickelung nicht völlig gleichen Schritt gehalten, seine Lehrer waren nacheinander zwei Gebrüder Pabst gewesen, von denen der ältere den Titel als Oberstudienrath und der jüngere den als Studienrath erhalten. Nach dem allgemeinen Urtheil der Hofkreise, das ich mehr und mehr als nicht unberechtigt erkannte, waren beide, namentlich der jüngere, trotzdem sie tüchtige Pädagogen sein mochten, wol nicht der Aufgabe gewachsen, einen künftigen König zu erziehen. Der König Georg war theils seiner unausgesetzten Beschäftigung mit Regierungsangelegenheiten, theils seiner Blindheit wegen nicht im Stande, ihre Thätigkeit und deren Erfolge zu controliren, und die Königin war vielleicht mehr als nöthig geneigt, eine zu starke Anstrengung ihres einzigen Sohnes abzuwehren, sodaß einerseits der Unterricht des jungen Prinzen darauf eingerichtet wurde, ihm so wenig Arbeit als möglich zu verursachen, andererseits aber auch sich auf die Sphäre des für einen Privatmann genügenden Wissens beschränkte. Der Oberstlieutenant von Issendorf hatte auf größere Strenge gedrungen und war infolge der Frictionen, denen er sich dadurch aussetzte, aus seinem Amte geschieden; der Rittmeister Graf von Bernsdorf, welcher ihm folgte, war wol zu jung und blieb auch nicht lange genug in seiner Stellung bei dem inzwischen herangewachsenen Prinzen, um wirksam eingreifen zu können, sodaß, als später der Kronprinz zu ernstern Studien übergehen sollte, manche Lücke auszufüllen blieb.

Der Kronprinz hatte denselben welfischen Stolz wie sein Vater, ebenso dessen zähe Festigkeit; auch die derbe Offenheit seines Großvaters begann sich bei ihm zu entwickeln, doch traten alle diese Eigenschaften niemals verletzend hervor, und er war im Umgange stets von großer Liebenswürdigkeit, — nur mistrauisch verschlossen gegen alle Personen, die er nicht lange kennen zu lernen Gelegenheit gehabt, und oft starr festhaltend an einmal gefaßten Abneigungen. Damals ruhte der ganze Schimmer jugendlicher Anmuth auf seinem Haupte, und niemand hätte ahnen können, daß dasselbe so früh schon von so schweren Wetterschlägen getroffen werden würde.

Die beiden Prinzessinnen Friederike und Mary waren sowol äußerlich als innerlich durchaus voneinander verschieden.

Die Prinzessin Friederike, die ältere, hoch und schlank gewachsen, besaß den stolzen, muthigen und willenskräftigen Geist ihres Vaters. Sie hatte schon an der Grenze des Kindesalters eine ungemein königliche Haltung, und ihr stolz erhobenes Haupt schien bestimmt, dereinst eine Krone zu tragen. Ihr großes, bald klug forschendes, bald sinnend nachdenkendes Auge hatte die Eigenthümlichkeit, stets von oben herabzublicken, und der Schmuck der glänzendsten Edelsteine schien immer noch nicht strahlend genug für ihre edle reine Stirn. Sie liebte wol der König von allen seinen Kindern am meisten, weil sie ihn am meisten verstand, und schon als Kind war sie erfinderisch in rührenden Aufmerksamkeiten für ihren Vater. Ihr Geist dürstete nach Wissen auf allen Gebieten, und zuweilen empfand sie es schmerzlich, daß ihr die Gelegenheit fehlte, diesen Wissensdurst vollkommen und ausgiebig zu befriedigen, da die Erzieherinnen der Prinzessinnen nicht auf der Höhe standen, um einem so hoch strebenden und nach allen Richtungen forschenden Geist, wie ihn die Prinzessin Friederike besaß, zu genügen. Ich habe später in ernsten Momenten öfter Gelegenheit gehabt, gerade ihr nahe zu treten, und immer hat mich ihr edler Sinn, ihre Opferbereitschaft, ihr fürstlicher Stolz, der doch wieder mit einer großen per-

sönlichen Bescheidenheit verbunden war, mit Rührung
und Bewunderung erfüllt. Die Prinzessin hat jetzt,
nach dem Tode ihres Vaters, dem Baron von Pawel=
Rammingen ihre Hand gereicht, und man hat sich viel=
fach darüber gewundert, daß gerade sie eine solche Ver=
bindung geschlossen — ich finde dies vollkommen natürlich
und in ihrem Charakter begründet. Bei der Stellung,
in welcher der König Georg sich nach den Ereignissen
von 1866 befand und welche auch der jetzige Herzog
von Cumberland aufrecht erhält, war eine Verbindung
der hannoverischen Prinzessin mit einem europäischen
Regenten oder einem Prinzen eines großen Hauses eine
Unmöglichkeit, da alle Fürsten Europas ja natürlich
großen Werth auf die guten Beziehungen zum deutschen
Kaiserhause legen müssen; — in solche Beziehungen aber
einzutreten mußte der Prinzessin Friederike die Pietät
gegen ihren Vater verbieten. Niemals würde sie, wie
ich überzeugt bin, einem kleinen Prinzen ihre Hand
gereicht haben. Es ist also vollkommen natürlich
und entspricht durchaus ihrem Stolz und dem
frommen Andenken an ihren Vater, daß sie auf jede
fürstliche Verbindung, auf jede glänzende Stellung
in der Welt verzichtete und sich in stiller Zurückge=
zogenheit ihr eigenes persönliches Herzensglück begrün=
dete, indem sie dem Baron von Pawel=Rammingen,

der zu den Offizieren der hannoverischen Legion in
Frankreich gehörte und den ich dort näher kennen und
als einen vortrefflichen jungen Mann und vollkom=
menen Cavalier schätzen gelernt, ihre Hand reichte.
Durch diese Verbindung hat sich die Prinzessin stilles,
häusliches Glück geschaffen, sie verzichtet auf jede
Stellung in der politischen und fürstlichen Welt, in
welcher sie den ihr gebührenden Platz nicht finden
könnte — dennoch aber bleibt sie, was sie ist, sie hat
ihren Gemahl zu sich erhoben, während sie zu irgend=
einem Prinzen eines kleinern Hauses hätte herabsteigen
müssen. Ich habe mehrmals, worauf ich im Laufe
dieser Aufzeichnungen zurückkommen werde, Gelegen=
heit gehabt, gerade in Betreff der Prinzessin Friederike
Fäden in meiner Hand zu führen, welche glänzende,
fürstliche Verbindungen für sie knüpfen sollten — das
Schicksal hat es anders gewollt, und vielleicht ist sie so
glücklicher.

Die Prinzessin Mary, in ihrem hohen, schlanken
Wuchs ihrer ältern Schwester ähnlich und in den
Zügen ihres Gesichts vielleicht schöner als sie, hatte
mehr den einfachen, zu bürgerlicher Beschränktheit
neigenden Sinn der Königin geerbt, auch stand sie ihrer
Mutter näher als dem Könige. Ihr Blick war sanft
und schüchtern, ihre Haltung weniger königlich als die

ihrer Schwester, und während die Prinzessin Friederike mit Vorliebe die Unterhaltung von geistvollen Männern suchte, in welcher sie sich, ohne direct zu fragen, über diese oder jene Gegenstände, die sie interessirten, zu informiren suchte, fühlte sich die Prinzessin Mary besonders glücklich im kleinen Kreise vertrauter Damen des Hofes und der Stadt, welche die Königin häufig ganz zwanglos zu gemüthlicher Plauderei oder zu kleinen musikalischen Uebungen um sich versammelte.

Das Verhältniß der drei Geschwister untereinander war ein ungemein freundliches und zärtliches, und es hat wol selten eine hochfürstliche Familie gegeben, welche so wie die des Königs Georg in rein menschlich inniger Herzlichkeit untereinander verbunden war.

V.

Fortgesetzte Arbeiten zur Bildung einer deutschen conservativen Partei und zur Kräftigung der Militärkraft der Mittelstaaten im Rahmen der Bundeskriegsverfassung. — Parteibildung in Hannover. — Der Großdeutsche Verein. — Plan eines mittelstaatlichen Uebungslagers. — Geheime Mission des Grafen von der Decken an die deutschen Höfe. — Stellung derselben zu dem Project. — Herr von Beust. — Herr von Rabenhorst. — Herr von Dalwigk. — Lauheit in Oesterreich. — Deutscher Rechtsorden. — Dr. Onno Klopp. — Professor Pernice. — Der Hof in Hannover. — Herr von Malortie. — Graf Alfred Wedel. — Die Prinzen Solms. — Staatsminister Windthorst.

— —

Im Winter 1861/62 wurden nun die Arbeiten zur Herstellung eines conservativen und antigothaischen Parteilebens eifrig fortgesetzt. Unter steter und reger Theilnahme des Königs war ich mit dem Grafen von der Decken unausgesetzt thätig, um die conservativen Elemente zu sammeln und zu einer politischen Initiative anzuregen. Freilich zeigten sich auch hierbei immer

neue Schwierigkeiten, welche in den so verschieden=
artigen Interessen und in den oft mit Eigensinn fest=
gehaltenen persönlichen Anschauungen begründet waren.
Wir richteten unsere Thätigkeit ebensowol auf die
Adelskreise als auf die höhere und niedere Bürger=
schaft, um in allen Schichten des Volkes eine spontane
conservative Parteithätigkeit zu beleben und dadurch
der Täuschung entgegenzutreten, als ob die bisher
allein im öffentlichen Leben laut hörbare Opposition im
Namen des Volkes zu sprechen berechtigt sei. Gerade
Hannover mußte für eine solche Bewegung in Deutsch=
land der Mittelpunkt sein. Denn das hannoverische
Volk, der alte urdeutsche niedersächsische Stamm, besaß
neben wirklich deutscher Gesinnung und deutschem
Nationalstolz einen scharf ausgeprägten Particularis=
mus und war — ich möchte sagen in seinem In=
stinct — der gothaischen Idee am feindlichsten. Es
bestand in Hannover durchaus nicht, wie man oft
wol in berliner Zeitungen las, Preußenhaß, — aber
der breite, behäbige, englisch wohlhabende hannoverische
Charakter hatte kein Verständniß für das knapp bureau=
kratische und stramme militärische preußische Wesen.

Auch wurde ein scharf abwehrendes Auftreten einer
conservativen Parteithätigkeit immer dringender noth=
wendig, denn immer lauter erhob die Opposition ihre

Stimme, und wenn immer nur die Regierung allein ihr gegenüberstand, so mußte es immer mehr scheinen, als ob das ganze Land der Führung des National=
vereins folge. Schon am 8. April 1861 hatte Herr von Bennigsen in Hannover eine Parteiversammlung abgehalten, welche ziemlich zahlreich besucht gewesen, aber noch viel wichtiger in der Presse gemacht wurde, als sie es war.

Es waren dort, ohne Rücksicht auf praktische Aus=
führbarkeit, ziemlich allgemein gehaltene Beschlüsse im gothaischen Sinne gefaßt, auch viel gegen die der Opposition so unendlich unliebsame Organisation des Einflusses der Regierung auf die Provinzialpresse ge=
sprochen und endlich eine Petition an den König unter=
zeichnet worden, deren Annahme dieser zurückwies.

Das gab dann wieder der Oppositionspresse Ge=
legenheit, in stets wiederholten Artikeln zu behaupten, daß der König die Stimme des Volkes nicht hören wolle, und es that noth, daß auch das conservative Volk sein Recht laut geltend machte.

Es fanden mehrere Conferenzen statt; aus dem hannoverischen Adel waren der Baron von Cramm, der Präsident des Schatzcollegiums von Alten und mehrere andere Herren eifrig thätig, aus der Bürger=
schaft nahm sich der Commerzienrath Angerstein, ein

ebenso intelligenter als unabhängig gesinnter Mann, der Sache ebenso umsichtig als unermüdlich an, und es gelang trotz aller so verschieden sich durchkreuzenden Meinungen dennoch, endlich die Gründung eines großen Parteivereins zu beschließen. Graf von der Decken und ich wünschten demselben den Namen „Deutscher Reformverein" zu geben, um schon durch den Namen auszudrücken, daß auch die conservative Partei den Fortschritt wolle, aber nur im Wege der Reform auf dem festen Boden des Bundesrechts und der in demselben garantirten autonomen Selbständigkeit der Fürsten und Staaten. Es war aber damals von Oesterreich und Süddeutschland aus das Wort „Großdeutsch" dem Volksmunde geläufig geworden, und die meisten Stimmen entschieden sich dafür, dieses Wort für die Bezeichnung des Vereins zu wählen, um alle Schattirungen der conservativen Elemente unter Eine Fahne vereinigen zu können und zugleich den Anschluß an die großdeutsche Bewegung in den übrigen deutschen Ländern vorzubereiten.

Der Verein wurde constituirt und zählte bald eine große Zahl von Mitgliedern. Zum Präsidenten desselben wurde der Obergerichtsdirector Witte, ein in seiner richterlichen Stellung völlig unabhängiger, allgemein geachteter und in den innern Fragen ziemlich frei gesinnter Mann, gewählt. Der Verein gründete ein großdeutsches Wochenblatt, und ein ungemein gewandter schrift- und redetüchtiger holsteinischer Literat, Dr. Bärens, wurde zum Redacteur desselben und zum Schriftführer des Vereins bestellt. Es fanden große öffentliche Versammlungen statt, bei welchen, im Gegensatz zum Nationalverein, Reden gehalten und Beschlüsse gefaßt wurden, und die Opposition sah sich mit einem male die bisher von ihr geführte Anwaltschaft des Volkes aus den Händen gewunden, die Regierung trat in die ihr nach richtigen politischen Grundsätzen zustehende Stellung über den Parteien, statt wie bisher für sich selbst eine Partei zu bilden und stets als einziges Angriffsobject der Opposition gegenüberzustehen.

Graf Borries freilich stand dieser ganzen Bewegung skeptisch zurückhaltend gegenüber. Er vermochte sich eine selbständige, von der Regierung unabhängige conservative Partei nicht zu denken, und sprach oft seine Bedenken aus, daß eine solche Parteibewegung unbequem und schwer zu leiten sein werde.

Dagegen erkannte Graf Platen sehr wohl die Bedeutung des Vereins, und es fanden damals zwischen ihm und mir die ersten Annäherungen durch Vermittelung des Grafen von der Decken statt.

Neben dieser Parteibildung faßten wir nun aber

auch ernstlich die Reform des Bundes selbst ins Auge, um auch auf diesem Gebiete den gothaischen Bestrebungen etwas Positives, Faßbares, praktisch Ausführbares und Befriedigendes entgegenzusetzen. Die preußische Regierung strebte damals nach einer Reform der Bundeskriegsverfassung in diesem Sinne, und der König wie die meisten übrigen deutschen Staaten waren diesen Bestrebungen durchaus gegnerisch.

Es beruhte diese Gegnerschaft bei dem Könige Georg durchaus nicht auf einer Abneigung gegen Preußen oder auf einer Ueberschätzung der eigenen Stellung, sondern vielmehr nur auf der eifersüchtigen Festigkeit, mit welcher er sein monarchisches Souveränetätsrecht behauptete.

Dennoch war nicht zu leugnen, daß die Schlagfertigkeit der deutschen Bundesarmee infolge der kleinen und kleinsten Contingente und der mangelnden gleichmäßigen Ausbildung viel zu wünschen übrigließ. Die preußischen Reformbestrebungen boten Abhülfe, und die übrigen deutschen Regierungen standen vor den Augen des Volkes, durch ihre negative Haltung, als das eigensinnige Hinderniß der allgemein als nothwendig erkannten und ersehnten Wehrhaftigkeit Deutschlands da.

Es bot sich nun ein einfaches und wirksames Mittel,

um auch von großdeutscher und mittelstaatlicher Seite
die Militärkraft des Bundes kräftiger zu entwickeln.

Die Bundeskriegsverfassung gestattete und empfahl
sogar Zusammenziehungen, gemeinschaftliche Uebungen
und gleichförmige Organisation verschiedener Bundes=
contingente. Die großen französischen Uebungslager
erregten damals hohes Interesse in militärischen Kreisen,
und man glaubte gerade in ihnen eine besonders vor=
treffliche Schule für eine einheitliche Kriegstüchtigkeit
großer Truppenkörper erblicken zu sollen.

Die Zusammenziehung der mittelstaatlichen Armeen
zu solchen großen gemeinsamen Uebungslagern mußte
nun die Grundlage zu einer festern Vereinigung der
militärischen Kräfte von Baiern, Würtemberg, Sachsen
und Hannover bilden und diese deutsche Centralarmee
zu einem tüchtigen Kern der deutschen Bundesmacht
entwickeln, sowie auch ein festes Bollwerk für die
Selbständigkeit der deutschen Staaten gegen irgend=
welche Uebergriffe von seiten Preußens oder Oester=
reichs bilden.

Ebenso war es nach der Bundesverfassung voll=
kommen zulässig, daß die einzelnen Bundesglieder sich
über ihre Abstimmungen am Bundestage vorher be=
riethen und verständigten. Zur Zeit Metternich's hatte
ja zwischen den Höfen von Berlin und Wien das Ab=

kommen bestanden, daß beide Cabinete sich stets zuvor in besonderer Verhandlung über alle in Frankfurt vorkommenden Fragen einigten, Anträge stets gemeinschaftlich stellten und stets gleich stimmten.

Ein ebensolches Abkommen zwischen den vier Königreichen würde denselben, auf eine innerlich einheitliche und schlagfertige Centralarmee gestützt, einen schwerwiegenden Einfluß sowol in den innern Fragen des Bundeslebens als in möglichen Kriegsfällen gesichert haben, und zugleich würde dem deutschen Volke etwas auf dem Boden der bisherigen Bundesverfassung Ausführbares geboten sein statt der bis dahin einzig dastehenden preußischen Reformvorschläge. Eine solidarische Waffengemeinschaft der vier innerdeutschen Könige zur Herstellung einer einheitlich organisirten großen deutschen Centralarmee mußte, mit den preußischen und österreichischen Heeren auf den Seiten, der gesammten deutschen Heeresmacht eine unauflösliche Verbindung und einen festen Schwerpunkt sichern. Deutschland würde, in drei ebenbürtigen Armeen zur höchsten kriegerischen Wirksamkeit erstarkt, die ungefürchtete und ungeachtete Rolle einer blos abwehrenden Friedensmacht haben von sich werfen können, ohne darum den Charakter eines Staatenbundes selbständiger Monarchien aufzugeben.

Ich arbeitete diese Gedanken, ihre politische Bedeutung und ihre bundesrechtliche Ausführbarkeit in einem ausführlichen Mémoire aus, das ich unter dem Hinweis auf den beschleunigten Gang, den in meinen Augen damals die Weltgeschichte und insbesondere die deutsche Entwickelung anzunehmen begann, mit dem mahnenden Worte schloß: „Was man dem Augenblick verloren, bringt keine Ewigkeit zurück."

Der König faßte den Plan mit großer Lebhaftigkeit auf und beschloß seinerseits, die Initiative für dessen Ausführung zu übernehmen. Freilich war dies nicht leicht und konnte zunächst nicht auf dem Wege der regelmäßigen Diplomatie geschehen. Denn Graf Platen, seiner Natur nach zur vorsichtigen Aengstlichkeit geneigt, würde durch den Staatsrath Zimmermann, der für ihn, bei der Schwierigkeit eines eigenen Urtheils, die höchste Autorität in allen Fragen des Bundesrechts war, noch mehr in seiner Scheu vor jeder Initiative bestärkt worden sein und aus Furcht, in Berlin und Wien anzustoßen, der ganzen Idee nur Schwierigkeiten bereitet haben. Außerdem erforderte die Sache, um nicht gleich in der Entstehung durch die feindlichen Strömungen discreditirt und verdächtigt zu werden, die äußerste Geheimhaltung, und eine solche wäre unmöglich gewesen, wenn die einleitenden Verhandlungen hätten auf officiellem Wege geführt werden sollen. Der König autorisirte daher den Grafen von der Decken in ganz vertraulicher Weise, die deutschen Höfe über die Aufnahme zu sondiren, welche zunächst das Project eines auf Grund der Bestimmungen der Bundeskriegsverfassung aufzustellenden gemeinsamen großen Uebungslagers der Armeen der vier Königreiche mit den dazugehörigen Contingenten der kleinern Staaten finden würde. Niemand wußte von dieser Reise und ihrem Zweck als der Geheime Cabinetsrath Lex und ich; Graf von der Decken schrieb mir über die verschiedenen Unterredungen, die er mit den deutschen Fürsten und Ministern hatte, und ich theilte seine in der Form als persönliche Mittheilungen gehaltenen Briefe dem Könige mit, der den Gang dieser merkwürdigen Verhandlungen mit dem höchsten Interesse verfolgte. Graf von der Decken ging zuerst nach Dresden. Der König von Sachsen war dem Project im allgemeinen — weiter konnten sich die regierenden Herren auch wol kaum erklären — günstig, ebenso Herr von Beust, der jedoch die Sache an den Kriegsminister von Rabenhorst verwies, um die militärische Ausführbarkeit zu prüfen. Dieser erfaßte den Gedanken sehr eifrig und begann sogleich die Ausarbeitung eines bestimmten Planes. Graf von der Decken war im ganzen sehr befriedigt von der Aufnahme des Gedankens in Dresden und ging nach Wien.

Er setzte voraus, daß die Idee einer auf feste militärische Basis gestützten deutschen Centralmacht gerade in Wien als Gegengewicht gegen die gothaischen Plane ganz besonders freudig aufgenommen werden müsse, und hoffte den österreichischen Einfluß auf die süddeutschen Höfe für sich zu gewinnen. Die Zweifel, welche ich nach meinen in Wien gemachten Erfahrungen in dieser Beziehung hegte, sollten sich indessen vollkommen bestätigen. Graf von der Decken wurde vom Kaiser persönlich sehr liebenswürdig aufgenommen, in Betreff seiner Vorschläge, für welche er nur die österreichische Befürwortung in Baiern und Würtemberg erbat, hatte man indeß an politischer und militärischer Stelle nur — allgemein zwar zustimmende, aber doch ausweichende Bemerkungen, ja es schien sich sogar eine gewisse Verstimmung gegen Hannover fühlbar zu machen.

Gerade am 27. Mai, dem Geburtstage des Königs, hatte Graf von der Decken, den der König an diesem Tage telegraphisch zum Wirklichen Geheimen Rath ernannt, eine Audienz beim Kaiser Franz Joseph. Der Graf erwähnte den Geburtstag des Königs, der Kaiser jedoch ließ, zu seinem großen Befremden, diese Be=

merkung unerwidert und trug ihm keinen, doch unter diesen Umständen so nahe liegenden Glückwunsch auf. Dies alles wäre erklärlicher gewesen, wenn wir damals bereits von den überaus geheim gehaltenen Planen zur Wiedererlangung der kaiserlichen Suprematie in Deutschland Kenntniß gehabt hätten, welche in dem frankfurter Fürstentage des Jahres 1863 so blitzartig vor die Oeffentlichkeit traten, um ebenso schnell wieder in die Dunkelheit eines traurigen Fiascos zu versinken. Erst später, als Julius Fröbel, der damals einen mir stets unerklärlich gebliebenen Einfluß in der Staatskanzlei ausübte, mich in Hannover besuchte, trat mir jene hochstrebende und in der That hochfahrende Richtung entgegen, ohne daß ich indeß eine solche Inscenirung derselben, wie sie später stattfand, für möglich gehalten hätte. Mit dieser Richtung vertrug sich allerdings die Idee einer militärischen Kräftigung der Selbständigkeit der Mittelstaaten nicht, und Graf von der Decken hatte daher auf eine Unterstützung durch den österreichischen Einfluß nicht zu rechnen.

In Baiern fand er dieselbe kühle und selbstzufriedene Zurückhaltung, wie sie mir entgegengetreten war. — Obgleich Herr von Schrenck die Idee eingehend besprach, ließ er doch deutlich durchblicken, daß Baiern für sich auch in militärischer Beziehung eine Ausnahmestellung beanspruchte. Gerade damals war allerdings der Hof in München in vielfacher Weise beschäftigt, wenn auch in einer Weise, die wol besser der Sorge um die in Deutschland drohenden Gefahren den Platz geräumt hätte. Der König war schwer zugänglich und sensitiv empfindlich gegen alle schwereres Nachdenken erfordernden Fragen. Das Unglück der Königin von Neapel beschäftigte ihn, die Zustände in Griechenland, welche bald schon zur Revolution und Vertreibung des Königs Otto führen sollten, machten ihm nicht minder Sorge, dazu kamen unangenehme Vorfälle, wie die Differenzen des Prinzen Adalbert mit seinem Hofmarschall von Fallot, die Heirath des ältesten Bruders der Königin von Neapel mit einer Augsburgerin, die zur Gräfin Wallersee erhoben wurde, kurz, man hatte Beschäftigung genug und im Gefühl der bairischen Machtstellung kein Verständniß für die in Deutschland heraufsteigenden Wetter. Der alte König Ludwig, welcher bei allen seinen Eigenthümlichkeiten doch kühnen Muth und klaren politischen Blick besaß, sah die Dinge ziemlich pessimistisch an und hatte für das ganze Treiben oft nur bittern Spott. So empfing er den König Otto von Griechenland bei seiner Ankunft in München achselzuckend mit den

Worten: „Hätteſt nicht gleich davonlaufen ſollen"; und als einige Zeit darauf ſeine Familie und zugleich auch der Prinz Waſa bei ihm dinirte, ſagte er: „Seltſame Verſammlung an einem Tiſch! Ein regierender König — mein Max, ein abgedankt habender König, ein davongejagter König und ein nie regieren haben ſollender König."

Der König von Würtemberg erklärte dem Grafen von der Decken ganz klar und beſtimmt, daß er zwar bereit ſei, in Unterhandlungen zu treten, daß er jedoch im Princip jedes Antaſten der Verhältniſſe des Bundes mit großer Beſorgniß anſehe und davon nur große Gefahren für den Beſtand des Rechts in Deutſchland befürchte.

Mit dem größten Ernſt und dem eifrigſten Entgegenkommen wurden die Vorſchläge des Grafen von der Decken in Darmſtadt von Herrn von Dalwigk aufgenommen, der ſogleich die Wichtigkeit und Bedeutung des Vorſchlags erkannte und eine feſte Stellung zu demſelben nahm, indem er die folgende officielle Erklärung abgab:

Erklärung von Darmſtadt.

Der Vorſchlag einer baldigen Zuſammenziehung eines Lagers von Truppen der rein deutſchen Staaten zu gemeinsamen Uebungen kommt einem lange gehegten Wunsche der großherzoglichen Regierung entgegen. Alles, was das Ansehen der deutschen Mittelstaaten heben, einen Angriff auf ihre Selbständigkeit erschweren kann, wird bei der großherzoglichen Regierung stets eifrige Unterstützung finden.

Doppelt wird dies der Fall sein, wenn dadurch zugleich die Erhaltung Deutschlands als eines kräftigen Ganzen gefördert wird. Dies geschieht aber durch das einmalige oder periodische Zusammenziehen der rein deutschen Armeecorps in ein gemeinsames Lager mehr als durch alles andere. Das Verderblichste, was Deutschland in seiner Gesammtheit wie in seinen einzelnen Theilen widerfahren könnte, wäre eine Trennung des Südens und des Nordens namentlich in militärischer Beziehung.

Dadurch, daß man diese Trennung durch Zusammenziehung der gemeinsamen Streitkräfte hindert und der Nation zugleich einen schlagenden Beweis der Untrennbarkeit, der Zusammengehörigkeit der verschiedenen Theile des deutschen Vaterlandes liefert, leistet man der guten Sache einen wesentlichen Dienst.

Es würde nun:

1 Von der königlich hannoverischen Regierung der desfallsige Vorschlag in förmlicher, jedoch höchst

vertraulicher Weise auszugehen haben, sofern man es nicht vorzieht, Baiern die Initiative zu überlassen;

2) die Sache würde vorerst nur versuchsweise und für einmal ins Leben zu rufen sein, damit man zunächst über den Widerstand gewisser Regierungen, über die Kosten u. s. w., klar sehen lernt;

3) es würde von einer förmlichen schriftlichen Uebereinkunft zu abstrahiren sein;

4 mit der sächsischen Ansicht, daß man vorerst über die Begegnung der hohen Kriegsherren im Lager sowie über die Vertheilung der Stimmen nichts festsetzen möge, ist man hier ganz einverstanden;

5. einen Antrag an den Bund zu stellen, um einen Majoritätsbeschluß zu provociren, durch welchen die Stände der einzelnen Staaten zur Bewilligung der erforderlichen Geldmittel genöthigt werden würden, scheint sehr bedenklich.

Die Staaten, welche die Bildung des Lagers als gegen ihre Tendenzen gerichtet ansehen müßten, würden dadurch Mittel bekommen, die ganze Maßregel zu hintertreiben, derselben im voraus in der öffentlichen Meinung zu schaden und sie namentlich als ein reactionäres Unternehmen gegen die liberale Partei

in Kurhessen hinzustellen. Die Maßregel darf ihren
Charakter als gemeinsame militärische Uebung nicht
verlieren, und zu einer solchen Zusammenziehung von
Truppen bedarf man keines Bundesbeschlusses.

So waren, als Graf von der Decken zurückkehrte,
zwar viele unserer Hoffnungen enttäuscht, allein es
waren doch immer, sowol zur Bildung einer all=
gemeinen deutschen conservativen Partei als zur mili=
tärischen Verbindung der Mittelstaaten, Grundlagen
gewonnen, auf welchen sich weiter bauen ließ. Das
Parteileben in Hannover selbst war angeregt, die Re=
gierung war aus ihrer Isolirung herausgetreten und
hatte eine freie Bundesgenossenschaft im Volke selbst.

Jene großen Plane einer alle conservativen Elemente
Deutschlands umfassenden Parteibildung sowie der
militärischen Trias wären auch vielleicht, trotz aller
Hindernisse, der Verwirklichung zugeführt worden,
wenn nicht die demnächst in den Vordergrund tretende
schleswig=holsteinische Frage alle bisherigen Verhält=
nisse verändert und neue Spaltungen hervorgerufen
hätte, sodaß alle derartigen Projecte vertagt werden
mußten, — bis dann endlich das Ende des alten
Bundes mit Sturmeswehen hereinbrach.

Um dem Großdeutschen Verein einen innern festern

Kern zu geben und eine feste eng zusammenhängende Organisation zu seiner sichern Leitung zu schaffen, wurde auch die Gründung eines „Deutschen Rechtsordens" in Angriff genommen, dessen Mitglieder sich nach den Statuten, welche den Principien der Carbonari im umgekehrten Sinne nachgebildet waren, zu steter politischer Thätigkeit verpflichteten, und dessen Großmeister vom Könige zu ernennen war, sodaß sich die Fäden des Mechanismus, welchen ich der Regierung oder vielmehr dem Könige zur Leitung des öffentlichen Lebens in die Hände zu legen bestrebt war, immer weiter verzweigten und in unscheinbarer Verborgenheit immer fester knüpften.

Unter den Personen, welche in dieser Beziehung zur Mitthätigkeit herangezogen wurden, befanden sich auch Dr. Onno Klopp und Professor Pernice.

Dr. Onno Klopp war Lehrer an einer Töchterschule und hatte sich im Jahre 1848 durch demokratische Agitationen stark compromittirt. Er hatte dann seine Anschauungen ziemlich demonstrativ geändert und einige historische Abhandlungen geschrieben, welche wegen ihrer den gewöhnlichen historischen Lehrsätzen entgegenlaufenden Darstellungen bemerkt wurden. Er hatte Tilly, und gewiß mit Recht, der von diesem Feldherrn in die Geschichte übergegangenen traditionellen Figur

widersprechend, zu rehabilitiren versucht, dann aber
auch Friedrich den Großen im umgekehrten Sinne behandelt und bei nicht zu verkennendem fleißigem, wenn
auch weitaus nicht genügendem Studium nur ein
Zerrbild des großen Königs zusammengefügt. Dadurch war die Aufmerksamkeit des österreichischen Gesandten in Hannover, des Grafen Ingelheim, auf ihn
gelenkt, der ihn dem Grafen Platen empfahl. Durch
beider Protection wurde ihm die Herausgabe der in
den hannoverischen Archiven enthaltenen, noch un-
gedruckten Papiere von Leibniz übertragen, und er begann dies schwierige Werk auch, dem er wol in
keiner Weise gewachsen war. Denn nicht nur fehlte
ihm dazu die allgemeine Vorbildung, welche ihn zu
einem weiten politischen Blick befähigt hätte, sondern
es mangelte ihm auch die Kenntniß fremder Sprachen,
insbesondere der französischen, in welcher ja der große
politisch internationale Philosoph so viele seiner wich-
tigsten Abhandlungen geschrieben hat. Doch war immerhin die Veröffentlichung der „Leipniziana" ein nütz-
liches Werk, namentlich den falschen und entstellten Darstellungen des französischen Grafen Foucher de Careil
gegenüber, und an Fleiß ließ es auch der Dr. Klopp
nicht fehlen, wenn auch seine sensitive persönliche Eitelkeit ihn viele aus mangelndem Verständniß hervor-

gegangene irrthümliche Auffassungen zähe festhalten ließ. Seine materielle Stellung war unsicher und beengt und ließ ihn eine festere Position wünschen. Graf Platen, der ihn begünstigte, aber selbst nicht für ihn hervortreten mochte, veranlaßte mich, bei dem Könige die Anstellung des Dr. Klopp als Archivsecretär anzuregen. Diese Anstellung schien mir indeß doch für seinen Bildungsgrad ein wenig zu untergeordnet und ich fand Gelegenheit, ihm eine angemessenere Verwendung zu erwirken. Die sämmtlichen Archive im Königreich Hannover waren in den verschiedenen Provinzialstädten, die zum großen Theil früher Residenzen welfischer Fürsten gewesen, zerstreut, und es war für alle historischen Forschungen von großer Wichtigkeit, diese zerstreuten Archive zu ordnen und in ein großes Landesarchiv einzufügen. Ich legte dem Könige ein Mémoire darüber vor und schlug vor, diese Arbeit dem Dr. Klopp zu übertragen und denselben zu diesem Behufe zum Referenten im Hausministerium, mit dem Titel Archivrath, zu ernennen. Der König erfaßte den Gedanken mit dem lebhaften Interesse, das er der Geschichte seines Hauses stets zuwendete, und die Ernennung des Dr. Klopp erfolgte. Graf Platen war sehr zufrieden, daß ich diesen Kampf gegen die Vorurtheile der Bureaukratie für seinen Schützling aus=

gefochten, in dem Dr. Klopp aber hatte ich seit jenem Augenblick einen unversöhnlichen Feind, der niemals aufgehört hat, ebenso heimlich als unermüdlich mir zu schaden, wo er es vermochte, — wie ich überhaupt so häufig bittere Feindschaften für geleistete Dienste einerntete.

Professor Pernice, der Jüngere, war ein Sohn des bekannten Professors in Halle; er war als ein vortrefflicher, gründlicher und geistvoller Jurist nach Göttingen berufen und besaß eine so unverwüstliche Arbeitskraft, wie sie mir selten oder nie wieder vorgekommen. Er war von dem Grafen Borries für den sogenannten Klosterfonds, das heißt die Verwaltung der säcularisirten Stifter und Klöster, welche das Recht einer Vertretung in den Ständen hatten, zum Mitglied der Zweiten Kammer ernannt, um sowol seine juristische Sicherheit und Gewandtheit als seine Schlagfertigkeit der Rede gegen die Opposition zu verwenden. Hier freilich nützte er wenig, denn seine persönlich scharfe Heftigkeit schoß oft über das Ziel hinaus, und ganz besonders stand ihm auch die Misstimmung entgegen, welche auch in conservativen Kreisen die Ernennung eines Fremden zum Vertreter des Klosterfonds in der hannoverischen Kammer erregte. Wo er jedoch mit der Feder arbeitete, ohne persönlich hervorzutreten, ent=

wickelte er eine im hohen Grade fruchtbare Thätigkeit.
Er war übrigens eins der merkwürdigsten Originale,
die man finden konnte, von unverwüstlichem Humor
und sprühendem, allezeit fertigem Witz. Obgleich noch
jung, im Anfang der dreißiger Jahre, hatte er eine
an Falstaff erinnernde Corpulenz, und er that alles,
um dieselbe zu pflegen und immer weiter zu entwickeln. Er leistete im Essen und Trinken das Unglaublichste und zwar sowol qualitativ als quantitativ,
und wenn er oft bis zum frühen Morgen soupirt und
die gewiegtesten Zecher aus dem Sattel gehoben hatte,
so nahm er eine kalte Douche und begab sich dann
an die Bearbeitung der schwierigsten und verwickeltsten
juristischen Probleme. Er litt stets außerordentlich
von der Hitze und hatte sich deshalb in den weiten
Talar, den die göttinger Professoren als Hofcostüm
trugen, die Aermel und das Bruststück eines Fracks,
nebst Gilet, einsetzen lassen, sodaß er bei Hoffesten,
wie ich dem Könige auch zu dessen höchster Erheiterung
erzählte, nur in diesem Talar, mit Schuhen und
Strümpfen erschien. Niemand ahnte, daß die ehr-
würdige Professorentracht so wenig weitere Hüllen
barg, und Pernice fühlte sich außerordentlich wohl in
diesem bequemen und luftigen Costüm.

Der eigentliche Hof war allen diesen Bestrebungen,

die Regierung auf eine fest organisirte conservative Partei zu stützen, hinderlich, ja beinahe feindlich. In den Hofkreisen herrschten im wesentlichen die Anschauungen des frondirenden Adels: man haßte den Grafen Borries, ohne eigentlich zu wissen warum, und schüttelte zu allem, was geschah, mit vornehm kritisirender Ueberlegenheit den Kopf, und zwar um so mehr, je weniger die eigentlichen Hofkreise jemals etwas von der Politik erfuhren oder darin mitzureden hatten. Auch Graf Platen war am Hofe nicht beliebt, obgleich er äußerlich in den besten Beziehungen zu demselben stand; der alte hannoverische Adel sah die Familie Platen nicht als zu sich gehörig an, und ich habe oft bittere Bemerkungen darüber gehört, daß diese „famille régnante", wie man sie nannte, in allen ihren Gliedern die höchsten Chargen innehatte.

An der Spitze des Hofhalts stand der Oberhofmarschall und Hausminister von Malortie, ein Mann von der unantastbarsten Integrität und Ehrenhaftigkeit, Garçon, sehr reich und unabhängig, dem Könige tief ergeben, Verfasser des an allen Höfen mustergültigen Buches „Der Hofmarschall wie er sein soll" — die unbestrittenste Autorität in allen Etikette- und Rangfragen wie im Arrangement aller Arten von Festlichkeiten, aber unzufrieden quand-même und über alle politischen Fragen, oft mit vielem Humor, mürrisch die Achseln zuckend. Er stand auf dem Standpunkte der Regierung des Königs Ernst August und war der entschiedenen und aufrichtigsten Ueberzeugung, daß Hannover gar keine Politik machen, sondern in allen vorkommenden Fragen mit Preußen gehen müsse, um in ruhiger Sicherheit allen Eventualitäten der Zukunft entgegengehen zu können.

Zum Hausmarschall und Schloßhauptmann wurde zu jener Zeit der Graf Alfred Wedel ernannt, ein braver, ritterlicher und dem Könige treu ergebener junger Mann, politisch damals noch ohne jede Fähigkeit, sich ein selbständiges Urtheil zu bilden, und in seinen Ansichten von den Kreisen des malcontenten Adels abhängig. Der spätern verhängnißvollen Zeit war es vorbehalten, seinen Geist und Charakter zur Entwickelung zu bringen, freilich ihn aber auch bittere Erfahrungen in Fülle machen zu lassen, wie die weitere Folge dieser Aufzeichnungen ergeben wird.

Er gehörte damals zu meinen entschiedensten Gegnern und viel später erst bin ich ihm näher getreten — wie es denn überhaupt verhängnißvoll für den hannoverischen Hof und die hannoverische Regierung war, daß so viele Kräfte, die vereint den König hätten umgeben sollen, um mit ihm und für ihn zu

wirken, sich mistrauisch paralysirten oder feindlich be=
kämpften.

Eine eigenthümliche Stellung nahmen die Prinzen
Solms ein. Der Prinz Wilhelm von Solms=Braun=
fels, Stiefbruder des Königs aus der frühern Ehe
der Königin Friederike von Hannover mit dem Prinzen
von Solms=Braunfels, lebte in Hannover mit dreien
von seinen Söhnen, den Prinzen Ernst, Hauptmann
im Garderegiment, Georg, Rittmeister der Garde=du=
Corps, und Hermann, welcher damals noch halb
Kind war und später Offizier bei den Jägern wurde.
Es war natürlich, daß der König seinen so nahen
Verwandten, die er besonders liebte, alle möglichen
Aufmerksamkeiten erwies; die Königin war nahe be=
freundet mit der Prinzessin Solms, und alle Glieder
der fürstlichen Familie waren von der herzlichsten und
verbindlichsten Liebenswürdigkeit und von einer wirk=
lich außerordentlichen, fast bescheidenen Zurückhaltung.
Trotzdem bildeten sie den Gegenstand der größten Ab=
neigung des hannoverischen Adels und des hannoveri=
schen Hofes. Man beneidete ihnen wol den Vorrang
und die gewissermaßen eximirte Stellung, die sie am
Hofe einnahmen, und die ja doch in jeder Weise be=
rechtigt war. Denn abgesehen davon, daß die Familie
Solms als solche zum ebenbürtigen und reichsunmittel=

baren hohen Adel gehört, war der Prinz Wilhelm durch seine Mutter, die Schwester der Königin Luise, auch der rechte Vetter des Königs von Preußen und also mit den ersten regierenden Häusern Europas nahe verwandt. Aber jede Freundlichkeit, die der König seinem Bruder und dessen Kindern, seinen Neffen, erwies, wurde in den Hofkreisen bekrittelt, und an allem, was die fürstliche Familie that, fand man etwas auszusetzen. Ich habe meinerseits stets zu allen Gliedern derselben in den besten Beziehungen gestanden und niemals meine Ueberzeugung von dem Unrecht, das man ihnen allen in Hannover that, verhehlt. Insbesondere war der Prinz Hermann, der jüngste der Brüder, ein junger Herr von ganz hervorragenden Fähigkeiten und festem Charakter; er wurde damals mit dem Kronprinzen erzogen und erregte durch seinen frischen, für alles empfänglichen und wissensdurstigen Geist mein lebhaftes Interesse. Ich regte bei dem Könige den Gedanken an, diesen Prinzen, abweichend von der traditionellen fürstlichen Sitte, für die Civilcarrière zu bestimmen. Der König begriff vollkommen, welch einen Werth es für ihn haben müsse, wenn er einst einem ihm so nahe stehenden fürstlichen Verwandten hohe und wichtige Verwaltungsstellen des Landes oder die Leitung seines Ministeriums anvertrauen könne, und befahl, daß Prinz Hermann, zu dessen großer Freude, die Universität Göttingen beziehen und ernst studiren solle, nachdem er, um ihm einen militärischen Rang zu geben, zum Lieutenant von der Armee und dann bei den Jägern ernannt war. Auch über dieses junge hoffnungsvolle Leben ist die verhängnißvolle Katastrophe des Jahres 1866 dahingegangen; der junge Prinz, der zu so großen und schönen Hoffnungen berechtigte, der ein so hohes und edles Streben in sich trug, begräbt seine reiche Kraft in unthätiger Zurückgezogenheit.

Unter allen diesen Verhältnissen konnte natürlich der Hof und die unmittelbar mit demselben zusammen= hängende Gesellschaft nicht, wie es wol eigentlich hätte sein sollen, den Mittelpunkt für ein conservatives Parteileben bilden, im Gegentheil waren hier viel Uebelwollen und versteckte Hinderungen zu überwinden.

Zu jener Zeit lernte ich auch den frühern Minister Windthorst kennen. Er war im Ministerium Schele Justizminister gewesen und 1853 wieder in die Privat= thätigkeit zurückgetreten. Obwol er sich damals von aller sichtbaren Theilnahme an der Politik völlig fern hielt, so wendete ihm Graf Borries dennoch eine ganz besonders lebhafte Feindschaft zu, und wenn er nach Hannover kam, wurde er polizeilich überwacht. Er wünschte damals wieder eine Stellung in der Justiz=

verwaltung und mochte wol auf meine Vermittelung rechnen, um dem Könige die Ueberzeugung zu geben, daß er nicht so antimonarchische Gesinnungen hege, als ihm Graf Borries, wie er glauben mußte, zuschrieb. Mir imponirte der hochgebildete, geistvolle und liebenswürdige Mann in hohem Grade: er selbst warnte mich, ihn in Rücksicht auf meine Carrière nicht öffentlich zu besuchen, und auch von seiten des Grafen Borries wurde mir dann bald der Wink zu Theil, mich vor dem gefährlichen Einfluß Windthorst's in Acht zu nehmen. Ich glaubte diesen Wink jedoch nicht befolgen zu sollen, und setzte den angenehmen und lehrreichen Verkehr fort, so oft Windthorst in Hannover anwesend war. Lange Jahre und unter den wechselndsten Verhältnissen habe ich mit ihm in freundlichen persönlichen Beziehungen gestanden, und wenn wir auch politisch nicht immer übereinstimmten, so änderte das doch nichts in den angenehmen Formen unsers Verkehrs. Windthorst, der bald schon eine hervorragendere Rolle spielen sollte, war ein Mann von ebenso fein durchdringendem als weitblickendem Geist; wie alle Männer von großer Fähigkeit und Kraft, strebte er wol nach Macht und Einfluß, war aber von kleinlichem Ehrgeiz fern. Er war ein scharfer, rücksichtsloses mit offenen und verdeckten Mitteln kämpfender politischer Gegner; aber solange ich ihn gekannt, habe ich nie gesehen, daß er politische Gegnerschaften auf die Personen übertrug. Er hat, auch wenn er die Macht dazu besaß, niemals politischen Gegnern wehe gethan, niemals sich an denen gerächt, die ihm Böses zugefügt, wohl aber war er stets bereit, zu helfen und Dienste zu erweisen, ohne zu berechnen, ob er Dank und Nutzen davon haben würde, und viele seiner politischen Gegner müßten ihm für opferbereite persönliche Dienste Dank wissen, wenn die Dankbarkeit überhaupt im drängenden Treiben des menschlichen Lebens Platz fände. Auch Windthorst wendete der Kräftigung des großdeutsch-conservativen Parteilebens eifriges Interesse zu, doch es traten schnell im Innern und von außen her Ereignisse ein, welche unmittelbarer die ganze Aufmerksamkeit und Thätigkeit der Regierung in Anspruch nahmen.

VI.

Kurhessische Wirren. — Meine erste Sendung nach Kassel. — Der Kurfürst. — Die hannoverische Katechismusangelegenheit. — Steigende Bewegung und Straßenunruhen. — Berathungen in Goslar. — Leben des Königs in Goslar. — Der Naturarzt Lampe und seine Curen. — Zurückziehung des neuen Katechismus. — Berufung der Minister. — Weigerung des Grafen Borries, in Goslar zu erscheinen. — Seine Entlassung. — Verlegenheit des Königs und Schwierigkeit der Lage.

Im Innern des Königreichs Hannover brachte das Jahr 1862 die so viel Staub aufwirbelnde Katechismusfrage, in Deutschland spitzten sich die kurhessischen Wirren zu einem scharfen Conflict zu, den der hannoverische Nachbarstaat mit ganz besonderer Unruhe zu betrachten Grund hatte.

Die kurhessische Verfassung war Gegenstand längerer Verhandlungen am Bundestage gewesen, und der Kur-

fürst war in die eigenthümliche Lage gebracht, eine
Verfassung wieder aufheben zu sollen, die er früher
auf Anordnung des Bundes hatte einführen müssen.
Die preußische Regierung, welche durch die Armee=
organisation und den erhöhten Militäretat die leb=
hafteste Opposition im eigenen Lande hervorgerufen
hatte und nicht die innere Kraft besaß, derselben Herr
zu werden, suchte ihre fast verschwundene Popularität
wieder zu beleben, indem sie zu Gunsten der hessischen
Opposition ihre Macht gegen den Kurfürsten aufbot.
Das vierte und siebente preußische Armeecorps waren
mobilisirt, und als der Kurfürst auch die Mission des
Generals Willisen schroff zurückwies, drohten die
Dinge auf die äußerste Spitze getrieben zu werden.
Als endlich der Bund die Sistirung der aus-
geschriebenen Wahlen verfügte und am 24. Mai die
Reactivirung der Verfassung von 1831 beschloß, trat
das Ministerium Vilmar, dessen Entlassung auf die
Forderung Preußens der Kurfürst früher verweigert
hatte, zurück, und in Kassel herrschte die äußerste Ver=
wirrung. Preußen übte einen mächtig drohenden Druck
aus, und das im Innern immer mehr schwankende
Ministerium setzte alles daran, um sich durch einen
Erfolg nach außen zu stärken und in Hessen ein ganz
gothaisch gesinntes Cabinet einzusetzen.

Der König war durch diese Vorgänge äußerst beunruhigt. Denn auch in Hannover war die Verfassung durch Bundesbeschluß geändert, auch in Hannover mußte sich die Opposition unabläßig, eine Verfassungsfrage in Scene zu setzen, und was heute in Hessen geschah, konnte eines Tages auch in Hannover sich wiederholen. Ganz besonders bedenklich als Präcedens war die neben dem Bunde stattfindende rein preußische Einmischung in die innern Angelegenheiten eines deutschen Staates, und wenn es wirklich zu einer militärischen Intervention kam, so war damit ein Weg betreten, auf welchem die übrigen deutschen Staaten, insbesondere aber das so ganz von der preußischen Machtsphäre umschlossene Hannover, die größten Gefahren für die eigene Selbstständigkeit erblicken mußten.

Hannover hatte in Kassel, nach meiner Ansicht fehlerhafterweise, keine diplomatische Vertretung. Der hannoverische Bundestagsgesandte von Heimbruch in Frankfurt war zugleich in Kassel accreditirt; aber seine Thätigkeit war am Bundestage vollauf in Anspruch genommen und wir waren daher ohne regelmäßige Fühlung mit den Vorgängen in Kassel.

Es verbreitete sich nun in der ersten Hälfte des Juni 1862 das Gerücht, der Kurfürst sei, voll tiefer Erbitterung darüber, daß der Bund und Oesterreich ihn im Stiche gelassen, entschlossen, sich ganz und gar Preußen in die Arme zu werfen, ja, man sprach sogar von seiner Absicht, die Regierung niederzulegen. Eine solche Wendung erschien bei dem Charakter des Kurfürsten nicht völlig unwahrscheinlich, und die Mittheilungen der Zeitungen über die in Kassel stattfindende Ministerkrisis machten sie noch glaubwürdiger. Auch wurden die Gerüchte durch diplomatische Mittheilungen von Wien aus bestätigt, denn der Kurfürst hatte sich mehrfach sehr bitter über die Bundesbeschlüsse und die österreichische Haltung geäußert und war in der letzten Zeit für niemand mehr zugänglich gewesen. Der Generaladjutant von Loßberg war mit der Bildung eines neuen Ministeriums beauftragt, und nach den auftauchenden Namen schien die Bildung des neuen Cabinets in der That ganz und gar in preußischem Sinne erfolgen zu sollen.

Endlich veröffentlichten die Zeitungen, ohne daß von Kassel aus ein Démenti erfolgte, eine Ministerliste, nach welcher der General von Loßberg das Kriegsministerium, der Appellationsgerichtsrath Wegener die Justiz, der Regierungsrath Wiegand, früher der entschiedenen Opposition angehörig, das Innere, und Herr von Bischoffshausen das Aeußere übernehmen sollte. Damit wäre dann der unbedingteste preußische

Einfluß in Kassel hergestellt gewesen. Die Oppositions=
blätter in Hannover triumphirten, und es fehlte nicht
an mehr oder weniger versteckten Hinweisen darauf,
daß eine ähnliche Pression gegen die stets behauptete
„Misregierung" in Hannover demnächst geübt werden
müsse. Wenn ein solches Ministerium in Kassel wirk=
lich eingesetzt wurde und der Kurfürst in pessimistischer
Resignation demselben freie Hand ließ, so wäre
Hannover in bedenklicher Weise von preußischem Ein=
fluß ohne Gegengewicht eingeengt gewesen und mußte,
insbesondere auch in allen Verkehrsfragen, eine gefähr=
liche Isolirung befürchten.

In der zwölften Stunde schien man auch in Wien
die Gefahr der Situation zu erkennen, zudem wußten
wir ziemlich sicher, daß das preußische Ministerium
auch an maßgebender Stelle keinen Halt mehr fand
und daß in Baden=Baden bereits mit Herrn von
Bismarck, der zunächst noch auf einige Zeit als Ge=
sandter nach Paris gegangen war, Anknüpfungen zur
demnächstigen Uebernahme des preußischen Minister=
präsidiums stattgefunden hatten. Ein Erfolg in der
kurhessischen Frage hätte nur den Eintritt eines con=
servativen Ministeriums in Preußen verzögern können,
und es kam daher alles darauf an, denselben zu ver=
hindern.

Am 18. Juni erfolgte ein preußisches Ultimatum in Kassel, welches auf die Bildung eines neuen Ministeriums und Reactivirung der Verfassung von 1831 drängte, und man mußte jeden Augenblick die Verkündigung der genannten Ministerliste erwarten.

Da wurde ich am 19. zum Könige gerufen, der mir befahl, mich sogleich dem Grafen Platen zur Disposition zu stellen, um nach Kassel zu gehen und um jeden Preis die Einsetzung des in Aussicht genommenen Ministeriums zu verhindern. Der österreichische Gesandte in Kassel, Graf Karnitzki, war ebenfalls instruirt; ich nahm einen Brief an denselben vom Grafen Ingelheim, dem österreichischen Gesandten in Hannover, mit und reiste unverzüglich ab. Es kam darauf an, den Kurfürsten zu überzeugen, daß bei der nun einmal vorhandenen Lage gegen den Bundesbeschluß nichts zu machen sei, daß aber die Ausführung desselben in conservativ feste Hände gelegt werde müsse, um nicht die innere Verfassungsangelegenheit zu einem unwiderstehlichen Hebel der gothaischen Politik zu machen, und ihn zugleich zu versichern, daß er in der weitern Entwickelung der Angelegenheit auf den Beistand der Bundesmächte rechnen könne. Zugleich galt es auch auf Herrn von Dehn-Rothfelser aufmerksam zu machen, in dessen Händen allen, die ihn kannten, die Neugestaltung des hessischen Verfassungslebens am besten aufgehoben sein würde.

Diese ganz geheime und auch niemals bekannt gewordene Mission fand wie im Sturm statt, alles ging im Fluge, ohne alle Formalitäten vor sich, am nächsten Tage schon war ich wieder in Hannover und am 21. Juni wurde das neue Ministerium officiell verkündet. Herr von Dehn-Rothfelser übernahm — eine merkwürdige Zusammenstellung — die Finanzen und das Auswärtige, der Geheime Justizrath Pfeiffer die Justiz, der Geheime Regierungsrath von Stiernberg das Innere, und der Oberstlieutenant von Osterhausen den Krieg. Das Ministerium reactivirte dem Bundesbeschluß gemäß die Verfassung von 1831, und der Kurfürst sendete, um die diplomatischen Beziehungen mit Preußen wieder anzuknüpfen und zugleich für den schlechten Empfang des Generals von Willisen eine gewisse Genugthuung zu geben, den Generallieutenant von Haynau und den Generalmajor von Bardeleben nach Berlin.

Auf diese Weise war alles erreicht, was für uns von Interesse war. Der Bundesbeschluß war ausgeführt, Preußen hatte eine formell ehrenvolle Genugthuung erhalten, jede Möglichkeit eines Conflicts war ausgeschlossen, aber ebenso auch jede fernere Einmischung in die innern Angelegenheiten, und dem preußischen Einfluß, welcher Hannover von Süddeutschland hätte abschneiden können, war fester als je vorher die Thür in Kassel verschlossen.

Die gesammte Oppositionspresse stand verblüfft vor dieser plötzlichen und ganz unerwarteten Wendung, das preußische Ministerium hatte, statt des so sehnlich gewünschten Erfolges, eine entschiedene, wenn auch äußerlich ehrenvoll verhüllte Schlappe davongetragen und ging mit immer schnellern Schritten seinem Ende entgegen.

Für mich hatte dieser Zwischenfall eine noch gesteigerte Erkaltung meiner Beziehungen zum Grafen Borries zur Folge. Denn als ich nach meiner Rückkehr in Herrenhausen dem Könige Bericht erstattet, kehrte ich von dort mit dem Grafen Platen zu Fuß zurück. In der großen nach dem Schlosse führenden Allee begegnete uns der Graf Borries, der mich, wie es schien, mit Verwunderung und Verstimmung in der Begleitung seines so gründlich verhaßten Collegen sah und mir von diesem Augenblick an noch mehr mistrauische Zurückhaltung zeigte, welche ich auch durch eine Mittheilung über die nähern Umstände meiner Beziehungen zum Grafen Platen nicht zu beseitigen in der Lage war, da der König sehr empfindlich darauf hielt, daß ein von ihm persönlich ertheilter Auftrag gegen jedermann, ohne Ausnahme, mit strengster Discretion behandelt werde.

Da ich später noch mehrfach zum Kurfürsten von Hessen gesendet wurde und Gelegenheit hatte, diesem so viel angefeindeten Herrn näher zu treten sowie die Verhältnisse in Kassel aus eigener Anschauung kennen zu lernen, so mögen hier einige Bemerkungen in dieser Richtung ihren Platz finden.

Nach meiner Erfahrung und Ueberzeugung ist alles, was man über die Person des Kurfürsten und die Zustände der Regierung in Kassel in den Oppositionsblättern verbreitete, feindlich und tendenziös übertrieben.

Der Kurfürst hatte in seiner äußern Erscheinung, und zwar sowol in seinen Gesichtszügen wie besonders auch in seiner Haltung, eine merkwürdige und frappirende Aehnlichkeit mit dem Könige Friedrich Wilhelm III. von Preußen, seinem Oheim von mütterlicher Seite, wenn auch sein Wuchs nicht so hoch war als der des Königs. Auch der Ton der Stimme und die kurzen Wendungen erinnerten an die Hohenzollern und besonders an Friedrich Wilhelm III. Er war, vielleicht in dem Bewußtsein, daß ihm nicht stets mit Schnelligkeit und Sicherheit der Ausdruck für seine Gedanken scharf und präcis zu Gebote stand, von einer eigenthümlichen Verlegenheit, die bei einem in höchster Stellung aufgewachsenen Herrn um so mehr überraschte und in der That geeignet war zu verwirren. Er begann beim Empfange fremder Personen mit unsicherer Stimme einige Worte hervorzustoßen und schien sehr zufrieden, wenn man dann schnell, wie ich es fast jedesmal gethan, irgendeine Frage voraussetzend, antwortete und einige Augenblicke weiter sprach; dann aber wurde seine Redeweise bestimmt, klar und deutlich, stets genau und scharf seinen Gedanken wiedergebend. Er war im Verkehr von äußerst liebenswürdiger Artigkeit, alle Formen auf das genaueste beobachtend und dann freilich auch das Gleiche verlangend, wie es ihm ja mit Recht zustand, sodaß ich niemals an die Erzählungen von heftigen persönlichen Ausfällen gegen seine Diener und sogar seine hohen Beamten habe glauben können. Freilich stand ich ihm ja niemals als Unterthan gegenüber; aber auch der Minister Abée, der ihn lange kannte, hat mich versichert, daß er im Verkehr mit ihm nur die strengste Beobachtung aller Formen in verbindlichster und artigster Weise gefunden habe. Auch die Formen des Hofes waren Fremden gegenüber stets ungemein entgegenkommend, und der Kurfürst nahm es nicht übel, wenn man auch selbst auf diese Formen hielt.

So war ich einmal in Kassel, als der Kurfürst in Wilhelmshöhe residirte. Am Morgen war ich zur Audienz hinausgefahren und der Hotelkutscher, der mich fuhr, hielt am äußersten Eingange eines Schloß= flügels, von wo aus ich durch lange Gänge geführt wurde. Dies war mir aufgefallen, und als ich an demselben Tage nachmittags zum Diner hinausfuhr, sagte ich dem Kutscher, daß er vor dem Haupteingang und auf der Rampe vorfahren solle. Der Mensch war hoch erschrocken und betheuerte, daß er das nicht dürfe, da alle Wagen außerhalb hielten. Ich erklärte ihm jedoch, daß er auf meine Verantwortung auf die Rampe fahren solle, und daß, wenn er es nicht thue, mein auf dem Bocke sitzender Diener ihm die Zügel aus der Hand nehmen werde. Mit Zittern und Zagen fuhr der Kutscher dann wirklich durch die große Allee auf der innern Rampe vor und erwartete mich auch dort wieder nach dem Ende des Diners. Obwol der Kurfürst wol unzweifelhaft diesen Vorgang erfahren hatte, war er nicht nur bei der Tafel von außer= ordentlicher Liebenswürdigkeit, sondern sendete mir auch am nächsten Morgen durch den Minister Abée seinen Wilhelmsorden, ohne daß eine directe Veranlassung zu einer Decorirung vorlag, sodaß ich dieselbe nur als eine ganz persönliche Auszeichnung betrachten

konnte. Auch hat er mir stets, noch in Wien und
Prag, ein ganz besonders liebenswürdiges Wohlwollen
bewiesen.

Sein Grundcharakterzug war eine strenge Pflicht-
treue, freilich im rein absolutistischen Sinne, denn
alles constitutionelle Wesen war ihm unverständlich
und verhaßt, weil er in demselben das Princip der
Unordnung und Zersetzung erblickte. Er war ein ungemein scharfer Jurist und hielt sich auch bei Haar-
spaltereien in Rechtsfragen auf, er wollte alles selbst
machen, und dadurch stockte oft die Regierungsmaschine,
sodaß die Minister in peinliche Verlegenheit geriethen;
aber unzweifelhaft, wie alle Personen seiner Umgebung
mich versicherten, war er ein durchaus ehrlicher, offener
Mann, der kein Falsch und keine Heuchelei kannte.
Seine hohe Meinung von den dienstlichen Pflichten
ließ ihn oft hart erscheinen, auch hielt er starr und
eigensinnig an einmal gefaßten Entschlüssen fest, weil
es ihn eine strenge Geistesarbeit kostete, dieselben zu
fassen; ebenso hielt er aber auch an guten Meinungen
über Personen fest und ertrug von solchen, an deren
Treue und Ergebenheit er glaubte, entschiedenen Widerspruch. Wol verstand er seine Zeit nicht, und so ist
die Zeit über ihn hingegangen; aber manches harte
Urtheil über ihn, das vielleicht in die Geschichte über-

gehen wird, hat er nicht verdient. Ebenso erging es seiner Gemahlin, der Fürstin Hanau, — vieles, was in seiner Familie vorgegangen ist, geschah ohne seine und der Fürstin Schuld und wider ihren Willen. Wäre die Fürstin ebenbürtig gewesen und hätte sie nicht von vornherein gegen die Abneigung der fürstlichen Verwandten und der Hofkreise zu kämpfen gehabt, so hätten sich sowol die Verhältnisse als das Urtheil über dieselben anders gestaltet.

Von der strengen Formalität des Kurfürsten habe ich noch ein kleines, eigenthümliches und fast komisches Beispiel erlebt. Es bestanden in Hessen zwei Orden, der Löwenorden und der Wilhelmsorden, welche etwa wie der Schwarze und Rothe Adlerorden in Preußen zueinander stehen. Der Kurfürst hatte dem Grafen Platen das Großkreuz des Wilhelmsordens verliehen. Der König Georg verweigerte die Erlaubniß zur Annahme desselben, da er für seinen Minister den ersten hessischen Orden, den Löwenorden, beanspruchte, und ich hatte den Auftrag, diese etwas peinliche und delicate Angelegenheit zur Sprache und in Ordnung zu bringen. Der Minister Abée sagte mir, daß der Kurfürst die Sache sehr genau erwogen habe, und da er gesehen, daß Graf Platen nur den Rothen Adlerorden von Preußen und den Leopoldsorden von Oesterreich besitze, so habe er ihm auch nur seinen zweiten Orden geben können. Graf Platen war besonders aigrirt gewesen, daß Herr von Beust vom Kurfürsten den Löwenorden erhalten, und auf meine Bemerkung hierüber theilte mir der Minister Abée mit, daß der Kurfürst bei der Verleihung an Herrn von Beust berücksichtigt habe, daß dieser den preußischen Schwarzen Adlerorden und den österreichischen Stephansorden besitze. Obwol nun der Kurfürst gegen den König Georg stets eine große, an Deferenz grenzende Rücksicht bewies, obgleich Graf Platen persona grata bei ihm war und obgleich der Minister Abée sich alle mögliche Mühe gab, so blieb die Sache dennoch wie sie war. Graf Platen erhielt vom Kurfürsten den Löwenorden nicht und vom Könige nicht die Erlaubniß, den Wilhelmsorden anzunehmen. Erst als der Kurfürst 1867 von Prag aus einen Besuch in Hietzing machte, schickte er vor der Tafel, bei welcher er dem Grafen Platen begegnen mußte, diesem die Insignien des Löwenordens.

Solche besondere Ordensschwierigkeiten kamen übrigens öfter vor und zwar wegen der eigenthümlichen Verhältnisse, welche der König in dieser Beziehung aufrecht hielt. In Hannover bestanden bis 1865 nur zwei Orden: der Sanct-Georgsorden und der Guelphenorden. Den erstern verlieh der König nur an Souveräne, an Prinzen aus souveränen Häusern und an Feldherren nach großen gewonnenen Schlachten. In Hannover selbst besaß ihn niemand, der Feldmarschall Radetzky hatte ihn nach der Schlacht von Novara erhalten, und sogar dem Prinzen Friedrich Karl von Preußen sendete ihn der König erst nach dessen Siegen in Schleswig-Holstein. Da nun also die fremden Minister, auch die der ersten Großmächte, ebenso wie auch die höchsten Würdenträger in Hannover selbst immer nur den zweiten hannoverischen Orden, den Guelphenorden, erhielten, so nahmen besonders die Großmächte Anstand, den hannoverischen Ministern ihre ersten Orden zu geben. Graf Platen besaß daher nur jene zweiten Orden von Oesterreich und Preußen und von Rußland sogar nur den Weißen Adlerorden, was ihm besonders Herrn von Beust gegenüber stets sehr empfindlich war.

Es wurde übrigens in jener Zeit ein Verhältniß gegenseitiger Verständigung mit Kurhessen angeknüpft, das sich in der schleswig-holsteinischen Angelegenheit fruchtbar erwies und ohne das Zusammenwirken verhängnißvoller Umstände vielleicht sogar die Krisis von 1866 hätte beschwören können.

Inzwischen entwickelte sich im Innern die vielbesprochene Katechismusfrage zu einer ernsten und folgenschweren Krisis.

Die Geistlichkeit der streng orthodoxen Richtung hatte nämlich schon lange nach der Beseitigung des im ganzen Königreiche benutzten Katechismus aus der rationalistischen Periode gestrebt. Die Sache war dem Könige vorgelegt und derselbe hatte die Beseitigung jenes Katechismus genehmigt. Es wäre dies nun sehr einfach zu machen und ohne alle Aufregung vielleicht fast unbemerkt auszuführen gewesen, wenn man die Anordnung getroffen hätte, daß einfach der Katechismus Luther's dem Religionsunterricht zum Grunde zu legen sei, und daß es dem Geistlichen überlassen bleiben solle, die weitern Erklärungen dazu zu geben. In der That geschah auch nichts weiter, denn der nach langen Berathungen der dazu niedergesetzten Commission an die Stelle des alten tretende Katechismus war lediglich der reine sogenannte kleine Katechismus Luther's. Statt aber die Maßregel durch einfache Anweisungen an die Superintendenten auszuführen, wurde der König veranlaßt, eine besondere Allerhöchste Verordnung zu erlassen, wodurch die Sache großes Aufsehen erregte, und man beging die Ungeschicklichkeit, das nunmehr dem Religionsunterrichte zum Grunde zu legende Buch den neuen Katechismus zu nennen.

Diese Verordnung erregte zuerst tiefe Misstimmung in den conservativen und kirchlichen Kreisen, da namentlich die ländliche Bevölkerung glaubte, daß ihr mit dem neuen Katechismus ein neuer Glaube gegeben werden solle, wozu noch der Umstand beitrug, daß in dem neuen Katechismus, freilich nach Luther's eigener Festsetzung, an den betreffenden Stellen auch die Kreuzeszeichen angegeben waren. Bald bemächtigte sich die Opposition der durch das ganze Volk verbreiteten Bewegung, — ein gewisser Pastor Baurschmidt in Lüchow erhob Protest, und es fanden überall Versammlungen statt, welche sich diesem Protest anschlossen und Petitionen an den König um Zurücknahme des neuen Katechismus unterzeichneten.

Mir entging diese Bewegung nicht und ich schrieb dem Könige, der sich in Goslar befand, um die Cur des Naturarztes Lampe zu gebrauchen, wiederholt, daß nach dem Urtheil, welches ich aus der Presse über die öffentliche Meinung gewonnen habe, die Aufregung eine sehr ernste sei und um so mehr Beachtung verdiene, als sie aus conservativen und kirchlich-gläubigen Kreisen der Bevölkerung hervorgehe. Ich verhehlte meine Ueberzeugung nicht, daß die Verordnung so schnell als möglich zurückgezogen werden müsse, um der Opposition eine Handhabe zu gefährlicher Wirk-

samkeit zu nehmen. Ich war in dieser Auffassung
ganz einig mit dem Generalpolizeidirector Wermuth,
der sich nach den Berichten der Polizei ebenfalls
keiner Täuschung über die tief durch das ganze Volk
gehende Aufregung hingab.

Graf Borries war wieder im Bade Soden. Er
war im hohen Grade verstimmt dorthin abgereist,
denn er hatte die Folgen der Einführung des neuen
Katechismus klar vorhergesehen und vergeblich ver=
sucht, als Minister des Innern in dieser Sache wegen
deren Folgen für die öffentliche Ruhe und Ordnung
gehört zu werden, da die Geistlichkeit die Angelegen=
heit bei dem Könige als eine rein kirchliche Frage dar
stellte und außerdem versicherte, daß die Beseitigung
des alten rationalistischen Katechismus von den Ge=
meinden auf das lebhafteste ersehnt werde.

Infolge meiner Berichte kam der König Anfang
August schon am frühen Morgen nach Hannover und
hielt zur Berathung über die Katechismusfrage eine
tags vorher telegraphisch zusammenberufene Conferenz,
zu welcher zahlreiche Mitglieder der höhern Geistlich=
keit, der Präsident des Consistoriums von Hannover,
Wirkliche Geheimrath Bergmann, und der General=
polizeidirector Wermuth versammelt waren. Ich be=
fand mich, als der bei weitem Jüngste in dieser

Conferenz, in der wenig angenehmen Lage, zuerst zu votiren, wie es mir bei solchen Gelegenheiten stets widerfuhr, und sprach bestimmt und ohne Rückhalt meine Ueberzeugung aus, daß der neue Katechismus zurückgenommen und vor allem der Name und die Autorität des Königs aus dieser das ganze Volk so tief erregenden Frage entfernt werden müsse. Aber ich blieb mit dieser Ansicht absolut allein, auch der Generalpolizeidirector, mit welchem ich noch am Tage vorher vollständig übereingestimmt, plaidirte für die unbedingte Durchführung der einmal erlassenen Verordnung. Er sagte mir nachher zu meinem Erstaunen, daß er bei dem Empfange des Königs am Bahnhofe sich von dessen Neigung zum Festhalten an der beschlossenen Maßregel überzeugt und nicht Zeit gehabt habe, mich davon zu benachrichtigen.

Der König konnte so vielen Stimmen gegenüber, unter denen ich allein eine abweichende Meinung geäußert, nicht wol anders als das Festhalten an der Verordnung beschließen. Indeß verkannte er den Ernst der Sache nicht und befahl, daß in Hannover sogleich eine permanente Commission zur fortdauernden Beobachtung der Bewegung im Volke zusammentreten solle, zu welcher der Staatsminister Bacmeister, der als Landdrost in Aurich zugleich Präsident des ost-

friesischen Consistoriums war, der Consistorialpräsident
Bergmann, der Abt Ehrenfeuchter aus Göttingen, die
Consistorialräthe Niemann und Uhlhorn und ich be=
stimmt wurden.

Diese Commission trat indeß nur einmal zusammen,
denn schon in den nächsten Tagen brachen infolge einer
im Thaliasaal zu Hannover abgehaltenen Volksver=
sammlung ernste Straßenunruhen aus, die Woh=
nungen der Consistorialräthe wurden angegriffen und
das Militär mußte mit scharfer Waffe einschreiten.

Ich fuhr sogleich zum Könige nach Goslar, um
ihm über diese Sachlage, welche meiner früher ge=
äußerten Meinung nur zu sehr recht gab, Bericht zu
erstatten. Ein eigenthümlicher Vorfall sollte mir einen
neuen Beweis liefern, wie sehr ich darin recht ge=
habt, daß die Bewegung gegen den neuen Katechis=
mus gerade aus den conservativen Kreisen hervor
gegangen sei.

Als ich morgens zum Könige kam, fand ich im
Vorzimmer den alten Leibkammerdiener Mahlmann,
einen treu ergebenen Mann, der keinen Augenblick
gezögert haben würde, für seinen erhabenen Herrn
sein Leben hinzugeben. Kaum erblickte mich derselbe,
als er mir entgegeneilte und rief: „Gott sei Dank,
daß Sie kommen, Herr Assessor, machen Sie um

Gottes willen, daß Seine Majestät diesen entsetzlichen Katechismus wieder zurücknimmt." Ich suchte ihn zu beruhigen, er aber fuhr immer eifriger fort, Liederverse aus dem alten Katechismus zu citiren, und erklärte mit hohen Betheuerungen, daß seine Kinder niemals eine Schule besuchen würden, in welcher der neue Katechismus eingeführt sei, denn in dem Glauben, in dem er selig zu werden hoffe, sollten auch sie leben und sterben.

In diesem Augenblick klingelte der König, und als ich ihm gemeldet und bei ihm eingetreten war, erzählte ich ihm nach dem Bericht über die Vorgänge in Hannover, was ich eben im Vorzimmer gehört. Der König rief sogleich den alten Mahlmann herein und dieser erklärte schluchzend, daß, wenn Seine Majestät ihn sogleich auf das Schaffot schicken würden, dennoch seine Kinder niemals den neuen Katechismus in die Hand nehmen sollten, denn ihr ewiges Seelenheil sei ihm mehr werth als alles und als sein Leben.

„Eure Majestät werden nun nicht mehr zweifeln", sagte ich, als Mahlmann sich entfernt, „daß diese Bewegung nicht von der Opposition künstlich gemacht ist und daß selbst die Macht der Bajonnete dem Volke den neuen Katechismus nicht aufdringen kann."

Der König wurde sehr ernst und berief sogleich die ganze Commission aus Hannover nach Goslar, wo nun eine Reihe sehr eingehender, schwieriger und ermüdender Berathungen begann. Die Geistlichen waren durch die Vorgänge in Hannover und ihre theilweise persönliche Bedrohung durch das aufgeregte Volk sehr erschüttert, sie sprachen nicht mehr für die Durchführung der Verordnung, — aber sie wollten Modificationen und halbe Maßregeln, welche alles auf das äußerste verdorben haben würden. Mit feiner und scharfer Ironie sagte Bacmeister, er sei mit der Absicht gekommen, die Durchführung der Verordnung anzurathen, da es ihm auf das höchste widerstrebe, eine Regierungsmaßregel vor einer Straßenrevolte zurückzuziehen, jetzt aber überzeuge er sich, daß der König auch unter den Männern, welche die hauptsächlichsten Urheber des neuen Katechismus gewesen, keine Werkzeuge zur Durchführung desselben finden werde. Dann aber müsse in großer und königlicher Weise der falsche Schritt zurückgethan werden, und der König müsse, da er einmal in die Sache gemischt sei, erklären, daß er dem Gewissen seines Volkes keinerlei Zwang anthun wolle.

Nach langen Tergiversationen wurde denn auch eine königliche Proclamation in diesem Sinne beschlossen und den Geistlichen nur die Concession gemacht, daß die Einführung des neuen Katechismus da erlaubt sein solle, wo die Gemeinden selbst ihn wünschten, was sich eigentlich von selbst verstand, da, wie schon bemerkt, dieser so viel Unruhe erregende neue Katechismus nichts weiter war als die Zusammenstellung der Hauptstücke Luther's mit dessen kurzen Erläuterungen.

So peinlich und ermüdend diese Verhandlungen auch waren, so bot jene Zeit in Goslar doch auch ungemein komische und erheiternde Momente.

Die Residenz des Hofes in Goslar war an sich schon eine außergewöhnliche. Ein dortiger Schuster, Namens Lampe, hatte ein Naturheilverfahren angeblich aus alten Büchern und Handschriften entdeckt, welches in Einreibungen und im innern Gebrauche von ausgepreßten Säften der Harzkräuter bestand, deren Zusammensetzung Lampe selbst nach einem nur ihm bekannten System besorgte und jedem Krankheitsfall anpaßte. Er war mehrfach wegen Medicinalpfuscherei bestraft, dabei aber war in den Verhandlungen jedesmal der vortreffliche Erfolg seiner Curen constatirt, und als endlich hochstehende Personen, sogar die Großfürstin Konstantin von Rußland, die Schwester der Königin, außerordentlich günstige Wirkungen von seinen Mitteln empfanden, wünschte die Königin selbst, dieselben zu gebrauchen. Der König gab Lampe durch eine besondere Cabinetsordre die Erlaubniß, ärztliche Behandlungen nach seiner Methode vorzunehmen, verlieh ihm den Titel Curdirector und begab sich mit der königlichen Familie selbst nach Goslar, wo er das alte, schön am Berge gelegene frankenberger Kloster bewohnte und auch selbst die Lampe'sche Cur gebrauchte, was um so merkwürdiger war, als er sonst sich von seinem Leibarzt, Dr. Weber, einem strengen Jünger Hahnemann's, nur homöopathisch behandeln ließ. Da nun auch in einem Falle von Zuckerkrankheit die Lampe'sche Methode Heilung gebracht haben sollte, so strömten ihm die Fremden von allen Seiten zu, und die Stadt Goslar glich damals einem vielbesuchten Badeort.

Lampe war das eigenthümlichste Original, das man finden konnte. Er war ein langer hagerer Mann, über 60 Jahre alt, mit verwitterten Gesichtszügen und listig beobachtenden, scharfblickenden Augen. Er hatte die besondere Vorliebe, einen polnischen Schnurrock zu tragen, wie sie im Anfang des Jahrhunderts vorzugsweise unter den Studenten beliebt waren, und der König, der sich über seine originellen Einfälle und seine derben, aber stets treffenden Bemerkungen ungemein amusirte, hatte bestimmt, daß dieser Rock

Lampe's Uniform sein und daß er am Hofe stets in
demselben erscheinen solle. Die Königin hatte ihm
eine schöne Equipage mit zwei prächtigen Schimmeln
geschenkt, und so erschien er denn täglich im franken=
berger Kloster, um sich nach dem Befinden der höchsten
Herrschaften zu erkundigen und seine Mixtur für den
nächsten Tag zu brauen. Die übrigen Patienten ge=
nossen indeß die Auszeichnung seines Besuches nicht,
sie mußten an jedem Morgen und bei jedem Wetter
in dem besonders angelegten Curgarten erscheinen.
Hier saß Lampe in einer kleinen Bude und seine Pa=
tienten mußten einzeln bei derselben vorbeidefiliren.
Er prüfte ihren Zustand nur mit dem Blick, niemand
durfte ein Wort mit ihm sprechen, klagen oder fragen.
Dagegen aber mußte jeder die Wirkung seiner meist
drastisch durchschlagenden Mittel numerisch durch die
Zahl der stillschweigend emporgehobenen Finger be=
zeichnen, wobei die geballte Faust die Ziffer Null be=
deutete, und danach componirte Lampe die Mixtur für
den nächsten Tag, welche dann einem jeden versiegelt
ins Haus geschickt wurde. Da die Diät streng und
einfach war, viel Bewegung zu den Vorschriften der
Cur gehörte und die Säfte der frischen Bergkräuter
äußerst blutreinigend wirkten, so empfand jeder
mindestens momentane Besserung, und der Ruf des

Naturarztes sowie der Fremdenzufluß nach Goslar nahm stetig zu. Lampe übte eine despotische Gewalt aus, er wies jedem seine Wohnung an, und wer sich dieser Anweisung nicht fügte, der wurde von seiner Behandlung rücksichtslos ausgeschlossen, wodurch er dann auch zum Selbstherrscher der goslarschen Bürgerschaft wurde, denn wer ihm unbotmäßig war, der erhielt keine Curgäste zugewiesen und mußte auf die reiche Einnahme, welche dieselben brachten, verzichten.

Seine Verordnungen, für jede einzelne Person und jeden Krankheitsfall verschieden, waren oft sehr merkwürdig. So fand ich eines Morgens den Professor Pernice, der zu jener Zeit durch die Lampe'sche Behandlung Befreiung von seiner lästigen Corpulenz suchte, in seinem Zimmer auf Einem Beine stehend, während er das braune Kräuterdecoct trank. Lampe hatte ihm diese eigenthümliche gymnastische Uebung verordnet, der so lebenslustige Professor stand pünktlich und gewissenhaft täglich eine Stunde auf Einem Beine und freute sich, daß die Waage ihm an jedem Morgen ein bis zwei Loth Abnahme seines beträchtlichen Gewichts zeigte, ein Erfolg, der dann freilich nach seiner Rückkehr nach Göttingen schnell wieder verschwand.

Die Umgebung des Königs, Graf Alfred Wedel

führte den Hofhalt, brauchte ebenfalls die Cur, mit
Ausnahme des Geheimen Cabinetsraths, der trocken
bemerkte, wenn er medicinisch gemishandelt werden
solle, so wolle er, daß dies wenigstens nach den Regeln
der Facultät geschehe. Da nun die Kräutertränke
sehr drastisch und oft überraschend und unabweislich
wirkten, so war bei den Spaziergängen eine schnelle
Entfernung in die dichtern Gebüsche des Waldes oft
unvermeidlich, und wenn der König jemand aus seiner
Begleitung anredete, der momentan die Einsamkeit
hatte aufsuchen müssen, so erfolgte die Antwort, daß
der Betreffende in Lampe's Dienst abwesend sei, was
dann unter allgemeiner Heiterkeit jede weitere Nach=
frage abschnitt.

In diese ganz eigenthümlichen Verhältnisse hinein
fielen nun die Conferenzen über die Katechismusfrage.
Die Berathungen begannen ziemlich früh morgens,
dann fand Diner auf dem frankenberger Kloster statt
und nach Tisch unternahm der König seine gewohnten,
sehr weit ausgedehnten Spaziergänge, zu denen die
ganze Conferenzgesellschaft mit eingeladen wurde, um
den Kaffee oft an sehr weit und hoch gelegenen Punkten
einzunehmen. Der König kannte keine Schwierigkeiten
des Weges und keine Unbilden der Witterung, und
die ehrwürdigen Herren mußten zuweilen stundenlang

über Schiefergeröll und in strömendem Regen die Wälder durchstreifen. Abends fanden wir uns dann alle im Gasthofe Zur Kaiserworth, einem alterthümlichen Bau, zusammen, um bei einem Glase Punsch zu plaudern, wobei auf eine unerklärliche Weise und zur Verzweiflung des Wirthes stets ein Exemplar des neuen Katechismus, mit humoristischen und oft nicht sehr rücksichtsvollen Glossen auf dem Titelblatt, sich auf dem Tische vorfand. Der „Kladderadatsch" beschäftigte sich eingehend mit der Conferenz in Goslar, und als die königliche Proclamation über die Aufhebung des Katechismus publicirt war, brachte er ein Bild, welches einen eilig davonlaufenden Herrn im Schlafrock, mit der Pfeife im Munde, darstellte, der den Katechismus in der Hand hielt, darunter die Unterschrift: „Der neue Katechismus in Hannover soll nur da noch gebraucht werden, wo man Bedürfniß und Neigung dazu empfindet." Der König, überhaupt dem Humor sehr zugänglich, amusirte sich über dieses Bild ganz ungemein, und nur einmal habe ich ihn noch herzlicher über einen Scherz des „Kladderadatsch" lachen sehen. Als nämlich der Mast des österreichischen Schiffes „Schwarzenberg" bei Wangeroge angetrieben und vom Könige gekauft war, erzählte das Berliner Witzblatt, dieser Mast werde in Hannover aufgerichtet und an demselben die so viel besprochene Welfenhose als Flagge aufgezogen werden. Es mag hier beiläufig bemerkt werden, daß diese in Einbeck aufgefundene mittelalterliche und verwitterte Hose eines alten Welfenherzogs ganz einfach in das welfische Familienmuseum aufgenommen war, wie in Berlin zum Beispiel Erinnerungsstücke an die Vorfahren des preußischen Hauses ihren Platz im Hohenzollern-Museum in Monbijou finden, zu dessen Gründung übrigens dem Geheimen Hofrath Schneider das Welfenmuseum in Hannover die erste Idee gab.

Als nun die Zurückziehung des Katechismus beschlossen und die vom Könige zu erlassende Proclamation durchberathen und insbesondere auch von den Geistlichen gebilligt war, auf deren Wünsche der König besondere Rücksicht nahm, obgleich sie gerade in der Behandlung dieser Sache sich vielleicht am wenigsten Ansprüche auf solche Rücksicht erworben hatten, rief der König die Minister nach Goslar, um ihnen das Resultat der Conferenzen mitzutheilen und die Publication zu veranlassen. Graf Platen war von Hannover abwesend, Graf Borries, eben von Soden zurückgekehrt, ließ sich entschuldigen. Der eigentliche Grund seines Nichterscheinens war aber die tiefe und wol auch berechtigte Verstimmung über die Behandlung dieser ganzen Angelegenheit. Er hatte den übeln Verlauf derselben vorhergesagt, war aber nicht gehört worden und wollte nun auch mit der ganzen Sache nichts zu thun haben.

Bei der in Gegenwart der Minister stattfindenden Schlußberathung ereignete sich der eigenthümliche Zwischenfall, daß der Justizminister von Bar, welcher nach dem einige Zeit vorher erfolgten Tode des Herrn von Bothmer auch als Cultusminister fungirte, noch einmal ganz entschieden die Beibehaltung des einmal gegebenen neuen Katechismus empfahl. Als ihm der König erwiderte, daß ja die Geistlichen selbst wegen des vorhandenen Misverständnisses und des zu befürchtenden Gewissenszwanges die Durchführung der getroffenen Maßregel nicht für möglich hielten, bemerkte Herr von Bar ganz ruhig: die Sache sei einmal befohlen und müßte folgerichtig aufrecht erhalten werden, — die Leute müßten das Buch behalten — „glauben können sie ja doch, was sie wollen". Natürlich folgte dieser Aeußerung tiefes Entsetzen der geistlichen Herren, der König aber erinnerte sich derselben später noch oft mit stets erneuter Heiterkeit.

So schien denn diese so peinliche und bis zu Straßenkämpfen aufgeregte Frage zu allseitiger Befriedigung gelöst, die Conferenz ging auseinander und ich kehrte nach Hannover zurück, um die Organe der Regierungspresse zur Aufklärung der öffentlichen Meinung über die Beschlüsse von Goslar zu instruiren, ohne noch die bedeutungsvollere Krisis zu ahnen, welche sich aus dieser Katechismusangelegenheit entwickeln sollte.

Der König hatte, schon verstimmt über das Ausbleiben des Grafen Borries bei den Schlußberathungen, demselben den bestimmten Befehl gesendet, sogleich in Goslar zu erscheinen. Graf Borries verweigerte dies, und so sehr sein Unmuth auch in der Nichtbeachtung seiner frühern Warnungen begründet sein mochte, so war er doch bei der Weigerung, dem Rufe des Königs zu folgen, entschieden im formellen Unrecht, mochte er nun, der Geschäftslast müde, sich zurückziehen wollen, wie er sagte, oder, wie man vielfach meinte und wie es bei seinem Charakter nicht ausgeschlossen schien, an seine Unentbehrlichkeit glauben und, auf dieselbe gestützt, einen allein maßgebenden und alle ihm mißliebigen Personen ausschließenden Einfluß erzwingen wollen. Wäre das letztere der Fall gewesen, so hatte er den Charakter Georg's V. nicht richtig geschätzt: der König beantwortete die Weigerung des Ministers, dem Befehl gemäß nach Goslar zu kommen, mit der umgehenden Entlassung.

In Hannover war davon noch nichts bekannt; ich war erst seit 24 Stunden zurückgekehrt und hatte niemand gesehen, als ich ein Telegramm des Königs erhielt, das mich sogleich wieder nach Goslar berief. Ich kam abends 11 Uhr dort an und fand im Hotel den Befehl vor, augenblicklich nach meiner Ankunft, zu welcher Stunde es sein möge, zu Sr. Majestät zu kommen. Ich traf, aufs höchste gespannt, den König, bei welchem ich etwa um Mitternacht gemeldet wurde, in seinem Zimmer bereits im Schlafrock und in großer Erregung.

Er empfing mich mit den Worten: „Ich habe den Grafen Borries entlassen, er wollte den Richelieu spielen, er hat sich in mir verrechnet."

Ich war tief erschüttert bei dieser Mittheilung, die ich trotz der frühern Verstimmung des Königs nicht erwartet hatte, denn die ganze innere Verwaltung des Königreichs war so mit der Person des Ministers verwachsen, die Majorität der Zweiten Kammer war auf seinen Namen gewählt und so absolut seiner Leitung zu folgen gewöhnt, daß jedenfalls fürs erste eine große Verwirrung entstehen mußte.

Der König wollte den Generalpolizeidirector Wermuth, welcher kurz vorher, der lästigen Polizeigeschäfte müde, zum Landdrosten in Hildesheim ernannt war, sogleich an die Stelle des Grafen Borries berufen, da er großes Vertrauen in dessen Geschäftskenntniß setzte und ihn auch für besonders geschickt hielt, mit der Majorität der Kammer zu verkehren. In letzterer Beziehung täuschte sich der König wol ganz entschieden, denn Wermuth konnte sich weder an Festigkeit des Charakters noch an Schlagfertigkeit entfernt mit dem Grafen Borries messen; er hätte keine Partei im Lande für sich gehabt und vor allem wäre seine Ernennung ein verletzender Schlag gegen den ganzen Adel gewesen, was er selbst auch vollkommen wußte und weshalb er auch wol niemals oder nur mit äußerstem Widerstreben das Portefeuille des Innern angenommen haben würde.

Ich machte den König auf dies alles aufmerksam, sagte ihm auch, daß Graf Platen, nach meiner Ueberzeugung, niemals zusammen mit Wermuth im Ministerium bleiben würde, und daß der Graf, auf dessen Ergebenheit er sich unter allen Umständen verlassen könnte, doch jedenfalls den Kern des neuen Cabinets bilden müsse. Es sei daher gewiß geboten, schnelle Entschlüsse in einer so hochwichtigen Frage zurückzuhalten und vor allem mit dem Grafen Platen zu conferiren.

Besonders lag dem Könige auch daran, daß die

öffentliche Meinung, und vorzugsweise im Auslande, die Entlassung des Grafen Borries nicht als eine Abwendung von den durch jenen vertretenen conservativen Principien ansehen möge, und noch in der Nacht dictirte er mir selbst den Gedankengang einer Darlegung der Gründe, welche ihn zur Entlassung seines Ministers bewogen, und welche nach seinem besondern Wunsche außer in der inländischen Presse zunächst in der "Kreuzzeitung" veröffentlicht werden sollte, da er auf die Meinung der preußischen conservativen Kreise besondern Werth legte.

Als ich am andern Tage nach Hannover zurückkehrte, war der König viel ruhiger und entschlossen, mit dem Grafen Platen die neuen Verhältnisse nach eingehender Erwägung zu gestalten, da mit Sicherheit vorauszusetzen war, daß auch der Graf Kielmansegge und der Herr von Bar, welche in ihrer ganzen politischen Stellung mit dem Grafen Borries eng verbunden waren, ihre Portefeuilles niederlegen würden — was denn auch geschah —, sodaß man sich vor der völligen Neubildung des Ministeriums befand.

Ich hatte nun die wenig angenehme Aufgabe, durch den Mechanismus der Regierungspresse die Entlassung des Grafen Borries zu erläutern, wobei dieser, wenn auch mit aller möglichen Schonung und

Rücksicht, doch dem Könige gegenüber ins Unrecht ge=
setzt werden mußte. Graf Borries fand sich übrigens
nicht leicht in seinen Fall; ich sprach ihn noch einmal,
er war tief verstimmt und betonte sein sachliches Recht
in der Katechismusfrage, das formelle Unrecht, das
in seinem Ungehorsam gegen den Befehl des Königs
lag, schien er nicht anzuerkennen und auch diese
Wendung wol nicht ganz erwartet zu haben, durch
welche ihm auch die Dotation entging, welche er in=
folge seiner Erhebung in den Grafenstand nach dem
Rechte der Erstgeburt früher oder später wol erhalten
haben würde. Für ihn freilich wäre gerade diese Rück=
sicht gewiß niemals bestimmend gewesen, denn eigen=
süchtige materielle Interessen lagen ihm völlig fern.

VII.

Ministerielles Interregnum. — Verschiedene Gründe für ein
Ministerium von liberalen Namen. — Schwierigkeiten in der
Auffindung der Personen. — Gründe dafür in der Ausbildungsweise der hannoverischen Beamten. — Das Ministerium
Platen-Hammerstein-Windthorst. — Charakteristik der neuen
Minister. — Eigenthümliche Stellung derselben. — Vermittelnde Stellung Windthorst's. — Organisation der Preßangelegenheiten. — Generalpolizeidirector von Engelbrechten. —
General von Hedemann.

———

Das Interregnum nach der Entlassung des Grafen
Borries, welcher auch, wie vorauszusehen war, die
Dimission des Herrn von Bar und des Grafen Kielmansegge folgte, dauerte lange und die Neubildung
des Ministeriums vollzog sich unter großen Schwierigkeiten und Zögerungen. Der König, welcher ohnehin
geneigt war, wichtige Entschlüsse hinauszuschieben, nicht
aus Scheu, sondern aus dem Wunsche, das pro et

contra auf das gründlichste zu erwägen, konnte sich lange weder über die Personen noch über die politische Richtung, der man sich bei der Wahl zuwenden müsse, völlig klar werden. Da einmal der Graf Borries entlassen war, so schien die politische Klugheit allerdings, wie Graf Platen auch hervorhob, zu gebieten, Männer in die Regierung zu berufen, die geeignet sein möchten, die scharfe Spannung und tief gereizte Erbitterung in dem politischen Parteileben zu mildern und für die großdeutsche Politik, welche die Regierung in Deutschland und am Bunde befolgen wollte, auch die Unterstützung solcher Elemente wieder zurückzugewinnen, die aus persönlicher Abneigung gegen den Grafen Borries und sein scharfes Polizeisystem zum Nationalverein gedrängt waren, der, wie schon früher bemerkt, in Hannover mehr Anhänger wegen seiner innern Opposition als wegen seines deutschen Programms besaß. Die Regierung von Hannover mußte ganz besonders auch in Deutschland streng conservative Politik machen, und es schien deshalb wol angezeigt, dem Ministerium durch die neu in dasselbe aufzunehmenden Namen eine liberale Färbung zu geben. Es ist nach meiner Ueberzeugung für die Monarchen eine ganz entschieden festzuhaltende Regel, deren Befolgung, außer in wirklichen

Revolutionszeiten, stets von gutem Erfolge begleitet ist, daß conservative Maßregeln durch Minister von liberalen Namen ausgeführt werden, während umgekehrt liberale Maßregeln in die Hände von conservativen Personen gelegt werden müssen. Im ersten Falle wird die große Menge, welche zwar niemals liberal ist, aber immer mehr oder weniger der liberalen Führung folgt, weil es für jede Mittelmäßigkeit so leicht ist, in der negativen Kritik geistreich zu erscheinen, der nothwendigen conservativen Politik gewonnen werden. Im andern Falle aber werden die als nothwendig erkannten fortschreitenden Reformen, von innerlich conservativen Männern ausgeführt, niemals auf die abschüssige Bahn führen, auf welcher dann nur durch scharfe Maßregeln und durch eine wirkliche Reaction halt geboten werden kann.

Außerdem wurde dem Könige ein Grund angeführt, welcher dem Grafen Platen von dem Staatsrath Zimmermann soufflirt war und welchen ich in keiner Weise als richtig anerkennen konnte. Zimmermann stellte nämlich den Satz auf, daß Hannover in seinem Regierungssystem immer im Gegensatz zu Preußen stehen müsse. Wenn in Preußen liberale Minister am Ruder wären, so müsse man in Hannover streng conservativ regieren, und sobald in Preußen eine Reaction beginne, so sei es nothwendig, in Hannover der Regierung eine liberale Färbung zu geben. Auf diese Weise würde man bei dem bestehenden und häufig in einzelnen Fällen scharf hervortretenden Antagonismus stets wenigstens die Sympathie einer Partei in Preußen haben und in der Lage sein, der dortigen Regierung in ihrem Vorgehen gegen Hannover durch Verbündete in ihrem eigenen Lande Schwierigkeiten zu bereiten. Da nun inzwischen die preußische Regierung durch die Ernennung des Herrn von Bismarck zum Ministerpräsidenten den Weg einer conservativen Reaction betreten habe, so müsse jetzt in Hannover ein Ministerium von liberaler Färbung ernannt werden. Diese Auffassung schien mir so überfein zugespitzt, daß ich nicht im Stande war, sie mir anzueignen.

Die Gefahr, welche für Hannover in der Nachbarschaft des mächtigen, auf Grund seiner Geschichte naturgemäß vorwärts strebenden preußischen Staates lag, der noch dazu in unnatürliche Grenzen eingeengt war, konnte ja keinem klaren politischen Blicke entgehen; aber jenes fein ausgeklügelte Balancirspiel konnte diese Gefahr wahrlich nicht abwenden oder vermindern. Es gab, ihr zu begegnen, nur zwei Wege. Entweder Hannover begab sich vollständig in militärischer und wirthschaftlicher Beziehung unter Preußens Führung, und

dies war für die Dynastie und die selbständige innere
Landesverwaltung der sicherste Weg, den auch der
König Ernst August zu verfolgen geneigt gewesen.
Wenn aber, wie der König Georg in seinem monar=
chischen Selbstgefühl es wollte, die volle souve=
räne Freiheit und Selbständigkeit auf dem Boden
des Bundesrechts erhalten und gestärkt werden sollte,
dann mußte vor allem das Bundesrecht und das Bundes=
leben für das deutsche Volk und dessen nationale Macht
und Wohlfahrt fruchtbar gemacht, es mußte in der
früher angedeuteten Weise eine militärische neben den
deutschen Großmächten stehende Organisation zum
Schutze des Bundesrechts geschaffen werden. Niemals
mußte sich Hannover in Fragen, welche das noth=
wendige Interesse der Selbsterhaltung Preußens oder
die nationale Verkehrsentwickelung betrafen, als Hin=
derniß fühlbar machen und einen Gegensatz auch da
schaffen, wo er nicht unerläßlich geboten war. Vor
allem mußten die althistorischen Traditionen der preu=
ßisch=hannoverischen Allianz und Waffenbrüderschaft
in allen großen politischen Fragen gepflegt und ganz
besonders die persönlichen Beziehungen zwischen beiden
Höfen den nahen verwandtschaftlichen Banden gemäß
erhalten und immer inniger gestaltet werden, denn in
solchem Falle hätte, selbst bei noch so scharfen Diffe=

renzen in einzelnen Rechtsfragen, niemals von einer
Annexion die Rede sein können.

Ich gab mir bei jeder Gelegenheit die größte Mühe
für die Anknüpfung solcher persönlichen Beziehungen, und
Graf Platen theilte in dieser Beziehung meine Ansicht.
Aber diese Bemühungen scheiterten wol vorzüglich an
dem Widerstande der Königin, welche in ihrer tiefen
Abneigung gegen alle großartige, ihrem einfach häus=
lichen Sinn widersprechende Repräsentation alle Be=
rührungen mit fremden Höfen scheute und sogar den
Verkehr mit dem Herzoge von Braunschweig nicht in
der Art pflegte, wie es doch so sehr im Interesse des
hannoverischen Hauses gelegen hätte. So kam unter
anderm auch der später verstorbene Großfürst=Thron=
folger von Rußland, noch bevor er nach Dänemark
ging, über Hannover und ließ der Königin — der
König war in Norderney —, welche sich im Saupark
zu Springe, ganz in der Nähe von Hannover, befand,
seinen Besuch melden. Derselbe wurde wegen der
Abwesenheit Sr. Majestät abgelehnt, dagegen dem
Großfürsten ein Diner im Residenzschlosse in Hanno=
ver offerirt, worauf dieser natürlich ohne abzu=
steigen durch Hannover fuhr. Bei den stets sehr
freundlichen persönlichen und verwandtschaftlichen Be=
ziehungen, die zwischen dem Kaiser Alexander und dem

Könige Georg bestanden, und bei dem Einfluß, den die Großfürstin Konstantin, die Schwester der Königin, damals am russischen Hofe ausübte, lag es nicht außerhalb der Wahrscheinlichkeit, daß bei einer Begegnung des Großfürsten mit der Königin und den Prinzessinnen sich eine für das Welfenhaus hoch bedeutungsvolle Verbindung hätte knüpfen können. Ebenso berichtete Herr von Knesebeck aus München wiederholt, daß der junge König Ludwig II. ihm bei jeder Gelegenheit den lebhaften Wunsch ausspräche, den Kronprinzen von Hannover kennen zu lernen. Eine Reise des Kronprinzen nach München wäre unter diesen Umständen wol um so natürlicher und gebotener gewesen, als derselbe auch den übrigen Höfen, insbesondere dem preußischen, sich hatte vorstellen sollen. Aber auch dies war, trotz mehrfacher Anregungen des Grafen Platen, nicht zu erreichen, und die Königin zeigte bei allen derartigen Versuchen eine sehr ungnädige Verstimmung.

Wenn nun auch die verschiedenartigen Gründe, welche dafür angeführt wurden, den König, obwol immerhin etwas widerstrebend, bestimmten, sich der Heranziehung von Namen liberalerer Färbung in das Ministerium zuzuneigen, so blieb die Wahl immer noch sehr schwer, denn die Zahl von regierungsfähigen Männern war in Hannover verhältnißmäßig recht gering. Es lag dies an der eigenthümlichen Beamtenerziehung, und ich unterließ auch niemals, dies dem Könige, wenn er sich in Verlegenheit um Personen befand, darzulegen. Während in Preußen die jungen Verwaltungsbeamten ihre Schule als Referendarien und Assessoren bei den Provinzialregierungen durchmachen, wo sie gewöhnt werden, die Verwaltung von weitern und höhern Gesichtspunkten aus anzusehen, und also die Befähigung zu den höhern und höchsten Verwaltungsposten erwerben, traten in Hannover die jungen Auditoren bei den kleinen und mit den niedrigsten Verwaltungsangelegenheiten beschäftigten Aemtern ein, blieben dort lange, oft ihre ganze Carrière hindurch, und wenn sie dann in höhere Stellungen traten, so besaßen sie zwar eine große und routinirte Tüchtigkeit der praktischen Verwaltung, aber sie brachten immer und immer wieder, wie dies auch dem Grafen Borries ergangen war, den engen Gesichtskreis, in den sie sich durch die erste Ausbildung und lange Praxis eingelebt hatten, mit und konnten sich den weiten, das Ganze umfassenden Blick sowie das freie Verständniß großer politischer Fragen nicht mehr aneignen. Hannover hatte Ueberfluß an ungemein tüchtigen Administratoren, aber ebenso großen Mangel an Staatsmännern.

Nach vielen Berathungen und Zögerungen nahm

der König endlich die von dem Grafen Platen vorgeschlagenen Personen an, und zwar für das Innere den frühern Staatsminister Freiherrn von Hammerstein, für die Justiz Windthorst, für die Finanzen den Oberzollrath Erxleben und für den Cultus den Oberjustizrath Lichtenberg.

Herr von Hammerstein, welcher bereits unter dem Ministerium Schele Minister des Innern gewesen, war ein Mann von leicht empfänglichem Geist und einer reichen, vielseitigen, aber mehr humanistischen als politischen Bildung. Er gehörte einer der vornehmsten und ältesten Familien des Landes an und war in seinem ganzen Wesen eine edel angelegte Natur, nur war er vollständig ohne Willenskraft und charakterfeste Energie; er konnte es selten über sich gewinnen, gegen irgendjemand, und namentlich auch dem Könige gegenüber, eine ganz bestimmte Meinung klar auszusprechen. Dadurch war er stets von den Ansichten anderer abhängig und glich darin einigermaßen dem Grafen Platen, denn wie dieser war auch er unvermögend, selbständige Ideen zu produciren und dieselben kräftig durchzuführen. Weniger seine persönliche Neigung als vielmehr das Bewußtsein seiner eigenen Schwäche und Unselbständigkeit hatten ihn dazu bewogen, nach der liberalen Seite zu neigen, da er auf diese Weise stets durch die am lautesten in der öffentlichen Meinung auftretende Partei gedeckt war. Für die einfache Verwaltung war er geschickt und tüchtig, für eine politische Leitung fehlte ihm die selbständige Klarheit und Kraft.

Der neue Cultusminister Lichtenberg war ein Mann von strenger Rechtlichkeit, vielleicht ein wenig eigensinnig in einmal aufgenommenen Meinungen, wie dies häufig sich bei Personen findet, deren Beruf sie dahin gebracht hat, alle Verhältnisse des Lebens vom streng juristischen Standpunkte aus anzusehen und zu beurtheilen. Er hatte gegen die Verfassungsänderung protestirt mehr aus juristischer Ueberzeugung als aus Gründen des politischen Liberalismus, dem er eigentlich fern stand, dadurch aber hatte sein Name in den liberalen Kreisen einen gefeierten Klang erhalten. Persönlich war er ungemein liebenswürdig, fein und attisch gebildet und gehörte in seiner religiösen Ueberzeugung der strengen christlichen und kirchlichen Richtung an.

Der Finanzminister Erxleben besaß eine unerreichte Tüchtigkeit in allen Finanzfragen, im übrigen war er ein liberaler Bureaukrat. Jeder, der die eigenthümliche Welt der Bureaukratie kennt, wird verstehen, was das jagen will; einem andern würde man sich vergeblich bemühen, es klar zu machen.

Von Windthorst habe ich bereits gesprochen und werde noch Gelegenheit haben, auf ihn zurückzukommen.

Das neue Ministerium wurde endlich am 10. December ernannt und trat vom ersten Augenblick seiner Einführung an sehr großen Schwierigkeiten gegenüber, zu deren Ueberwindung die Personen der Minister nicht die Kraft besaßen.

Das Ministerium wurde von der ganzen liberalen Presse des In= und Auslandes als „neue Aera" begrüßt; man sprach vielleicht absichtlich die Erwartung weitgehender liberaler Reformen aus und die Opposition drängte auf die Aufstellung eines Programms. Auf der andern Seite hatte der König den neuen Ministern ausdrücklich die Fortführung der Regierung nach streng conservativen Grundsätzen zur Bedingung gemacht, er hatte als einzige Regel für ihr Verhalten Versöhnlichkeit und Milde dem innern Parteileben gegenüber und eine großdeutsche Politik nach außen hin aufgestellt; jede Formulirung eines Programms verwarf er entschieden, und zwar mit vollem Rechte, denn ein sogenanntes politisches Ministerprogramm ist für jeden Staatsmann von Geist, Willen und Geschick entweder eine Lüge oder eine unerträgliche Fessel. Das poli=

tische Leben ist so wechselseitig, bietet stets so neue und unerwartete Situationen, es macht, um ein Ziel zu erreichen, so viele Compromisse und Transactionen nöthig, daß es in seinem Drange jedes politische Programm bald in Fetzen reißen muß. Ein Staatsmann, der Großes erreichen will, kann wol ein festes, in seinem Innern lebendes Ziel sich verstecken, aber er wird dieses Ziel meist lange als ein Geheimniß in sich tragen müssen und wird stets der großen Menge gerade dann, wenn er am eifrigsten wirkt und am fruchtbarsten schafft, ein unverstandenes Räthsel bleiben.

Die neue Aera in Preußen trat mit einem hochklingenden Programm hervor und verfiel nach kurzer Zeit in einen jammervoll traurigen Bankrott; der Fürst Bismarck hat niemals ein Programm aufgestellt und — das Deutsche Reich geschaffen.

Der König hielt ferner, wie ich schon früher bemerkt habe, daran fest, daß er selbst sein eigener Ministerpräsident sei, und wollte keine Gesammtverantwortlichkeit des Ministeriums anerkennen; die liberale Presse umgekehrt verlangte von dem neuen Ministerium solidarische Einigkeit und Verantwortlichkeit für alle Ressorts.

Nach des Königs Auffassung und bestimmtem Befehl durfte keine Sitzung des Gesammtministeriums

anders stattfinden als unter seinem Vorsitz. In den
Zusammenkünften, welche die Minister dennoch unter
einander hielten, konnten sie zwar ihre Meinungen
austauschen, aber keine Beschlüsse fassen; dadurch ge
riethen denn gerade die neuen Minister in eine fort=
während Verlegenheit, indem sie gezwungen waren,
die liberalen Parteien, welche sich ihnen als Stütze
anboten und theilweise aufdrängten, zu täuschen und
hinzuhalten.

Graf Platen seinerseits fühlte sich bei diesen Zu=
ständen ganz zufrieden; er war der einzige, welcher
eigentlich das Vertrauen des Königs besaß, und alles,
was seine Collegen erreichen und durchsetzen wollten,
mußte zuvor seine Zustimmung und Genehmigung er
langen, sodaß er weniger durch seine Ueberlegenheit
als durch die Eigenthümlichkeit der Situation wenn
auch nicht dem Namen, so doch der Sache nach, der
ausschließlich leitende Ministerpräsident war und ungefähr die Stellung der frühern Cabinetsminister einnahm.

Herr von Hammerstein, welcher die meiste Fühlung
mit den liberalen Parteien hatte, trug die Last dieser
Verlegenheiten am schwersten, und, seiner weichen un
selbständigen Natur entsprechend, suchte er durch halbe
Maßregeln und Hinhalten die Schwierigkeiten seiner
Stellung zu umgehen.

Auch dem neuen Cultusminister erwuchsen manche peinliche Schwierigkeiten, zumeist durch die Ungeschicklichkeit der orthodoxen Geistlichkeit, welche trotz der königlichen Verordnung den neuen Katechismus gegen den Widerspruch der Gemeinden einzuführen suchte und dadurch die kirchliche Bewegung noch fortwährend im Fluß hielt.

Der Finanzminister Exleben beschränkte sich meist auf die Arbeiten seines Ressorts, welche ihm um so mehr zu schaffen machten, als es damals galt, dem von Preußen abgeschlossenen französischen Handelsvertrag, welchen auch er als schädlich und nachtheilig für Hannover erachtete, entgegenzutreten.

Der Minister Windthorst, welcher zwar auch zu den liberalen Elementen des Ministeriums gerechnet wurde, der aber bei der Opposition selbst kein rechtes Vertrauen hatte, da sie wohl fühlen mochte, daß er seiner ganzen innern Natur nach eigentlich der entschieden conservativen Richtung angehörte, hätte durch seine zweifellose Ueberlegenheit eigentlich die Leitung der Regierung übernehmen müssen. Er strebte auch wol danach, in dem völlig gerechtfertigten, ja sogar gebotenen Ehrgeiz eines Mannes von außerordentlichem Geist und starkem Willen, und es wäre ihm auch ohne Zweifel gelungen, diese Führung zu erreichen, wenn er den König richtiger beurtheilt und es verstanden hätte, dessen rückhaltsloses Vertrauen zu gewinnen. Dies wäre indeß nur durch eine völlig freie Offenheit möglich gewesen, und meiner Ueberzeugung nach schätzte Windthorst den König insofern zu gering, als er glaubte, ihn ohne völlig klare und freie Darlegung seiner letzten Ziele zu Entschlüssen zu bewegen. Der König war ganz außerordentlich feinfühlend für jeden Rückhalt, den er in einer ihm vorgetragenen Ansicht merkte, und in solchem Falle hielt er stets mit seinem Entschlusse zurück oder zögerte in der Ausführung desselben, wenn er in der Ueberraschung des Augenblicks wirklich zu einer Entscheidung sich hatte hinreißen lassen.

Ich erinnere mich, daß der König zu jener Zeit einmal sagte: „Wenn Windthorst mein Minister ist, so kommt es mir vor, als ob ich mich auf einem Schiffe befände, an dessen Mast meine Flagge weht und das den Curs hält, den ich fahren will; ich lege mich einen Augenblick nieder und schlafe ein, und wenn ich nachher wieder auf das Verdeck komme, so sehe ich eine fremde Flagge und das Schiff fährt einen andern Curs."

Es muß diese Aeußerung in der zu großen Vorsicht Windthorst's seinen Grund gehabt haben, denn er war in der That dem Könige treu ergeben, wie er es ja auch in der spätern Zeit im Unglück bewiesen hat, und seine Gesinnung verdiente in der That ein solches Urtheil nicht. Wäre es mir möglich gewesen, dieses so zarte Verhältniß Windthorst gegenüber zu berühren, so hätte ich ihm vielleicht in seiner Stellung nicht unerheblich nützlich sein können. Graf Platen that kaum etwas, um den König von einer solchen Auffassung abzubringen, denn gerade dessen Mistrauen gegen die übrigen Minister bildete ja die Grundlage seiner dominirenden Stellung. Windthorst machte die Vermittelung zwischen dem Grafen Platen und den übrigen Ministern, welche mit jenem wenig Berührungspunkte hatten und auch nicht im Stande waren, ihm irgendwie zu imponiren, Graf Platen brachte dann wieder die Sachen an den König, wobei natürlich der Geschäftsgang, soweit er nicht gerade die innern Angelegenheiten der einzelnen Ressorts betraf, sehr erheblich erschwert wurde.

Der Kriegsminister, General der Infanterie von Brandis, und der Hausminister, Oberhofmarschall von Malortie, welcher zugleich Mitglied des Staatsministeriums war, kümmerten sich wenig um die allgemeine Politik und blieben daher auch dem innern Geschäftsleben des Gesammtministeriums ziemlich fern, obwol der General von Brandis, als der nach dem Patent älteste Staatsminister, den Vorsitz in demselben hatte und die technische Geschäftsleitung führte.

Der General von Brandis, damals schon fast siebzig Jahre alt, war ein origineller Typus der alten hannoverischen Militärs. Er hatte in seiner Jugend die Feldzüge unter dem Herzog von Wellington in Spanien mitgemacht und war ein tapferer und ritterlicher Soldat gewesen. Trotz seines Alters besaß er eine unerschöpflich frische Lebenskraft, er liebte die Tafel und hohes Spiel und verstand es, in der liebenswürdigsten und elegantesten Weise viel Geld auszugeben, sodaß er sich nicht selten in Verlegenheiten befand, in welchen ihm der König stets bereitwillig zu Hülfe kam. Er hatte einen feinen und scharfen Verstand, einen klaren Blick und namentlich eine treffende Beurtheilung der Persönlichkeiten, und hätte, da er Thatkraft und Entschluß besaß und die Furcht nicht kannte, wol auch eine bedeutendere und ohne Zweifel nützliche politische Rolle spielen können, wenn er dazu Zeit und Lust gehabt hätte.

Noch vor der Ernennung des neuen Ministeriums war das Ressort der Preßangelegenheiten endlich nach meinem auf erfahrungsmäßige Ueberzeugung gestützten Wunsche geordnet worden. Die Leitung der Regierungspresse war auf Befehl des Königs dem Gesammtministerium unterstellt worden.

Ich war meiner Stellung bei der Landdrostei enthoben und als Referent dem Gesammtministerium beigegeben in der Weise, daß jeder der einzelnen Minister über die Angelegenheiten seines Ressorts die Instructionen für die Behandlung der betreffenden Fragen in der Presse zu ertheilen hatte, während den Beschlüssen des Gesammtministeriums gemäß die allgemeinen politischen Fragen behandelt wurden.

Ich hatte ein von den übrigen Kanzleien völlig gesondertes Bureau errichtet, zu welchem ich aus den verschiedenen Ministerien tüchtige junge Kanzleibeamte heranzog. In der Wahl der literarischen Kräfte, welche ich zur regelmäßigen und bureaumäßigen Thätigkeit anstellte, suchte ich mich möglichst vollständig von dem Kreise der eigentlichen Zeitungsliteraten freizumachen und namentlich die Mitwirkung junger Beamten heranzuziehen, da es meiner Ueberzeugung nach ein großer Fehler der Regierungen ist, daß sie für die Leitung der Presse nicht ihre eigenen Kräfte verwenden, auf die sie sich völlig verlassen können, die an juristischer und staatswissenschaftlicher Bildung alle Literaten vom Fach so weit überragen und die sich die publicistische Gewandtheit mit Leichtigkeit anzueignen vermögen.

Es wurde in meinem Bureau täglich während der
Vormittagsstunden ein nach Materien geordneter poli=
tischer Tagesbericht angefertigt, welcher in kurzen Aus=
zügen alles Bemerkenswerthe aus den morgens ein=
laufenden Zeitungen enthielt und bereits mittags an
den König und die sämmtlichen Minister in metallo=
graphirten Abdrücken abgegeben wurde, sodaß dieselben
täglich eine genaue Uebersicht aller Mittheilungen und
Urtheile der Presse zur Hand hatten und danach einen
eingehendern Vortrag verlangen oder ihre Instructio=
nen ertheilen konnten. Das Netz der auswärtigen
Correspondenten wurde erweitert und über jede auf=
tauchende Frage denselben sofort Instruction ertheilt.
Ebenso wurde die Verbindung mit den inländischen
Provinzialblättern fester geknüpft, auch wurden einzelne
Blätter, die bisher ausschließlich nur Publicationen und
Anzeigen enthielten, zu politischer Bedeutung empor=
gehoben, wobei dann die Druckarbeiten der verschiede=
nen Provinzialbehörden den Besitzern der Blätter über
tragen wurden. Auch wurde für die Presse aus den
sogenannten Feuerkassengeldern des Ministeriums des
Innern ein festes Jahresbudget angewiesen, welches
freilich sehr gering war und welches sich nach meinem
Plane allmählich immer mehr und mehr verkleinern
sollte, indem ich dahin strebte, die sämmtlichen Druck=

arbeiten der Regierung nur von dem Gesammtministerium anweisen und an die Zeitungsbesitzer je nach den Diensten, die sie der Regierung leisteten, vertheilen zu lassen, natürlich unter denselben Bedingungen, unter denen dieselben auch bisher vergeben waren, sodaß also ohne jeden Nachtheil der Staatskasse der Preßleitung ein bedeutender finanzieller Einfluß zu Gebote gestanden haben würde. Die Ausführung war indeß nicht leicht, denn die gesammte Bureaukratie stemmte sich gegen dieselbe. Trotz einer bestimmten Anweisung des Gesammtministeriums verzögerten sich die Aufstellungen der Etats für die Druckarbeiten in den verschiedenen Bureaux immer mehr und mehr, es mußte endlich ein eigener Rechnungsbeamter ernannt werden, welcher Vollmacht erhielt, sich überall die Etats für sämmtliche Druckarbeiten vorlegen zu lassen und aus denselben einen Gesammtetat anzufertigen. Der Widerstand in den einzelnen Bureaux war indeß so groß, die Zähigkeit in den einzelnen Verzögerungen so schwer zu überwinden, daß die Aufstellung selbst bei der Katastrophe von 1866 noch nicht ganz vollendet war.

Da nun der König sein eigener Ministerpräsident sein wollte und sich die Leitung des Gesammtministeriums selbst vorbehielt, so wurde mir der persönliche Vortrag bei demselben übertragen, wodurch meine

Stellung zu ihm, welche bisher eine rein außerdienstliche Vertrauenssache war, einen officiellen Boden erhielt. Dies war mir natürlich sehr angenehm, erregte aber auch viel Misgunst und Neid und brachte auch viele Schwierigkeiten mit sich. Ich. hatte die Pflicht, dem Könige alle Fragen, welche in der Presse auftauchten, alle Angriffe gegen die Regierung und gegen seine Person, und mochten sie die heftigsten und verletzendsten sein, vorzutragen, und er ertheilte dann wiederum seine Befehle zur Behandlung derselben. Diese Anregungen, welche dann oft zu ernsten Erwägungen mit den Ministern führten, waren den letztern häufig auch nicht angenehm, obgleich ich gewissenhaft daran festhielt, niemals irgendetwas aus dem Gebiete der öffentlichen Meinung zur Kenntniß des Königs zu bringen, ohne zugleich dem betreffenden Ressortminister davon Mittheilung zu machen.

Der König, welcher vollkommen erkannte, daß die Regierungspresse nur dann Nutzen stiften könne, wenn ihr Leiter vollständig in allen Fragen über die innern Gedanken und Absichten der Regierung eingeweiht sei, befahl dann auch sehr häufig meine Gegenwart bei Conferenzen mit den einzelnen Ministern und bei Conseilsitzungen, und auch dies erregte wol häufig Misfallen, zudem da auch namentlich die Oppositionspresse stets geneigt war, irgendeinem geheimen Einfluß das Ausbleiben der von ihr erwarteten liberalen Maß= regeln zuzuschreiben. Ich ging indeß unbeirrt meinen Weg und suchte, soviel es ging und soviel die Mini= ster mir selbst dazu die Möglichkeit boten, alle Schwie= rigkeiten aus dem Wege zu räumen.

An die Stelle des Generalpolizeidirectors Wer= muth war der bisherige Amtmann von Engelbrechten getreten, ein Mann, der sich vielleicht zu allem in der Welt besser eignete als zum Polizeipräsidenten. Er war eine weiche, für die öffentliche Meinung und Po= pularität sehr empfängliche Natur und dabei so schwer= hörig, daß es fast unmöglich war, sich ohne lautes Sprechen ihm verständlich zu machen. Da er, wie auch der berliner Polizeipräsident, ebenfalls den per= sönlichen Vortrag beim Könige hatte, so war ihm meine Stellung, wie ich mehrfach bemerken konnte, besonders unangenehm, namentlich da es zuweilen vorgekommen war, daß der König ihn nach Vorgängen gefragt hatte, über welche er von mir aus Aeußerungen der Presse Kenntniß erhalten. Ich glaubte, vielleicht mit Unrecht, stets einen kleinen Krieg zu bemerken, den ich meiner= seits nicht erwiderte und dessen Angriffe auch stets in sich selbst zusammenfielen.

Das neue Ministerium trat trotz aller Schwierig=

keiten seine Stellung dennoch unter günstigen Auspi=
cien an und hätte ungemein nützlich und fruchtbar
wirken können, wenn sich nicht bald ein gegenseitig
verstecktes Spiel unter seinen Mitgliedern entwickelt
hätte, das jede eigentliche Wirksamkeit lähmte, und für
welches später eigenthümliche Beweise, auf die ich
zurückkommen werde, an den Tag traten. Ich schrieb
zur Einleitung seiner Wirksamkeit eine Broschüre:
„Nec aspera terrent", welche dann als ein Quasi=
Programm verbreitet wurde.

Mein Verhältniß zu dem Grafen Platen und
ebenso zu dem Minister Windthorst blieb indeß stets
das beste, und auch mit den übrigen Mitgliedern des
Ministeriums stand ich, äußerlich wenigstens, auf an=
genehmem Fuße, fand auch bei ihnen in allen für die
Presse zu treffenden Maßregeln, welche freilich stets,
bevor ich sie vorschlug, die Billigung des Königs er=
halten hatten, bereitwilligste Unterstützung. In einem
Punkte nur stieß ich auf einen wunderbaren und mir
heute noch unerklärlichen Widerstand.

Ich hatte nämlich lange schon die Ueberzeugung ge=
wonnen, daß alle polizeilichen Maßregeln gegen die Presse
erfolglos seien und nur dazu beitrügen, der Opposition
einen erhöhten Reiz zu verleihen. Es bestanden da=
mals noch in Hannover die alten bundesgesetzlichen

Bestimmungen über die Presse mit ihren Verwarnungen und Concessionsentziehungen, und ich drang darauf, daß ein neues Preßgesetz erlassen werde, welches die Presse von jeden Polizeimaßregeln befreien und lediglich den richterlichen Entscheidungen unterstellen solle.

Ich hatte dem Könige diese Ansicht entwickelt und auch bei ihm Billigung derselben gefunden. Infolge dessen hatte ich einen vollständigen Preßgesetzentwurf ausgearbeitet und dem Minister von Hammerstein übergeben, welcher sich auch lebhaft für die Sache zu interessiren schien und eine schnelle Durchberathung des Entwurfs versprach. Trotz mehrfach wiederholter Erinnerungen jedoch blieb mein Entwurf als schätzbares Material in den Bureaux des Ministeriums des Innern stecken.

Da gerade die polizeilichen Maßregelungen Gegenstand lebhafter Beschwerden und Angriffe der Oppositionspresse waren, so hätte sich das Ministerium durch die Vorlage eines solchen Gesetzentwurfs den Beifall aller liberalen Parteien gesichert und wenigstens eine von den Reformen zur Ausführung gebracht, die man von ihm erwartete. Worin nun der passive Widerstand gegen die Ausführung der von mir dringend angeregten und befürworteten Maßregeln gelegen haben mag, habe ich nie erfahren und bin auch heute noch

im Unklaren darüber. Möglich ist es, daß der General=
polizeidirector dagegen gearbeitet, da er durch den Er=
laß des von mir proponirten Gesetzes jeden Einfluß
auf die Presse verloren hätte; möglich auch, daß Herr
von Hammerstein seinen liberalen Freunden gegenüber,
welche sämmtlich meine Feinde waren, die Initiative
einer solchen Reform der Preßgesetzgebung gerade mir
nicht zugestehen wollte. Thatsache ist, daß mein Ent=
wurf niemals das Ministerium des Innern verließ
und niemals zum Vortrag im Gesammtministerium
gelangte.

In jene Zeit fiel auch die traurige Angelegenheit
des Hofmarschalls und Generals von Hedemann, welcher
sich als Verwalter der Chatoullekasse des Königs und
der Königin grobe Veruntreuungen, Unterschlagungen
und selbst Fälschungen hatte zu Schulden kommen
lassen. Man hatte Herrn von Hedemann, dessen Ge=
mahlin eine Tochter des preußischen Ministers Eich=
horn war, stets für einen reichen Mann gehalten: er
hatte sich jedoch durch hohes Spiel ruinirt und war
auf diese Weise in den Abgrund gefallen, aus dem er
sich nicht mehr emporraffen konnte. Als die Sache
zu Tage gekommen war, hatte der General, welcher
zunächst, da man noch die ganze Größe der von ihm
verübten strafbaren Handlungen nicht übersehen konnte,

in seinem Hause in Haft gehalten wurde, mehrfach Gelegenheit zu entfliehen; er benutzte dieselbe jedoch nicht und wurde, nachdem er einen vergeblichen Versuch gemacht hatte, sich zu ertränken, in schärfere Haft gebracht. Da boshafte Gerüchte in dieser Angelegenheit sogar den Namen der Königin anzutasten wagten, so befahl der König eine rücksichtslos strenge Untersuchung, welche mit Cassirung und Verurtheilung des Generals zu langjährigem Zuchthaus endete.

Auf die ganze hannoverische Gesellschaft machte diese Angelegenheit den peinlichsten Eindruck, — mich erfüllte sie mit besonders tiefer Trauer und schmerzlichen Ahnungen.

Es ist eine eigenthümliche, von der Geschichte bestätigte Thatsache, daß großen Katastrophen, welche die Throne und Dynastien betreffen, standalöse Geschichten in den höchsten Kreisen vorausgehen, welche den Nimbus zerstören, der dieselben umgibt, und von ihren Feinden auf das gehässigste ausgebeutet werden. Die Halsbandgeschichte der Königin Marie Antoinette und manche andere Vorgänge aus der Regierungszeit Ludwig's XVI. bieten solche Beispiele, und wenn auch die höchsten Herrschaften an dergleichen beklagenswerthen Ereignissen meist ebenso unschuldig sind wie die Königin Marie Antoinette an der Halsbandgeschichte und die königliche Familie von Hannover an den Unterschlagungen des Generals von Hedemann, so scheint es doch, als ob bei derartigen Gelegenheiten stets der schwarze Schatten künftiger verhängnißvoller Ereignisse sich vorher sichtbar mache.

Ich sprach meine trüben Empfindungen damals gegen niemand aus, aber ich erinnere mich noch heute, daß ich nicht im Stande war, sie zu unterdrücken, und daß sie mich unausgesetzt mit dumpfen und unklaren Besorgnissen erfüllten.

VIII.

Die schleswig-holsteinische Frage. — Stellung des Königs und des Grafen Platen zu dem Londoner Protokoll und der Erbfolge. Scharfe Opposition gegen den Grafen Platen. — Die „Hannoverische Tagespost". — Kleine Intriguen. — Der Frankfurter Fürstentag. Julius Fröbel. — Verstimmung des Königs über das österreichische Vorgehen und die Reformvorschläge. — Der Frankfurter Fürstentag vor und hinter den Coulissen. — Gründung der „Deutschen Nordsee-Zeitung".

Die Wiedereröffnung der schleswig-holsteinischen Frage, welche den Anstoß zu der sich immer verschärfenden Krisis in den deutschen Zuständen gab, wirkte auch lähmend und verwirrend auf die innern hannoverischen Verhältnisse und machte die Fortsetzung der Arbeiten für eine militärische Organisation der Mittelstaaten und Herstellung einer großen deutschen conservativen Parteibildung unmöglich. Schon die ersten Schritte des Deutschen Bundes gegen die königlich dänische Verfügung vom 30. März 1863, welche Schleswig vollständig incorporirte und Holstein aus der bisher festgehaltenen Gemeinsamkeit mit den übrigen Theilen der Monarchie ausschied, erregten große Aufregung bei der innigen Theilnahme, welche in ganz Hannover an den Schicksalen des besonders mit der niedersächsischen Bevölkerung stammverwandten Landes bestand. Als aber durch den Tod des Königs Friedrich VII. die Erbfolgefrage in den Vordergrund trat und die Augustenburgische Agitation inscenirt wurde, da schien plötzlich eine allgemeine Verwirrung die Geister zu ergreifen, und man hätte zuweilen wirklich zweifeln können, ob noch Logik und Rechtsbewußtsein in der Welt zu finden sei. Der Nationalverein und alles, was an ihm hing, schrieb plötzlich die Aufrichtung eines Augustenburgischen Herzogthums auf seine Fahne, ganz im Widerspruch mit seinen sonstigen Principien, nach welchen er so eifrig gegen die deutsche Kleinstaaterei declamirt hatte. Die Augustenburgischen Rathgeber hatten ganz geschickt die deutschen Sympathien für die Herzogthümer zum Nutzen ihrer Sache ausgebeutet und das deutsche Volk leicht dahin geführt, in dem Namen des Herzogs von Augustenburg das sichtbare Symbol und die Formel für die definitive Lostrennung der Herzogthümer von Dänemark zu erblicken. Der Nationalverein, der bei der allgemeinen Gleichgültigkeit des eigentlichen Volks gegen die gothaischen Theorien stets um seiner Popularität willen der lautesten öffentlichen Meinung sich als Organ darbot, ergriff begierig das Augustenburgerthum, um seinen sinkenden Einfluß wieder zu stärken. Auch die sächsische Regierung wurde von dem Taumel mit fortgerissen, und der eben gebildete Großdeutsche Verein begann dem Einflusse seines Schriftführers, des Dr. Bärens, eines Schleswig-Holsteiners, der zu den Augustenburgischen Kreisen in Beziehungen stand, zu folgen, sodaß es nothwendig wurde, die Thätigkeit dieses Vereins einzuschränken und in ihm selbst dem Augustenburgischen Einfluß ein kräftiges Gegengewicht zu halten. Dadurch wurde dann natürlich seine Wirksamkeit für die großdeutsche conservative Parteibildung gelähmt und die Regierung war genötigt, die Bewegung der von ihr selbst geschaffenen Maschinerie zu hemmen.

Der König und Graf Platen standen der ganzen Frage gegenüber auf einem sowol dem Völkerrechte als dem Bundesrechte nach durchaus correcten und unerschütterlich festen Standpunkte.

Hannover war dem Londoner Protokoll von 1852 beigetreten und konnte sich von demselben aus Gründen des Rechts wie der Politik nicht einseitig lossagen. Die hannoverische Regierung mußte an dem Londoner

Protokoll, das ein völkerrechtlich gültiger internationaler Tractat war, unbedingt so lange festhalten, bis entweder die Contrahenten jenes Vertrages selbst über die Stellung der Herzogthümer in neue Verhandlungen eintreten würden (was demnächst auf der Conferenz in London geschah), oder bis der Deutsche Bund eine rechtsgültige Entscheidung treffen würde, die den deutschen Regierungen eine Bundespflicht auflegte, welche die Erfüllung des Londoner Tractats ganz oder theilweise unmöglich machte.

Diesen Grundprincipien blieb die hannoverische Politik während des ganzen Verlaufs der schleswig-holsteinischen Frage treu; Hannover erfüllte auf das gewissenhafteste seine Bundespflichten und überließ Preußen und Oesterreich, als dieselben ihre besondern militärischen Maßregeln begannen, rückhaltslos die Führung, denn nur unter dem Vorgange dieser beiden Großmächte konnte es gelingen, auch Schleswig, an welchem der Deutsche Bund äußerst zweifelhafte Rechte hatte, ganz und für immer von Dänemark loszureißen Ich schrieb eine Broschüre über „Die Politik der hannoverischen Regierung in der deutsch-dänischen Frage", welche überallhin verbreitet wurde und den auswärtigen Correspondenten als Richtschnur für ihre publicistische Thätigkeit diente, aber natürlich von seiten der Augusten burgischen Presse auf das heftigste angegriffen wurde. Am gehässigsten und bittersten in diesen Angriffen zeigte sich die „Hannoverische Tagespost", ein Organ des Nationalvereins, welche besonders hämische Ausfälle gegen den Grafen Platen persönlich fast täglich wiederholte. Graf Platen war darüber auf das höchste erbittert und verlangte mehrfach von dem Minister des Innern die Anwendung polizeilicher Verwarnungen gegen den Eigenthümer der Zeitung, einen gewissen Buchdrucker Göhmann, immer aber wurden diese Maßregeln zurückgehalten unter Hinweis auf die große Unpopularität polizeilichen Eingreifens in die Aeußerungen der öffentlichen Meinung, und ich selbst trug oft dazu bei, den in der That gerechten Unwillen des Grafen Platen zu beruhigen. Ich erwähne dieses an sich unbedeutenden Zwischenfalles, weil später ein eigenthümliches Licht auf denselben fiel. Als nämlich, wie gleich hier eingefügt werden mag, das Ministerium vom 10. December 1862 abtrat, erschien in den ersten Tagen nach dessen Entlassung jener Herr Göhmann bei mir, um mich zu bitten, daß ihm die Subventionen, welche er bisher aus dem Ministerium des Innern erhalten, belassen werden möchten. Auf meine im höchsten Erstaunen weiter an ihn gerichteten Fragen erklärte er dann, daß er stets von dem Ministerium des

Innern Unterstützungen, auch mannichfache Druck=
arbeiten erhalten habe, und daß sein Redacteur stets
für die politischen Artikel von dem Minister von
Hammerstein instruirt worden sei. So war denn die
auswärtige Politik der Regierung und die Person des
Ministers der auswärtigen Angelegenheiten von dem
durch das Ministerium des Innern unterstützten und
instruirten Blatte unausgesetzt angegriffen und ver=
dächtigt worden! Graf Platen war tief empört — ich
hatte die Aussagen des Herrn Göhmann protokollirt —
und er theilte den Vorgang den in Hannover accredi=
tirten deutschen Diplomaten mit; dem Könige konnte
man es aber nach solchen Vorgängen kaum verargen,
wenn sein Mistrauen insbesondere gegen die Bureau=
tratie schwer zu besiegen war.

Welche eigenthümlichen und oft unendlich kleinlichen
Minen in jener Zeit wiederholt gegen den Grafen Platen
und auch besonders gegen mich gelegt wurden, davon
mag auch der folgende, fast komische Vorfall einen Be=
weis geben.

Während die hannoverischen Bundestruppen in
Holstein standen, theilte mir der König eines Morgens
mit, er habe erfahren, daß ein wohlhabender Haus=
besitzer in Hannover die kränkliche Frau eines bei der
Executionsarmee befindlichen Soldaten wegen rück=

ständiger Miethe habe exmittiren lassen. Der König war empört über einen solchen Mangel patriotischer Rücksicht von seiten eines wohlhabenden Mannes; er hatte die Frau bereits unterstützen lassen, wünschte aber, daß eine solche Härte gegen die Frau eines für die deutsche Sache im Felde stehenden Soldaten auch öffentlich bekannt gemacht und gerügt werde. Ich entwarf eine kurze Darstellung des Sachverhalts mit einer scharfen, aber durchaus maßvollen Kritik des Verfahrens jenes Hauswirths, der König billigte den Artikel und ich ließ ihn im „Hannoverischen Tageblatt" abdrucken. Er verfehlte auch seinen Zweck nicht, erregte allgemeinen Unwillen und der Hauswirth beeilte sich, die exmittirte Soldatenfrau unter Entschuldigungen über sein rasches Verfahren wieder aufzunehmen. Nach etwa vierzehn Tagen kam der Redacteur des „Tageblattes" zu mir und erzählte mir, daß die Redaction von zahlreichen Polizeibeamten besetzt worden sei und ein Criminalcommissar eine Haussuchung nach dem Manuscript jenes Artikels gehalten habe. Da dasselbe, welches übrigens nicht von meiner Hand, sondern von einem meiner Kanzlisten geschrieben war, nicht mehr vorhanden gewesen, so habe man ihn vernommen und er habe sich als Verfasser des fraglichen Artikels bekannt. Der Staatsanwalt hatte darauf eine Anklage gegen

ihn erhoben; nach dem hannoverischen Strafgesetz waren
Beleidigungen durch die Presse criminell strafbar, und
jener Hauswirth hatte nach so langer Zeit plötzlich
bei der Staatsanwaltschaft einen Strafantrag gestellt.
Ich empfahl dem Redacteur, einem sehr geschickten und
fleißigen von der Regierung engagirten jungen Manne,
ruhig das Weitere abzuwarten, da der Artikel selbst
keine Beleidigung enthielte und ich für alle Folgen
einstünde, — ich war selbst äußerst gespannt auf die
weitere Entwickelung der Sache, da ich nicht zweifelte,
daß hier irgendeine Intrigue gegen mich vorläge.
Weder der Minister des Innern noch der General=
polizeidirector hatten mir das Geringste von einer
so außergewöhnlichen Maßregel mitgetheilt, wie es
die polizeiliche Besetzung und Durchsuchung einer unter
der Leitung der Regierung stehenden Redaction war.
Bald darauf erhielt ich eine Vorladung, in der gegen
den Redacteur eingeleiteten Anklagesache als Zeuge vor
dem Strafrichter zu erscheinen, und mir wurde die
Frage vorgelegt, ob mir über den Ursprung jenes in=
criminirten Artikels etwas bekannt sei. Diese Frage
war völlig überflüssig, da der Redacteur sich bereits
als Verfasser des Artikels erklärt hatte, — mir aber
wurde nun die ganze so obersein angelegte Intrigue
klar. Ich sollte, unter den Zeugeneid gestellt, mich

selbst als Verfasser des incriminirten Artikels bekennen, dann würde die Anklage gegen mich erhoben sein und man hoffte darauf bei dem Könige geltend machen zu können, daß ich nach einer strafrechtlichen Verurtheilung wegen eines Preßvergehens unmöglich weiter die Leitung der Regierungspresse führen könnte. Ich wendete die Sache indeß in einer für ihre Urheber gewiß unerwarteten Weise. Nach dem hannoverischen Civilstaatsdienergesetz konnten Beamte über solche Dinge, welche dienstlich zu ihrer Kenntniß gekommen, nur dann zur Zeugenaussage angehalten werden, wenn ihre vorgesetzte Behörde ihnen zur Zeugnißablegung die Genehmigung ertheilte. Ich erklärte unter Berufung auf dieses Gesetz dem verwunderten Untersuchungsrichter, dem die Tragweite der ganzen Sache völlig fremd war, daß ich mit allem, was Presse und Zeitungswesen betreffe, nur dienstliche Beziehungen habe und daher jede Antwort auf die mir vorgelegte Frage verweigern müsse, solange mir nicht meine unmittelbar vorgesetzte Behörde, das heißt das Gesammtministerium, zur Beantwortung derselben die Genehmigung ertheilt habe. Nachdem diese Erklärung zu Protokoll genommen, machte ich einen schriftlichen Bericht an das Gesammtministerium und fragte über die Genehmigung zur Zeugenaussage an, ohne irgendetwas Weiteres über den Zusammenhang zu sagen. Dann fuhr ich nach Herrenhausen zum Könige, dem ich die Sache erzählte und der sogleich einen Cabinetsbefehl erließ, daß über meine Anfrage bei der nächsten Sitzung unter seinem Vorsitz entschieden werden solle. An demselben Tage noch sprach ich Windthorst, der mich ganz verwundert fragte, was denn diese hochwichtige Behandlung einer an sich so unbedeutend scheinenden Sache zu sagen habe. Ich theilte ihm den Zusammenhang mit und bemerkte, daß ich, zum Zeugniß gezwungen, aussagen müßte, der König habe mir jenen Artikel dictirt, und daß dann der Kronanwalt in der Lage sein würde, gegen Se. Majestät die Anklage zu erheben. Windthorst war außer sich, er mochte wol die Intrigue ebenso gut durchschauen wie ich. Die weitere Folge war, daß ich nie von der ganzen Sache wieder etwas hörte, — auch der angeklagte Redacteur, der sich doch als Verfasser bekannt, erhielt weder eine weitere Vorladung noch ein Urtheil; meine Anfrage über die Zeugenaussage kam niemals im Gesammtministerium zum Vortrag. Ich habe weder erfahren noch nachgeforscht, von wem jener hämische Streich ausgegangen — jedenfalls war der ganze Apparat der Polizei bei demselben thätig gewesen. Den König belustigte die ganze Sache in hohem Grade, während er zugleich aber auch über die hinterlistige Machination entrüstet war. Mich veranlaßte der Vorgang zu immer größerer Vorsicht und bestimmte mich noch mehr, als ich es bis dahin schon gethan, in jeder Sache für meine Schritte vorher die allerhöchste Approbation mir geben zu lassen, um gegen alle solche heimtückischen Angriffe feste Deckung zu haben.

Ich könnte zahlreiche ähnliche Dinge erzählen, — dieser eine Vorfall aber wird genügen, um die damaligen Zustände im Innern der Regierung zu charakterisiren und von dem kleinen Guerrillakriege einen Begriff zu geben, den ich neben den ernsten und anstrengenden Aufgaben meiner Stellung gegen die Bureaukratie zu führen hatte.

Zu der holsteinischen Erbfolgefrage standen der König und Graf Platen ebenso klar und entschieden wie zu der Verfassungsfrage. Der König sprach es bestimmt aus, daß nach seinem Wunsch und Willen nur der wirklich legitim Berechtigte Herzog von Holstein und eventuell von Schleswig werden solle. Er selbst sei nicht im Stande, die Frage zu entscheiden — der Deutsche Bund allein sei für die Entscheidung über die Erbfolge das einzig competente Forum, und wenn dieser in formell und materiell begründetem Beschluß dem Herzoge von Augustenburg das bessere Recht zuerkenne, so werde der König denselben anerkennen, ob=

wol jener Fürst, der sich von Volksvereinen und regellosen Versammlungen zum Herzog ausrufen ließ, ihm nicht sympathisch war. Vor allem hielt der König daran fest, daß die deutschen Mittelstaaten unablässig bemüht sein sollten, die Einigkeit zwischen Preußen und Oesterreich aufrecht zu erhalten und zu stärken, und daß sie sich der gemeinsamen Politik und Action der beiden deutschen Großmächte unbedingt und überall anschließen müßten. Diese Grundsätze blieben denn auch für die hannoverische Politik, welcher sich der Kurfürst von Hessen, der inzwischen Herrn Abée das Ministerium der auswärtigen Angelegenheiten übertragen hatte, fest anschloß, unbeirrt maßgebend. Diese Politik entsprach nicht nur den Rechtsüberzeugungen des Grafen Platen durchaus, sondern sie bot ihm auch in der Anlehnung an die beiden deutschen Großmächte den festen Halt, dessen er bei seinem schwachen und leicht bewegbaren Charakter so sehr bedurfte. Während seines politischen Lebens hat dieser Minister wol niemals so fest, klar und ohne Schwanken die gerade Linie festgehalten als zu jener Zeit — er war in Berlin und Wien zugleich persona grata und kümmerte sich in dieser sichern Stellung wenig um die immer steigende Verstimmung zwischen Hannover und Sachsen, wo Herr von Beust mit vollen Segeln im Augustenburgischen Fahrwasser fuhr.

Es kann nicht die Aufgabe dieser Aufzeichnungen sein, die holsteinische Frage in allen Phasen ihrer Entwickelung zu verfolgen, welche der allgemein bekannten Geschichte angehören. Nur erfordert es die Wahrheit und Gerechtigkeit, den Grafen Platen gegen den wilden Sturm der zahllosen Angriffe zu vertheidigen, welche damals infolge der Veröffentlichung des englischen Blaubuchs gegen ihn erhoben wurden und welche sogar zu einer Interpellation und zu einem Beschluß in der hannoverischen Kammer führten, der die Regierung aufforderte, sich über jene in den Berichten des englischen Gesandten in Hannover, Sir Howard, enthaltenen Aeußerungen des Grafen Platen zu erklären.

Diese Aeußerungen, abgesehen davon, daß sie aus dem Zusammenhange gerissen waren und daß Sir Howard sie nicht, wie es der diplomatische Brauch mit sich bringt, durch den Grafen Platen hatte verificiren lassen, reducirten sich darauf, daß Graf Platen versichert hatte, Hannover werde sich nicht einseitig vom Londoner Protokoll lossagen und ebenso wenig ohne formell und materiell rechtsgültige Prüfung die Ansprüche des Augustenburgers anerkennen. Von einem Zurückdrängen der holsteinischen Bewegung, wie man es ihm vorwarf, hatte Graf Platen niemals etwas gesagt, konnte dies auch weder nach dem Willen des Königs noch nach seiner eigenen Ueberzeugung. Er liebte den Herzog von Augustenburg gewiß nicht, der holsteinische Adel, zu dem er in nahen Beziehungen stand, hätte vielleicht am Anfange der Bewegung am liebsten den Zustand jener Zeiten zurückgeführt, in denen die Holsteiner in Dänemark herrschten; aber die Rechte der Herzogthümer verleugnen oder unterdrücken zu wollen lag ihm völlig fern. Vielleicht ist es der damaligen hannoverischen Politik und der festen Haltung des Königs und des Grafen Platen zu danken, daß schwere und verhängnißvolle europäische Conflicte vermieden wurden, welche unfehlbar durch eine zu frühzeitige unberechtigte und überstürzte Zerreißung des Londoner Protokolls entstanden wären. Die mäßigende und zurückhaltende Politik Hannovers machte es insbesondere der Königin von England möglich, ihren noch nicht genug bekannten und genug gewürdigten persönlichen Einfluß zur Erhaltung des europäischen Friedens und zur Localisirung der deutsch-dänischen Frage geltend zu machen. Der König kannte diesen Einfluß genau und befahl mir, an officieller Stelle in der „Neuen Hannoverischen Zeitung" einen denselben hoch anerkennenden Artikel zu veröffentlichen, in welchem der Königin von England persönlich der Dank Deutschlands ausgesprochen wurde. Es gab damals, wie nirgends besser als in Hannover bekannt war, in England eine mächtige Partei, deren Druck Regierung und Parlament zu folgen geneigt war, welche bewaffnetes Einschreiten für Dänemark verlangte. Eine solche Eventualität hätte auch Rußland in die Schranken gerufen und die verhängnißvollsten Verwirrungen zu Ungunsten der deutschen Sache herbeigeführt. Die Königin von England hätte ihren zurückhaltenden Einfluß nicht üben können, wenn von deutscher Seite völkerrechtswidrige und vorzeitige Provocationen erfolgt wären. Die große Menge kannte diese Verhältnisse nicht — in Berlin wußte man sie vollkommen zu würdigen. Jedenfalls hat Graf Platen nach bester und aufrichtigster Ueberzeugung und mit dem besten Erfolge damals für das Recht Deutschlands und der Herzogthümer, denen seine Familie durch ihren Besitz angehört, gehandelt.

Eine noch größere, wenn auch nur vorübergehende Verwirrung als die schleswig-holsteinische Frage brachte in die deutschen Angelegenheiten das eigenthümliche meteorartige Phänomen des Frankfurter Fürstentages.

So sonderbar und paradox es klingen mag, so ist es dennoch wahr, daß die eigentliche erste Anregung zu jenem merkwürdigen politischen Unternehmen, welches

19*

auf einige Tage das alte Kaisergespenst in den Römer saal zu Frankfurt am Main heraufbeschwor, der bekannte, so hart politisch verfolgte und lange in Amerika fast verschollene Julius Fröbel gegeben hat. Dieser Mann, voll hochwallender nationaler Begeisterung, mit einem glühend phantastischen Geist voll feurigen edeln Ehrgeizes, ohne selbstsüchtiges Interesse, aber auch ohne jede Spur von Verständniß für praktische Realpolitik, in seinem ganzen Wesen revolutionär angelegt, hatte, wol zuerst durch den Freiherrn Max von Gagern, in Wien sogar den sonst so vorsichtigen und trocken formellen, wenn auch innerlich heißblütigen und österreichisch hochmüthigen Grafen Rechberg für die Idee zu erwärmen gewußt, durch Benutzung der großdeutsch-liberalen Bewegung in Deutschland die Fürsten mit fortzureißen und in plötzlichem kühnen Ansturm für das Haus Habsburg die alte Kaiserhoheit wiederzugewinnen. Der Kaiser Franz Joseph entflammte sich, seiner ganzen, zu plötzlichen Aufwallungen geneigten Natur und den Traditionen seines Hauses gemäß, leicht für diese Idee, und sie wurde wie ein flimmerndes Brillantfeuerwerk in Scene gesetzt.

Schon im Winter vorher hatte Julius Fröbel eine Reise durch Deutschland gemacht, um die Stimmung für die in Wien immer mehr zu maßgebender Bedeutung aufsteigenden Ideen zu sondiren. Er hatte mich auch in Hannover besucht und mir seine Gedanken über eine liberale großdeutsche Bundesreform sowie über die Nothwendigkeit einer schärfern Concentration des deutschen Bundesmechanismus nach der Analogie der alten Kaiserinstitution entwickelt.

Obgleich mir bekannt war, daß Fröbel zu jener Zeit in den leitenden Kreisen Wiens viel gehört wurde, so setzte ich doch nicht voraus, daß diese abenteuerlichen Ideen das sonst so langsame und bedächtige Oesterreich so schnell fortreißen und in so überstürzter Weise in die Erscheinung treten könnten. Es war dies um so weniger anzunehmen, als die Berichte des Herrn von Stockhausen, des hannoverischen Gesandten in Wien, auch nicht den leisesten Wink in dieser Beziehung enthielten, was in diesem Falle freilich um so erklärlicher war, als ja das wiener Cabinet seinen ganzen Plan bis zum letzten Augenblick mit tiefstem Geheimniß umhüllte, und Herr von Stockhausen weder die Fähigkeit noch die Neigung besaß, irgendetwas zu erfahren oder zu berichten, was die officiellen Organe der österreichischen Regierung ihn nicht sehen oder hören lassen wollten.

Ich theilte meine Unterredung mit Fröbel dem Könige und dem Grafen Platen mit — dieselbe wurde indeß nur als ein zwar bedenkliches, aber noch nicht augenblicklich gefährliches Symptom betrachtet.

Das tiefe Geheimniß, mit welchem man den Plan der Bundesreform und des Fürstentages umgab, hatte seinen Grund in der Erkenntniß, die man sich dort freilich nicht mit der nöthigen Klarheit zum Bewußtsein brachte, daß eine solche Reform, wie man sie vorhatte, die Zustimmung Preußens niemals erlangen würde, und daß man sie gegen Preußen nur durch einen Kampf auf Leben und Tod durchzusetzen im Stande sein würde.

Man hatte nun in Wien die freilich etwas naive Idee, den Deutschen Bund durch Ueberrumpelung und durch den imponirenden persönlichen Einfluß des Kaisers für das Project zu gewinnen und vielleicht auf diesem Wege auch Preußen durch die Furcht vor Isolirung mit fortzureißen. Auch dachte man wol ferner daran, im Falle einer dennoch ablehnenden Haltung des berliner Cabinets die übrigen deutschen Fürsten durch die Annahme der wiener Reformvorschläge so fest an Oesterreich zu ketten, daß, wenn es wirklich zum Kampfe kommen sollte, Preußen sich der ganzen geeinigten Militärmacht des übrigen Deutschlands unter österreichischer Führung gegenüberbefinden sollte. Es gelang auch, in einer sonst nicht gewöhnlichen Weise das Geheimniß zu bewahren, und die Einladung zum deutschen Fürstentage trat an den König von Preußen ebenso unerwartet heran als an die sämmtlichen übrigen deutschen Fürsten.

Am 2. August besuchte der Kaiser Franz Joseph den König von Preußen in Gastein. Es fand eine Promenade der beiden Souveräne während einer Illumination des Thales statt, aber erst am nächsten Morgen erschien der Kaiser bei dem Könige und theilte ihm einiges über seine Ideen sowie über die Absicht, einen Fürstentag nach Frankfurt zu berufen, mit, ohne indeß davon zu sprechen, daß die Einladungen an die übrigen Bundesfürsten bereits ergangen seien. Der König sprach seine ernsten Bedenken gegen einen solchen Gedanken aus, der vor allem eine sehr eingehende und ruhige Prüfung zuvor bedürfe — er zeichnete auch sogleich den Inhalt seiner Antwort auf, und derselbe wurde später fast wörtlich in der „Spener'schen Zeitung" vom Jahre 1863, Nr. 201, veröffentlicht, wo dieses merkwürdige historische Actenstück sich befindet, ohne daß das Publikum seine eigentliche Bedeutung begriff.

Dessenungeachtet überreichte unmittelbar nach dem Abschied der beiden Herrscher der Flügeladjutant des Kaisers die völlig fertige Einladung zum Fürstentage, welche der König am nächsten Tage ablehnte.

Am 10. und 11. August war der Kronprinz von Preußen in Gastein — der König verkehrte fast ausschließlich mit seinem Sohne und war ebenso tief verletzt über die eigenthümlich rücksichtslose Haltung, mit welcher ihm eine vollendete Thatsache entgegengestellt worden war, er mochte wol damals schon einen spätern ernsten Conflict voraussetzen. In den äußern Beziehungen zeigte sich indeß noch keine Verstimmung, und man wiegte sich in Wien immer noch in der Idee, daß auch der König von Preußen dennoch in Frankfurt erscheinen werde, denn noch am 15. August erwiderte der König Wilhelm von Salzburg aus den Besuch des Königs Ludwig von Baiern in Leopoldskron und nahm dann den Thee bei der Kaiserin Carolina Augusta, wo auch der König Otto von Griechenland anwesend war, und wo der König Wilhelm sowol der Kaiserin Carolina Augusta als der Erzherzogin Hildegard und dem Erzherzog Victor die freundlichste und liebenswürdigste Aufmerksamkeit erwies.

Der König Georg erhielt die Einladung zum Fürstentage in Norderney, wo sich damals auch der Fürst von Schaumburg-Lippe befand, den er zur gemeinschaftlichen Reise nach Frankfurt einlud. Der König war im hohen Grade bestürzt, und seine Bestürzung wurde von dem Grafen Platen, den er sogleich zu sich rief, vollkommen getheilt. Es unterlag formell keinem Zweifel, daß die ausgegangene Einladung anzunehmen sei, denn wenn der kaiserliche Vertreter der Bundespräsidialmacht die deutschen Fürsten zu einer persönlichen Berathung über eine Reform des Bundes einlud, so erforderte es für die deutschen Fürsten, welche nicht, wie Preußen, zugleich eine europäische Stellung einnahmen, sowol die Bundespflicht als die Höflichkeit, dieser Einladung Folge zu leisten. Aber der König verhehlte sich auch keinen Augenblick, daß diese Berathung, deren Grundlage in einer ebenfalls eigenthümlichen Rücksichtslosigkeit den Fürsten nicht vorher mitgetheilt wurde, unmöglich zu einem Resultat führen könnte, und daß außerdem der Versuch einer Bundesreform ohne Preußens Mitwirkung oder wider Preußens Willen zu den verhängnißvollsten Erschütterungen in Deutschland führen müsse. Er ertheilte denn auch sogleich den Befehl, in der ganzen der Regierung zu Gebote stehenden Presse dem österreichischen Project gegenüber eine äußerst kühle, vorsichtig abwehrende Haltung zu beobachten und auf das entschiedenste jenes von der österreichischen Preßleitung künstlich angefachte Begeisterungsfeuer, welches die Einladung des Kaisers und die österreichischen Reformpläne in das schimmernde Licht einer nationalen Wiedergeburt Deutschlands stellte, mit aller Kraft niederzuhalten.

Als ich etwa vier bis fünf Tage nach der Eröffnung des Fürstentages in Frankfurt ankam, fand ich dieses ganze pomphafte und dennoch für eine kalte und ruhige Beobachtung fast komische Werk schon im vollen Gange, den König aber auch tief entrüstet über die Reformvorschläge, welche man endlich den Fürsten erst unmittelbar vor der Berathung mitgetheilt hatte. Hannover war darin bekanntlich besonders schlecht behandelt und ebenso wie Sachsen und Würtemberg eigentlich zu den Großherzogen herabgedrückt. Der König fand, daß es eine eigenthümliche Zumuthung für ihn sei, sich, um Oesterreich zu gefallen, mit Preußen zu verfeinden und dafür zu einer seinem Stolze und den thatsächlichen Machtverhältnissen Hannovers so wenig entsprechenden Stufe herabzusteigen. Er tröstete sich indeß damit, daß die ganze Angelegenheit in ihrer innern Widersinnigkeit den Keim des Todes in sich trage, und daß es hier nur vor allem darauf ankomme, schnell ein Ende zu machen.

Das Verhältniß des Königs zum Kaiser von Oesterreich war bei dieser Gelegenheit ein ziemlich kühles, wie denn überhaupt der Kaiser vom Anfang an über die wenig begeisterte Aufnahme seines Projects verstimmt war.

Der König verkehrte besonders viel und eingehend

mit dem Kronprinzen von Würtemberg, dem jetzigen König Karl, welcher in Vertretung seines Vaters in Frankfurt erschienen war, und beide hohen Herren waren über die absolute Unausführbarkeit der österreichischen Projecte vollständig einverstanden; dieselbe Ansicht theilte der Kurfürst von Hessen, und fast ohne alle Ausnahme waren sämmtliche Fürsten darüber einig, daß ohne Preußen keine Bundesreform möglich sei, und daß sie die Gefahren einer Durchführung derselben gegen Preußen gerade für dieses Project am allerwenigsten auf sich zu nehmen Veranlassung hätten.

Denn nicht nur nahm Oesterreich in hochmüthigster Weise die kaiserliche Suprematie in Anspruch, sondern es hätte auch die noch zuletzt aufgenommene Aenderung, welche die militärische Unterstützung Deutschlands für Oesterreich in allen Kriegen zur Folge haben sollte, die durch die außerdeutschen österreichischen Besitzungen hervorgerufen werden könnten, alle deutschen Fürsten aus der sichern Ruhe des Bundes herausgerissen und in alle europäischen Kriegsfragen verwickelt. Die Ablehnung der österreichischen Reformvorschläge war daher von vornherein, wie ich glaube, von allen Fürsten, mit Ausnahme vielleicht von Liechtenstein, beschlossen, nur wollte keiner den directen Widerspruch auf sich nehmen, und theils infolge gegenseitiger Verständigung, theils weil dieser Weg sich jedem Blick gar zu natürlich darbot, knüpften denn auch sämmtliche Mitglieder des Fürstentages ihre Zustimmung zu den Reformvorschlägen an die Bedingung, daß Preußen demnächst ebenfalls seinen Beitritt zu den Beschlüssen erklären würde. Da jeder ganz bestimmt wußte, daß dies niemals geschehen werde, so war diese scheinbar ganz harmlose Bedingung einer positiven und absoluten Ablehnung völlig gleich und wurde vom Kaiser Franz Joseph auch als eine solche empfunden.

Aeußerlich bot der Fürstentag das Bild eines so vielfarbigen Glanzes wie selten ein Moment in der Geschichte.

Jeder der deutschen Fürsten hatte ein ziemlich großes Civil- und Militärgefolge, zahlreiche Lakaien, eigene Pferde und Equipagen mitgebracht, und jeder suchte in Glanz und Pracht mit seinen übrigen Bundesgenossen zu wetteifern.

Der König Georg bewohnte den größten Theil des Hotels zum russischen Hof, in welchem außer ihm nur noch der Fürst von Schaumburg-Lippe, welcher den König begleitet hatte, und in den Parterreräumen der Herzog von Braunschweig ihre Residenz aufgeschlagen hatten. Die rothen Leibhusaren des Königs, ein kleines zum allerhöchsten Dienst bestimmtes Corps, ähnlich den

preußischen Kreuzgardisten, stand in vollem Ordonnanz=
anzuge auf den Treppenstufen, die Lakaien in den
scharlachrothen Livreen füllten die Corridors und die
Pferde und Equipagen des Königs waren die glänzend=
sten des Marstalls. Besonderes Aufsehen erregten die
mausegrauen Pferde von der eigenthümlichen hannoveri=
schen Zucht, und sie wetteiferten im Interesse des
Publikums nur mit dem prachtvollen Isabellengespann
des Kurfürsten von Hessen und den außerordentlich
schönen mecklenburger Pferden. Die Küche des Hôtel=
de=Russie stand derjenigen des hannoverischen Hofes
in nichts nach, und überhaupt spielten die Diners in
jenen Tagen eine ganz hervorragende Rolle.

Die Fürsten, welche am ersten Tage sämmtlich beim
Kaiser von Oesterreich zur Tafel vereinigt waren, luden
sich wechselsweise untereinander ein, und vielleicht hat
die Kochkunst nie höhere Triumphe gefeiert und feineres
Raffinement entwickelt als an dieser „Table d'hôte von
Königen", wie sich der schaumburg=lippesche Regierungs=
präsident von Lauer=Münchhofen scherzend ausdrückte.

Den Mittelpunkt dieser culinarischen Beschäftigungen
des Fürstentages bildete das große Diner im Römer,
welches ganz nach dem Muster der alten Kaiserkrö=
nungen abgehalten wurde, wenn man auch freilich den
großen Krönungsochsen nicht auf dem Markte briet

und zur Erinnerung an denselben nur ein „Quartier de boeuf historique" in das Menu eingeschoben hatte.

Als der Kurfürst von Hessen sich von der Tafel erhob, äußerte er in seiner trocken sarkastischen Weise: „Nun, wir haben das Unserige gethan, jetzt kommt die Reihe an unsere Leibärzte."

Der Scherz wurde viel belacht — niemand aber dachte wol daran, daß Deutschland schwerer noch die Folgen des Fürstentages verdauen würde als die hohen Herren das Diner des Römers, und daß der Leibarzt der deutschen Nation schon bereit stand, um mit Blut= und Eisenpillen die kranke Germania in Behandlung zu nehmen und nach schweren Convulsionen zur end= lichen Wiedergenesung zu führen.

Der Kaiser von Oesterreich trug eine Einfachheit zur Schau, welche ein wenig gesucht schien und manche der Fürsten sogar verletzte.

Ganz Frankfurt glich einem durcheinanderwim= melnden, goldschimmernden Ameisenhaufen, und einen noch eigenthümlichern Eindruck machte die Vielgeschäftig= keit der österreichischen Kanzlei.

In der Hast, mit welcher man die Fürsten zur An= nahme der Reformprojecte drängen wollte, kam es eines Tages vor, daß dieselben schon um vier Uhr morgens aus dem Schlafe geweckt wurden, um zu einer Be=

rathung zusammenzutreten, und ihre Stimmung verbesserte sich durch ein derartig überstürzendes Drängen keineswegs.

Als nun endlich die österreichischen Entschlüsse mit der verhängnißvollen Clausel des preußischen Beitritts angenommen waren, verhehlten weder der Kaiser noch die österreichischen Kreise ihre tiefe Verstimmung über dieses negative Resultat.

Das Project war gescheitert und auch die Möglichkeit, Preußen zu isoliren, war ausgeschlossen, da ja jeder der Fürsten nur unter dem Vorbehalte der preußischen Zustimmung an sein Votum gebunden war. Merkwürdig war nur, daß man eine solche Wendung in Wien gar nicht in den Kreis der Berechnung gezogen hatte, und es mußte dieselbe daher um so peinlicher überraschen.

Man hätte damals schon erwarten müssen, daß der Kaiser nun die Frage über die erste Rolle in Deutschland auf die Spitze des Degens stellen würde; es wäre dies die einzig logische Folge des so kläglich gescheiterten Unternehmens gewesen. Im Augenblick überwog indeß wol bei dem Kaiser der Unmuth über die Haltung der deutschen Fürsten, welche man in Wien wie einen Abfall betrachtete, und es begann par dépit eine neue Annäherung an Preußen; indeß war nach meiner Ueberzeugung damals schon der feste Entschluß der endlichen kriegerischen Entscheidung gefaßt, und auch der König von Preußen sowol wie Herr von Bismarck täuschten sich darüber wol gewiß nicht. In Berlin begann die Vorbereitung zu dem Entscheidungskampf, welchem man nicht mehr wie früher aus dem Wege zu gehen entschlossen war.

Einen eigenthümlichen Gegensatz zu dem vielgeschäftigen pomphaften Treiben in Frankfurt bildete die stille Zurückgezogenheit des Königs von Preußen in Baden-Baden, wohin derselbe schon gleich bei Beginn der Berathungen von Gastein aus gegangen war. Schon nach der ersten Sitzung der Fürsten war, wol ganz gegen die Wünsche Oesterreichs, das bonne mine au mauvais jeu machte, der König von Sachsen nach Baden-Baden gesendet, um nochmals eine Collectiveinladung der versammelten Fürsten an den König von Preußen zu überbringen. Der König Wilhelm, damals ein wenig leidend und nervös angegriffen, wies diese Einladung in höflichster, aber bestimmtester Weise zurück und fuhr drei Tage darauf — ein eigenthümliches und charakteristisches Zeichen der Zeit — nach Rastatt hinüber, wo er das pommersche Füsilierregiment Nr. 34 besichtigte, während der Kaiser von Oesterreich, von allen deutschen Fürsten umgeben, in

Frankfurt über Preußen hinweg die alte Kaiserhoheit im Römer wieder aufzurichten strebte.

Wie bei allen solchen Gelegenheiten hatte sich auch in Frankfurt hinter den Coulissen des Fürstentages eine kleine Welt versammelt, welche ebenso geschäftig war wie die regierenden Herren und ihre Cabinete.

Julius Fröbel hatte eine eigene lithographirte Correspondenz errichtet, welche allen Zeitungen die ausführlichsten Berichte über die großen und kleinen Vorgänge des Congresses zusendete, und er entwickelte in fieberhafter Aufregung eine aufreibende Thätigkeit, freilich ohne Zweck und Frucht.

Der bekannte Gregori Ganesco war ebenfalls dort und liebte es, sich in einem blauen Frack mit schwarzem Sammtkragen und goldenen Knöpfen zu zeigen, welcher der kleinen Interimsuniform der Minister glich.

Der bairische Industrielle Baron Kerstorf, der Hauptagitator gegen den französischen Handelsvertrag, zeigte sich mit Vorliebe im Vorzimmer des Grafen Rechberg und gab nicht undeutlich zu verstehen, daß er eigentlich die Idee des ganzen Fürstentages soufflirt habe.

Der Senator Bernus, welcher vom Kaiser zum Freiherrn ernannt war, bewies eine unglaubliche Geschäftigkeit und Allgegenwärtigkeit, um den Fürsten die Honneurs der alten Kaiserstadt zu machen.

Es war mit einem Wort ein Kaleidostop mit unendlich wechselnden, aber vom Zufall ohne Sinn und Plan durcheinandergeschüttelten Bildern.

Auch von fremden Diplomaten wimmelte es in Frankfurt, denn alle Großmächte Europas verfolgten mit dem lebhaftesten Interesse diese plötzlich aufgärende Bewegung in dem sonst so stillen Leben des Deutschen Bundes theils mit Besorgniß, theils mit schadenfroher Zufriedenheit. Die österreichischen auswärtigen Gesandten hatten sich fast sämmtlich um den Kaiser versammelt; von London waren die Grafen Granville und Clarendon anwesend, und merkwürdigerweise wurde gerade von englischer Seite unter dem Schein ganz persönlich ausgesprochener Meinungen für den Anschluß der deutschen Fürsten an Oesterreich gewirkt, während die französische Diplomatie sich absolut zurückhielt. Auf diese so eigenthümlich antipreußische Thätigkeit der englischen Diplomatie werde ich bei den Erinnerungen aus dem Jahre 1866 noch zurückzukommen Gelegenheit haben. Man schien in der englischen Regierung anzunehmen — die verschiedenen wechselnden Ministerien verfolgten in dieser Beziehung völlig einerlei Richtung —, daß Deutschland unter österreichischer Führung niemals die Kraft gewinnen werde, mächtig und maßgebend in den Kreis der europäischen Großmächte einzutreten; darum mochte man danach streben, die deutschen Fürsten zu Oesterreich zu drängen und Preußen zu schwächen. Der König Georg wenigstens faßte die englischen Rathschläge in diesem Sinne auf und wurde dadurch noch mehr in seiner Ueberzeugung bestärkt, daß das Heil und die Rechtssicherheit Deutschlands nur im kräftigen Zusammenhalten der deutschen Mittelmächte beruhe, welche dann in selbständiger Widerstandsfähigkeit alle hegemonistischen Bestrebungen auszuschließen und die beiden deutschen Großmächte zu gemeinsamer nationaler Wirksamkeit zusammenzuführen vermöchten.

Während der Berathungen der Fürsten war auch ein Abgeordnetentag in Frankfurt versammelt, der im sogenannten Saalbau tagte und ziemlich zahlreich besucht war. Es gelang demselben jedoch nicht, die öffentliche Aufmerksamkeit von den Fürsten ab auf sich zu ziehen; ich besuchte ihn einmal, die Tribünen waren wenig besetzt und man hörte im allgemeinen nur die stereotypen Reden, die sich in allen Kammerberichten wiederholten. Herr von Bennigsen hatte den Abgeordnetentag gerade während der Versammlung der Fürsten berufen; die Berechnung war jedoch nicht richtig: die Verhandlungen der Abgeordneten verliefen vom Publikum unbemerkt und wurden selbst in der Presse außerhalb der eigenen Organe des Nationalvereins kaum erwähnt.

Graf Rechberg trat demnächst infolge des Fiascos in Frankfurt ab, und zunächst wenigstens gewann diejenige Partei in Oesterreich die Oberhand, welche den Kaiserstaat nur auf seine eigene Kraft und seine Großmachtstellung zu stützen strebte, denn der Kaiser hatte sich überzeugt, daß der Nimbus der habsburgischen Tradition nicht im Stande sei, die deutschen Fürsten zur Heeresfolge fortzureißen.

Eigenthümlich mußte die Berathung der Fürstenversammlung gewesen sein — wenige der hohen Herren hatten gesprochen und hauptsächlich hatten sich wol der König von Hannover, der König von Sachsen, der Großherzog von Baden und der Kurfürst von Hessen an den staatsrechtlichen Debatten betheiligt; später wurden dann auch die Minister herzugezogen, und einer von ihnen sagte mir eines Tages mit einem halb wehmüthigen, halb spöttischen Achselzucken: „Könnte das deutsche Volk hier einmal zuhören, so glaube ich, würde Deutschland morgen Republik sein —."

Ein härteres, aber zugleich treffenderes Urtheil konnte über jenes Sprühfeuer von zitterndem Glanz, welches man den deutschen Fürstentag nannte, kaum gesprochen werden.

Der König kehrte traurig zurück und seine mistranische Verstimmung gegen die österreichische Politik war nur noch stärker geworden.

Die preußische Antwort ließ nicht auf sich warten. Sie trat vor die Oeffentlichkeit in Gestalt des bekannten Berichtes des preußischen Staatsministeriums an den König vom 15. September 1863, in welchem ganz unverhüllt dem österreichischen Cabinet schuld gegeben wurde, daß dasselbe nicht eine Verständigung mit Preußen, sondern ein Separatbündniß gesucht habe, und in welchem die Grundgedanken der österreichischen Vorschläge die schärfste und bestimmteste Abweisung fanden. Für die preußische Regierung war der Fürstentag eine gewonnene Schlacht werth gewesen, denn er hatte auf das klarste vor aller Welt bewiesen, daß ohne Preußen nichts in Deutschland möglich sei und daß vor dem einfachen passiven Fernbleiben des Königs von Preußen der ganze siegesgewisse Sturmlauf Oesterreichs völlig erfolglos zurücksank.

Alle diese verwirrenden Einflüsse machten die Idee, eine große deutsche conservative Partei zusammenzufügen und ein allgemeines deutsches conservatives Preßorgan zu schaffen, zunächst völlig unausführbar, und ich faßte deshalb die Gründung eines großen politischen Blattes in Hannover, unabhängig von auswärtigen Unterstützungen, ins Auge, welches dann wenigstens in Norddeutschland die Fahne einer gemeinsamen Sammlung erheben sollte. Dasselbe wurde auch, gestützt auf das Princip, welches ich stets zur Durchführung zu bringen suchte, ins Leben gerufen.

Der Verlagsbuchhändler und Buchdruckereibesitzer Klindworth in Hannover gründete die „Deutsche Nordsee-Zeitung"; es wurde ihm zur Deckung gegen Ausfälle eine bestimmte Summe von Regierungsdruckarbeiten jährlich zugesichert und zugleich auch für die Lieferung von Arbeiten und für auswärtige Correspondenzen gesorgt. Das Blatt, welches unter der Redaction eines vom bernburgischen Minister Herrn von Schätzell empfohlenen Dr. Schlabebach erschien, leistete auch in der That in publicistischer Beziehung das Tüchtigste und würde sich trotz aller Anfeindungen der Opposition ohne Zweifel zu einem bedeutungsvollen Organ des öffentlichen Lebens in Norddeutschland entwickelt haben, wenn nicht die Katastrophe des Jahres 1866 demselben ein Ende gemacht hätte.

IX.

Der rendsburger Conflict. — Persönliche Verstimmung des
Königs infolge desselben. — Hochgehende Aufregung gegen
Preußen am Hofe und in der Gesellschaft. — Prinz Albrecht
von Preußen in Norderney. — Zurückhaltung des Königs. —
Hoffnungen der Gegner Preußens auf eine Aenderung der
hannoverischen Politik. — Festigkeit des Königs in seinen An-
sichten. — Des Königs politisches Programm in einem Leit
artikel der „Kreuzzeitung". — Kundgebung des Königs am
Theetisch. — Erstaunen des Hofes und der Gesellschaft. —
Plan zur Errichtung eines Reuter'schen Continentalbureau in
Hannover. — Theaterkritiken.

Die Erfahrungen des Frankfurter Fürstentages und
der Versuch des Reformprojects, Hannover zu dem
dritten Range herabzudrücken, hatten den König um
so mehr geneigt gemacht, zu Preußen in immer freund=
lichere Beziehungen zu treten, als das streng conser=
vative, kraftvoll monarchische Regiment, welches der
neuen Aera in Berlin gefolgt war, seinen Anschauungen
entsprach, und als auch die Person des Ministerpräsiden=

ten von Bismarck-Schönhausen, der zur Zeit der hannoverischen Verfassungsstreitigkeiten als preußischer Gesandter in Frankfurt für die Wiederherstellung der alten Verfassung thätig gewesen, ihm besonders sympathisch war.

Die hannoverische Politik wendete sich in der schleswig-holsteinischen Frage entschieden Preußen zu und trennte sich mehr und mehr von Sachsen, das mit Hannover das Bundescommissariat theilte und mit ganz besonderer Schärfe die Bundesautorität gegen Preußen hervorkehrte, freilich ohne Erfolg und lediglich zur immer deutlichern Klarstellung der preußischen Uebermacht.

Die österreichischen Versuche, sich dem durch den Fürstentag tief verletzten preußischen Cabinet wieder zu nähern, wurden in Berlin mit kühler und mistrauischer Zurückhaltung aufgenommen. Nach dem Tode des Königs von Dänemark gab die Waffenbrüderschaft den Beziehungen beider Cabinete den Schein einer Intimität, die in Wahrheit niemals bestand, denn nach dem Siege gab das Condominium sogleich zu unausgesetzten, unlösbaren und erbitternden Differenzen Veranlassung, und die österreichische Diplomatie gab sich besondere Mühe, die früher von Wien aus selbst zurückgeschobene Bundesautorität nun allmählich wieder hervorzukehren. Die hannoverische

Politik, welcher der Kurfürst von Hessen sich anschloß, folgte jedoch dieser Strömung nicht, sondern wendete sich immer entschiedener Preußen zu; auch der Widerstand gegen den preußisch-französischen Handelsvertrag wurde aufgegeben. Hannover hatte diesem Vertrage mehr aus politischen als aus wirthschaftlichen Gründen widerstrebt; der Abschluß desselben schloß Oesterreich wirthschaftlich in wesentlichen Beziehungen von Deutschland aus, und man hatte von Wien aus alles aufgeboten, um durch den Widerstand von Hannover und Kurhessen den Vertrag zum Scheitern zu bringen, welchen Bemühungen sich die süddeutschen Interessen anschlossen. Nach den Erfahrungen von Frankfurt schien es wol kaum mehr nöthig, sich um fremder Interessen willen mit Preußen in unnöthige Conflicte zu bringen. Wäre es zu jener Zeit möglich gewesen, eine persönliche Begegnung der beiden Höfe zu erreichen, so wäre wol sicher eine auch für die spätere verhängnißvolle Zeit wirksame Verständigung erfolgt, aber die Gelegenheit dazu gab sich nicht; auch war man wol in Berlin kaum unterrichtet, wie sehr der König zu einer gründlichen Verständigung in allen Fragen der Politik geneigt war. Die polnische Frage bewegte Europa und drohte mit allgemeiner Kriegsgefahr, die natürliche Nothwendigkeit der Selbsterhal=

tung mußte Hannover zum Anschluß an den mächtigen Nachbar treiben. Freilich erkannte dies wol der König allein völlig klar, Graf Platen war bei jedem Schritt zu sehr von der Frage erfüllt, was man in Wien dazu sagen würde, und die übrigen Minister blieben der auswärtigen Politik fern oder folgten, wie Herr von Hammerstein, dem Strome der öffentlichen Meinung, der damals gar mächtig gegen Preußen anbrauste. Der Sturm der Resolutionen für den Herzog von Augustenburg wurde immer lebhafter angefacht, der König aber blieb fest auf seinem Standpunkte, daß die Erbansprüche aller Prätendenten auf das sorgfältigste und ruhigste geprüft werden müßten. Ich schrieb eine ausführliche Denkschrift, in welcher die Zulässigkeit und Nothwendigkeit eines Bundes-Austrägalgerichts zur Entscheidung der Erbfolge nachgewiesen wurde. Der König billigte dieselbe und sie erschien dann im Verlage von Sauerländer in Frankfurt a. M.

Unter diesen Verhältnissen, welche mir neben dem nunmehr so erweiterten Kreise der Preßthätigkeit viele, oft erschöpfende, aber immer lehrreiche und anregende Arbeit brachten, da ich fast alle wichtigen Fragen der innern und äußern Politik zum Vortrage für den König durchzuarbeiten und vorzubereiten hatte, ging der Winter 1863/64 hin. In den Ministerconferenzen hatte ich häufig eine ganz eigenthümliche Aufgabe. Der König ging sehr ungern von einer einmal von ihm ausgesprochenen Ansicht ab, er hielt deshalb in allen Conseilsitzungen stets mit seiner eigenen Meinung bis ganz zuletzt zurück, um nicht durch Gegengründe, die er anerkennen mußte, zu einer Aenderung derselben gezwungen zu werden. Er leitete die Debatten mit großer Sicherheit und Gewandtheit, aber in völliger Objectivität, um auch niemand durch eine von ihm etwa vorab ausgesprochene Ansicht in der freien Aeußerung seiner Gedanken und Gründe zu beirren oder einzuschüchtern. Hatte der König nun in irgendeiner Frage schon vor der Berathung eine bestimmte Ansicht gewonnen, so war es meine Aufgabe, dieselbe auszusprechen; sie wurde dann discutirt, ich vertheidigte sie mit allen dafür sprechenden Gründen, der König hörte schweigend zu, er prüfte alle Gegengründe, welche nun in völliger Ungezwungenheit nicht gegen ihn, sondern gegen mich ausgesprochen wurden, und danach traf er seine endliche Entscheidung. Niemand wußte, daß eigentlich des Königs eigene Meinung discutirt war, und er hatte nicht nöthig, eine von ihm selbst ausgesprochene Ansicht zu rectificiren. Zuweilen zuckte dann wol ein feines Lächeln um seine Lippen oder er rieb sich lebhaft die Hände, wie er zu thun pflegte, wenn ihn innerlich etwas besonders erheiterte; und wenn er später mit mir allein war, scherzte er oft über die energischen Repliken, welche seine von mir vertheidigte Meinung hervorgerufen hatte, die er dann häufig, durch die Gegengründe überzeugt, in seiner Entscheidung modificirt oder ganz geändert hatte.

Der so erwünschten nähern Verständigung mit Preußen stellte sich die etwas rücksichtslose Besetzung von Rendsburg durch die preußischen Truppen entgegen, welche nach der gewaltsamen Verdrängung der hannoverischen und sächsischen Bundesexecutionstruppen unter dem General von Hake aus jenem Platze stattgefunden hatte.

Der König war zwar durchaus geneigt, die Bundescommissare zurückzuziehen und die ganze weitere Führung der Sache Oesterreich und Preußen zu überlassen; er ließ auch auf die geschehene Aufforderung sogleich diese seine Bereitwilligkeit erklären, während Sachsen Schwierigkeiten erhob und erst nach einem besondern Bundesbeschlusse das Verlangen erfüllte. Dennoch aber hatte ihn, gerade bei seinen entgegenkommenden Gesinnungen, das brüske Vorgehen bei Rendsburg persönlich in seinem militärischen Gefühle und seinem Stolze verletzt, sodaß von seiner Seite nicht an eine Initiative zu einer eingehendern Verständigung mit Preußen zu denken war. Dessenungeachtet blieb seine

Politik dieselbe, wie sich das bei der noch schärfer hervortretenden Erbfolgefrage deutlich kundgab.

Durch den Wiener Frieden vom 30. October 1863 hatte der König Christian seine Rechte auf Schleswig-Holstein und Lauenburg an Oesterreich und Preußen abgetreten, woraus das verhängnißvolle Condominium beider Mächte an den Herzogthümern entstand. Es trat dann außer dem Herzog von Augustenburg bei der Bundesversammlung auch ganz direct der Herzog von Oldenburg, welchem der Kaiser von Rußland die Rechte der Linie Gottorp abgetreten hatte, als Prätendent auf; ebenso machte Preußen Ansprüche geltend, und zwar auf Grund eines Erbvertrages des Kurfürsten Joachim I. von Brandenburg, dessen Gemahlin Elisabeth, die Tochter des Königs Johann von Dänemark, die Anwartschaft auf den königlichen Theil der Herzogthümer und vom Kaiser Maximilian die eventuelle Nachfolge in den übrigen Theilen derselben zugesichert erhalten hatte. Zu diesen Ansprüchen trat für Preußen noch das in dem Wiener Frieden erworbene Recht des Königs Christian, wobei es dann nur darauf ankam, daß Oesterreich auf seinen Antheil an dem letztern Rechte Verzicht leistete.

Der König, welcher stets eine ganz genaue Prüfung der Erbrechte gewünscht hatte, erklärte sich sogleich auf das bestimmteste dafür, daß auch die von Preußen erhobenen Ansprüche genau geprüft werden sollten, und bestärkte sich immer mehr in der Ansicht, daß zu solcher Prüfung allein das Austrägalgericht am Bunde fähig und competent sei.

Ich war zu jener Zeit in irgendeiner Angelegenheit in Berlin, wenn ich mich recht erinnere, um Correspondenten für die „Nordsee=Zeitung" zu gewinnen, und hatte bei dieser Gelegenheit eine merkwürdige, freilich rein private Unterredung mit dem damaligen landwirthschaftlichen Minister von Selchow, welcher früher in preußischen Diensten bei der Regierung in Liegnitz mein Präsident gewesen.

Herr von Selchow sprach über die damalige Lage, bedauerte wie ich so manche Misverständnisse und Verstimmungen, welche zwischen Preußen und Hannover stattfanden, und entwickelte mir sodann, daß bei der Lösung der schleswig=holsteinischen Frage ein Arrangement getroffen werden könne, durch welches unter Berücksichtigung der Rechte des Großherzogs von Oldenburg Hannover einen Theil von Oldenburg erhalten könne, wobei sich dann auch über die Abtretung des Jadebusens an Hannover verhandeln ließe. Hannover sei, so führte Herr von Selchow aus, durch seine Lage dazu berufen, eine bedeutende und hervorragende

Rolle bei der Gründung einer deutschen Seemacht zu spielen, zu welcher es doch unter allen Umständen kommen müsse. Der König von Hannover sei eigentlich der geborene deutsche Admiral; auf einer solchen Basis würden sich dann ja auch manche Differenzen, namentlich in Betreff der Bundeskriegsverfassung und des preußischen Oberbefehls über die norddeutschen Bundescorps, zu beiderseitiger Befriedigung lösen lassen.

Obgleich, wie gesagt, diese Unterredung eine absolut private war und Herr von Selchow die erwähnten Ansichten mir ganz ausschließlich als seine persönliche Meinung bezeichnete, so konnte ich doch nicht annehmen, daß dieselben den für die preußische Regierung maßgebenden Gesichtspunkten völlig fremd oder gar widerstrebend sein könnten, und theilte deshalb diese ganze Unterredung dem Könige ausführlich mit.

Dieselbe erregte sein größtes Interesse, und ich bin überzeugt, daß er jene Ideen weiter zu verfolgen geneigt war, doch ließ sich unter damaligen Verhältnissen gerade von Hannover aus eine diplomatische Initiative in dieser Beziehung nicht ausführen.

Die persönliche Verstimmung und Kränkung wegen der rendsburger Vorgänge wirkte bei dem Könige lange nach und dauerte noch während der Sommersaison in Norderney im Jahre 1864 fort.

Der Prinz Albrecht von Preußen brauchte damals das Seebad in Norderney; der König, der gerade diesen Prinzen besonders liebte, hatte ihn mit aller Artigkeit empfangen, indessen wollte er, nach der in Rendsburg erfolgten Verletzung seines militärischen Gefühls, welche er gerade Hannovers entgegenkommender Politik gegenüber um so bitterer empfand, keine intimen Beziehungen zu einem preußischen Prinzen zeigen; er glaubte, diese Zurückhaltung seiner Armee schuldig zu sein, und erklärte deshalb, daß sein Gesundheitszustand ihm strenge Zurückgezogenheit zur Pflicht mache.

Er erließ den ganzen Sommer über keine Einladungen zu Diners und hielt sich der ganzen Badegesellschaft gegenüber in strenger Abgeschlossenheit. Es wurde dies natürlich allseitig im hohen Grade bemerkt, und alle die zahlreichen Elemente, welche damals von tiefer Erbitterung gegen Preußen erfüllt waren, bauten auf diese Verhältnisse die Hoffnung, daß es nunmehr gelingen würde, den König infolge seines persönlich verletzten Gefühls zu einem Anschluß an die sächsische und augustenburgische Politik zu bewegen. Die ganze Umgebung des Königs, die Adjutanten und Hofchargen, gehörten damals zu den heftigsten Gegnern Preußens, ebenso auch ein Theil der Minister, vor allen Herr von Hammerstein und der Cultusminister Lichtenberg, welcher aus irgendeinem Grunde in Norderney anwesend war. Die Spannung war so groß, daß Hannoveraner und Preußen auf der Strandpromenade in Norderney ohne zu grüßen an einander vorübergingen und jeden geselligen Verkehr mieden.

Der König, welchem ich dies mittheilte, war darüber sehr unzufrieden und äußerte:

„Man hat in Rendsburg eine Unart gegen mich begangen, deshalb mußte ich einen intimern persönlichen Verkehr mit dem Prinzen Albrecht meiden, aber dieses Verhältniß ist ein zufälliges, das die Zeit wieder ausgleichen wird; man darf über dasselbe weder in Preußen noch in Hannover die historischen Bedingungen einer vernünftigen Politik vergessen."

Da der König sich bei dieser Gelegenheit sehr ausführlich und eingehend über die Beziehungen zwischen Hannover und Preußen aussprach, so bat ich ihn um die Erlaubniß, diese seine Anschauungen in geeigneter Form der Oeffentlichkeit übergeben zu dürfen. Er genehmigte dies nicht nur, sondern dictirte mir persönlich die wesentlichsten der von ihm ausgesprochenen und aufgestellten Sätze, welche ich dann mit wenigen verbindenden Bemerkungen zusammenstellte.

Unter den preußischen Badegästen in Norderney

befand sich auch der Geheimrath Wagener, der mir bereits mehrfach sein Bedauern über die schroffe Stellung zwischen den Preußen und Hannoveranern ausgesprochen hatte und eine scharfe Abwendung der hannoverischen Politik von Preußen befürchtete. Ich theilte ihm die von dem Könige fast wörtlich dictirte Aufzeichnung mit, welche der König mit seinem eigenhändigen Namenszuge zur Genehmigung des Inhalts versehen hatte. Die Aufzeichnung erschien darauf durch Wagener's Vermittelung in der „Kreuzzeitung" als eine Correspondenz aus Hannover, aber an der Stelle der Leitartikel. Sie wurde dann auf meine Veranlassung ebenfalls an hervorragender Stelle in der „Neuen Hannoverischen Zeitung" wieder abgedruckt und erregte in allen politischen Kreisen das höchste Aufsehen.

Die Notiz, welche die eigenste persönliche Auffassung des Königs wiedergibt, mag deshalb hier ihren Platz finden:

Die Verstimmungen und Verbitterungen, welche zwischen Hannover und Preußen bestehen und von den verschiedenen Schattirungen der Demokratie mit so besonderm Eifer gereizt werden, beruhen fast ausschließlich auf Misverständniß des wahren Interesses beider

Theile. Die feste Allianz von Oesterreich und Preußen, welche bereits in Europa Deutschland so mächtig gemacht hat, daß man nicht mehr wagt, in deutsche Angelegenheiten sich zu mengen, ist ohne Zweifel auch berufen und verpflichtet, im Innern des deutschen Bundeslebens Zustände zu begründen und zu befestigen, welche die dauernde Ruhe sichern und die feste Bürgschaft der Stabilität in sich tragen. Es scheint hiernach in jeder Richtung vor allem geboten, daß Hannover dieser Allianz Oesterreichs und Preußens in freier Selbständigkeit und ohne Rückhalt beitrete.

Man ist vielleicht in gewissen Kreisen geneigt, die Bedeutung Hannovers in einem Bunde Oesterreichs und Preußens zu unterschätzen, oder zu glauben, daß Hannover ohnehin jenen beiden Mächten werde folgen müssen. Beides ist sehr irrig.

Hannovers fester Anschluß an die beiden ersten Mächte Deutschlands wiegt sowol für die äußere Stellung als für das innere Leben Deutschlands ungemein schwer. Oesterreich, Preußen und Hannover, das man nicht nach der Bevölkerungszahl und dem Flächeninhalt, sondern nach seiner geographischen Lage taxiren muß, würden einen festen Kern bilden, gegen welchen von keiner Seite etwas auszurichten wäre —

und dessen Gravitation unwiderstehlich weiter wirken würde. Mag man sagen, Hannover sei nur das Pünktchen auf dem i, so wird man zugeben müssen, daß eben das i ohne sein Pünktchen kein i ist. Diejenige Partei in Preußen, welche ganz besonders eifrig gegen Hannover reizt und irritirt und das Bündniß Hannovers zurückstößt, ist gerade diejenige, welche überall die sogenannte „Politik Friedrich's des Großen" als maßgebende Norm für Preußen hinstellen möchte. Welche Inconsequenz und Unkenntniß der Geschichte liegt hierin!

Wer hat mehr den Werth des hannoverischen Bündnisses erkannt und geschätzt als gerade Friedrich II., der sogar einen seiner besten Generale, den Herzog Ferdinand von Braunschweig, an Georg III. abtrat? Und welche großen Erfolge hatte nicht die Allianz mit Hannover auf dem militärischen wie auf dem politischen Gebiet! Es möge nur an den Fürstenbund erinnert werden, dessen Idee, von Georg III. angeregt, von Friedrich II. so lebhaft und thätig ergriffen wurde. Der Fürstenbund beweist auch zugleich, daß damals Preußen die hannoverische Allianz nicht deshalb schätzte und suchte, weil Hannover mit England verbunden war, sondern daß gerade die deutsche Macht es war, in deren Bündniß Preußen seine Kräftigung suchte und fand. Die Bedeutung dieser deutschen Macht ist aber gewiß erhöht durch inzwischen eingetretene Vergrößerungen und durch den Umstand, daß jetzt in Hannover selbst das eigene mit der preußischen Dynastie durch so viele ruhmvolle Familienbande verknüpfte Königshaus wieder regiert. Es liegt denn doch wol die Folgerung und Erwägung nun auf der Hand, daß, wenn die Allianz mit Hannover damals zu einer Zeit, in welcher Preußen in beklagenswerthem, für Deutschlands Macht so schädlichem Zwiespalt mit Oesterreich sich befand, wodurch Hannover mit seiner traditionellen österreichischen Politik in Conflict gerieth — wenn damals schon diese Allianz so reiche Früchte trug, wie viel höher wird und muß ihre Bedeutung heute sein, wo wirklich Oesterreich und Preußen des langen Haders müde sind und einen Frieden gemacht haben, der, so Gott will, dauern wird zu Deutschlands Heil. Man denke sich die Idee des Fürstenbundes, der mit Preußen, Hannover und Sachsen so bedeutungsvoll dastand, jetzt übertragen auf die Triplealliance von Oesterreich, Preußen und Hannover, und man frage sich dann, ob es eine richtige Politik ist, namentlich für die conservative Partei in Preußen, Verbitterung gegen Hannover zu erregen?

Freilich sagt man wol, Hannover müsse dem

Machtzuge der österreichisch-preußischen Allianz folgen, und das mag bis zu einem gewissen Punkte richtig sein; aber ein solches Verhältniß ist keine fruchtbringende Allianz, es ist eine drückende Fessel, die man je eher je lieber zerreißen wird. Worauf es ankommt, das ist ein freies, rückhaltsloses Bündniß, in welches beide Theile bona fide und mit voller Aufrichtigkeit eintreten.

Man sagt zwar, es bestehe in Hannovers politisch maßgebenden Kreisen Antipathie, ja Haß gegen Preußen. Dem ist jedoch nicht so. Die Ausführung der vorstehend kurz angedeuteten Ideen würde vielmehr in Hannover mit der lebhaftesten Freude begrüßt werden und man würde auf dieselben aus freiester Ueberzeugung eingehen. Eins besteht freilich in Hannover, und das ist Mistrauen gegen preußische Annexionspolitik. Man wird in Berlin zugestehen müssen, daß die neue Aera und ihre Ausläufer einem solchen Mistrauen wol Grund und Berechtigung gegeben haben, und daß die Artikel gewisser berliner Zeitungen nicht geeignet sind, demselben den Boden zu entziehen. Sage man sich in den preußischen leitenden Kreisen frei und positiv von allen annexionistischen Velleitäten los, welche ja doch bei der österreichischen Allianz eine Unmöglichkeit sind; weise man mit Entschiedenheit und

Klarheit die traurigen Nachklänge der Hangwitz'schen Politik zurück: knüpfe man wirklich und wahrhaft an die Tradition Friedrich's II. Hannover gegenüber an, — so wird man finden, daß in Hannover die Tradition Georg's III. nicht erstorben ist, und daß man ihr um so lieber folgen wird, als ihr der bittere Beigeschmack genommen ist, da Oesterreichs und Preußens Waffen jetzt nicht gegeneinander, sondern nebeneinander stehen.

Möge man schließlich in Berlin in den leitenden Kreisen und in der conservativen Partei erkennen, daß die andrängende Revolution der allgemeine, gemeinsame Feind ist, den man nicht durch vereinzelte und momentane Schläge, sondern nur durch die allgemeine Herstellung sicherer und dauernder Grundlagen der monarchischen Ordnung in Deutschland überwinden kann.

Wird dies erkannt, wird in diesem Sinne Hannover ehrlich und aufrichtig die Hand geboten, — sie wird gewiß ebenso ehrlich ergriffen und festgehalten werden.

Genehmigt

Georg Rex.

Ich hatte zu derselben Zeit einen kleinen humoristischen Feuilletonartikel für die „Nordsee-Zeitung" geschrieben, welcher das Leben des Königs und der Badegesellschaft in Norderney scherzhaft behandelte. In demselben war die Entfremdung zwischen Preußen und Hannoveranern berührt und dann hinzugefügt: „Möchten doch beide Theile von der Insel der Nordsee das Bewußtsein mit heimtragen, wie noth= wendig für beide die Freundschaft und das feste Bünd= niß ist, das schon zu Friedrich's des Großen Zeiten so wichtige Erfolge errungen."

Der König befahl mir abends am Theetisch diesen Feuilletonartikel vorzulesen, dessen Ursprung niemand außer ihm selbst kannte, und bei der citirten Stelle rief er lebhaft aus:

„Bravo, das ist mir aus der Seele gesprochen!"

Der Minister Lichtenberg war anwesend und tags darauf war dieser dem äußern Anschein der Verhält= nisse in der Gesellschaft so völlig widersprechende Vor= gang das allgemeine Gespräch — die hochgehenden Wogen der Preußenfeindschaft in den Kreisen des Hofes und der Bureaukratie legten sich sogleich und der König setzte unbeirrt seine versöhnliche Politik, in der er vom Grafen Platen um so bereitwilliger unterstützt wurde, als ja damals in der schleswig=holsteinischen An= gelegenheit trotz der bereits immer schärfer hervor= tretenden sonstigen Verstimmung zwischen Oesterreich und Preußen die beiden deutschen Großmächte immer noch gemeinsam handelten.

Bald aber sollten innere Fragen den König und die Regierung zunächst und vorzugsweise in Anspruch nehmen. In meinem speciellen Ressort faßte ich damals einen Plan, dessen Ausführung für die Verbreitung des hannoverischen Einflusses in der großen Weltpresse ebenso bedeutungsvoll werden mußte als die richtige Verwendung der Regierungsdruckarbeiten für die Zeitungen des Inlandes.

Wie der sächsische Regierungsrath von Witzleben in seinem Promemoria über die Vertretung der deutschen Bundesregierungen in der Presse schon hervorgehoben hatte, war die ganze deutsche Journalistik in ihren dem heutigen Zeitungswesen ja absolut nothwendigen Telegrammen, welche von vornherein jede Frage durch ihre erste Fassung in eine gewisse Richtung drängten, von dem Wolff'schen Telegraphen-Bureau in Berlin abhängig. Der Besitzer dieses Bureau stand, den localen Existenzbedingungen seines Instituts entsprechend, unter dem sehr deutlich fühlbaren Einfluß der preußischen Regierung und war als gleichzeitiger Besitzer der „National-Zeitung" zugleich eng liirt mit denjenigen politischen Parteien, welche ganz besonders der hannoverischen Regierung immer und überall feindlich gegenüberstanden.

Hannover war auf diese Weise in dem für die öffentliche Meinung so bedeutungsvollen Telegraphenverkehr vollkommen abhängig von feindlichen Elementen und befand sich um so mehr in einer bedenklichen Isolirung, als die kurhessische Regierung durch einen Vertrag ihr Telegraphensystem an Preußen abgetreten hatte. Dieser Vertrag war damals seinem Ablaufe nahe und dadurch bot sich eine besonders günstige Gelegenheit, jene ungünstigen Verhältnisse zu verbessern.

Ich stand in persönlichen Beziehungen zu Julius Reuter, dem Gründer und Director der nach seinem Namen genannten Telegraphen-Compagnie in London. Julius Reuter war ein Mann von weitblickendem Geist, unermüdlicher Unternehmungskraft und unerschöpflich in der Auffindung von Hülfsquellen. Aermlichen Familienverhältnissen entwachsen, hatte er frühzeitig schon sich mit der Idee einer schnellen und zuverlässigen Vermittelung politischer Nachrichten getragen und hatte zu diesem Zweck schon einmal, wenn ich nicht irre in Belgien, eine Taubenpost zur schnellen Vermittelung der pariser Nachrichten eingerichtet. Während des Krimkrieges fand er bei Lord Palmerston Verständniß und Unterstützung für seine Ideen, und in unglaublich kurzer Zeit schuf er sein umfassendes Bureau in London, welches sämmtliche englische

Zeitungen mit telegraphischen Nachrichten versorgte und insbesondere im Verkehre mit überseeischen Plätzen das Außerordentlichste an Schnelligkeit und Zuverlässigkeit in Uebermittelung der telegraphischen Nachrichten leistete.

Julius Reuter wünschte nun schon lange, auch in Deutschland einen festen Einfluß zu gewinnen. Er hatte früher mit Wolff ein bestimmtes Vertragsverhältniß hergestellt, in welchem beide die Sphäre ihrer Thätigkeit gegeneinander abgrenzten; dieser Vertrag lief ab und Reuter beabsichtigte, auf dem Continent eine selbständige Thätigkeit zu beginnen.

Ich schlug ihm vor, ein continentales Centralbureau in Hannover zu gründen. Hannover lag für die große Linie Petersburg-Paris und ebenso für die Richtung über Wien nach Konstantinopel und nach Italien hinab in einem ungemein günstigen Kreuzungspunkte, von welchem aus erheblich schneller als von Berlin die Nachrichten nach London, respective Amerika und von dort wieder zurück vermittelt werden konnten. Ein in Hannover errichtetes Reuter'sches Centralbureau wäre von allen Einflüssen fremder Regierungen und Parteien unabhängig gewesen und hätte für die Wirksamkeit der hannoverischen Regierungspresse einen hochwichtigen Stützpunkt geboten.

Julius Reuter erfaßte meinen Gedanken mit großer Lebhaftigkeit, er kam selbst nach Hannover, der König besprach mit ihm den Plan, dessen hohe Bedeutung er sogleich im vollsten Maße erkannte, und der vollständig mit seinem stets festgehaltenen Grundsatz zusammen= stimmte, in allen Fragen der großen Politik eine freundliche Verständigung mit Preußen zu suchen, da= gegen aber den Einfluß und die Selbständigkeit Hannovers so stark und fest als möglich auf dessen geographische Lage und seine zur Vermittelung zwischen den nord= und süddeutschen Interessen so besonders geeignete Stellung zu begründen.

Julius Reuter erweiterte den ursprünglichen Plan indeß in sehr umfassender Weise. Er wollte von Emden aus ein eigenes unterseeisches Kabel nach England legen, wodurch der, fremdem Einfluß zu= gängliche und zeitraubende Umweg über die belgischen Linien ausgeschlossen wurde. Er erbat daher vom Könige die Concession zur Anlegung dieses Kabels und Anlandung desselben in Emden, zugleich sollten dann eigene Reuter'sche Linien durch Hannover gezogen und womöglich über Kurhessen bis Wien fortgesetzt werden. Reuter erbat ferner für die Depeschen seines Bureau gewisse Tarifermäßigungen auf jenen Linien, welche um so unbedenklicher gewährt werden konnten,

als der schnellere Weg über das submarine Kabel von
Emden aus eine große Anzahl von Privatdepeschen,
welche bisher über Belgien gingen, dorthin ziehen
mußten.

Unter diesen Bedingungen wollte er sein Central=
bureau in Hannover errichten und damit einen hoch=
wichtigen Knotenpunkt des telegraphischen Verkehrs für
den ganzen Continent herstellen.

Der König billigte diesen Plan in seinen all=
gemeinen Grundzügen durchaus, auch Graf Platen er=
kannte die Wichtigkeit desselben an, und ich erhielt den
Auftrag, mit Julius Reuter über die nähern Be=
stimmungen eines abzuschließenden Vertrages zu ver=
handeln, was während des Frühjahrs 1865 geschah.

Zugleich erwuchs mir in jener Zeit neben meinen
vielfältigen und so vielseitig verschiedenartigen Ge=
schäften, welche fast alle Ressorts der Regierung um=
faßten und mich vielfach bis zur Erschöpfung in An=
spruch nahmen, noch eine eigenthümliche Thätigkeit,
welche oft nicht zu den erfreulichsten gehörte.

Der König hatte ein lebhaftes Interesse für das
Hoftheater, welches er, ganz besonders was die Oper
betraf, zu einer überall anerkannten künstlerischen Be=
deutung emporgehoben hatte. Er war indeß häufig
mit den Leistungen desselben nicht zufrieden und ver=

mißte besonders eine völlig unparteiische und wirklich kunstverständige Kritik. Er trug mir deshalb auf, für die Herstellung einer solchen Sorge zu tragen und zwar sowol für das Schauspiel als für die Oper. Der Redacteur der „Deutschen Nordsee-Zeitung", Dr. Schladebach, war ein bedeutender und auch in künstlerischen Kreisen anerkannter Musikkenner, ich übertrug ihm daher die Kritik in Betreff der Oper und beauftragte zugleich ein junges und talentvolles Mitglied meines Bureau, Herrn Eugen Salinger, einen Neffen von Julius Reuter, mit der Kritik des Schauspiels. Beide Herren erhielten von dem Generalintendanten ihre Plätze im Theater, und ihre Thätigkeit, mit welcher der König im ganzen zufrieden war, wurde bald auch in künstlerischen Kreisen bemerkt. Diese Kritiken gewannen noch mehr Bedeutung dadurch, daß der König zuweilen sein eigenes Urtheil über diese oder jene künstlerische Leistung in musikalischer oder dramatischer Beziehung aussprach und die Veröffentlichung seiner Urtheile wenn auch nicht befahl, so doch zu wünschen schien. In den betreffenden Kreisen wurde die Uebereinstimmung der officiösen Kritiken mit den sonst wol gelegentlich ausgesprochenen Ansichten des Königs natürlich bemerkt. Von dem Generalintendanten wurde diese königliche Kritik, ob=

gleich ich mich mit ihm dennoch auf bestem Fuße hielt und in keiner Weise jemals seine Intentionen zu durch=
kreuzen versuchte, nicht gern gesehen. Der Graf Julius von Platen-Hallermund hatte das schwierige Amt der Theaterleitung, und hätte ich nicht mit seinem Bruder, dem Minister, damals in besten Beziehungen ge=
standen, so hätte ich vielleicht in ihm einen neuen Feind gefunden.

In den Künstlerkreisen wurde, wie ich bald be=
merkte, mein Einfluß auf das Theaterwesen, das ich mir im allgemeinen so fern als möglich zu halten suchte, höher angeschlagen, als er wirklich war, ins=
besondere nachdem ich einmal auf den Wunsch meines Freundes Louis Schneider für das Engagement einer Nichte desselben, der Tochter der so berühmten Maschinka Schneider, spätern Gemahlin des Kapellmeisters Schubert, thätig gewesen war und die junge Dame der Protection des Königs empfohlen hatte. Die Folge davon war, daß man vielfach mein Fürwort in all jenen kleinen Intriguen, welche besonders die Künst=
lerinnen des Schauspiels und der Oper gegeneinander zu führen nicht müde werden, in Anspruch nahm, und wer nur einmal der Coulissenwelt nahe getreten ist, wird ermessen können, wie peinlich solche Wünsche werden können, selbst wenn sie von den liebens=

würdigsten und ausgezeichnetsten Künstlerinnen ausgesprochen werden.

Mit jenem Fräulein Georgine Schubert erlebte ich noch einen eigenthümlichen und für den Charakter des Königs bezeichnenden Vorfall.

Sie war wol in den natürlichen Anlagen ihrer Stimme den Anforderungen, welche beim Engagement in Hannover an sie gestellt waren, nicht völlig gewachsen und der König pflegte von ihr zu sagen, daß sie alles gelernt habe, was man in musikalischer Beziehung lernen könnte, die Natur ihr aber die Mittel versagt habe, eine große Sängerin zu werden; ihr Beruf sei eigentlich bei ihrer großen Liebenswürdigkeit und feinen Bildung, die Gesellschafterin einer alten Lady Dovager zu werden. Fräulein Schubert hatte durch verschiedene Unglücksfälle große Verluste gehabt, von denen der König durch die Prinzessin Solms erfahren; er fragte sie eines Tages nach der Summe dieser Verluste und sie gab dieselben auf 1900 Thaler an. Der König versprach ihr, dieselben zu ersetzen, fügte aber hinzu, daß er diese Summe augenblicklich nicht übrig habe, sich aber vorbehalte, sie ihr in einem geeigneten Moment zu erstatten. Der König, welcher gewohnt war, bei Conferenzen mit seinen Ministern und insbesondere mit seinem Hausminister und Hofmarschall über die größten Summen zu verfügen und mit Leichtigkeit darüber hinwegzugehen, hatte merkwürdigerweise einen sehr hohen Begriff von dem Werthe des Geldes in kleinen Beträgen. Er ließ sich in jedem Monat eine bestimmte Summe für seine ganz persönlichen Bedürfnisse auszahlen und rechnete innerhalb dieses Privatetats sehr genau und scharf mit den kleinsten Posten; hier erschienen ihm hundert Thaler viel mehr als eine halbe Million in dem Etat der Regierung oder seines Hofhaltes. Er vergaß sein Fräulein Schubert gegebenes Versprechen nicht und ließ in seiner kleinen Chatoullenkasse in jedem Monat hundert Thaler für dieselbe zurücklegen. Nach Verlauf von neunzehn Monaten, als wahrscheinlich Fräulein Schubert selbst die ihr gemachte Zusage bereits als vergessen betrachten mochte, ließ mich der König eines Tages rufen, nahm ein Packet mit neunzehn Hundert-Thalerscheinen aus der Schublade seines Secretärs und gab mir dasselbe, um es an Fräulein Schubert zur Erfüllung seines Versprechens zu senden. Die freudige Ueberraschung derselben war natürlich groß, aber ich konnte mich eines Lächelns nicht enthalten über diese ganz eigenthümliche Art von allmählicher Ansammlung einer verhältnißmäßig so unbedeutenden Summe, welche der König jeden Augenblick ohne alle Schwierigkeiten und Verlegenheiten aus seinen Hofhaltskassen hätte entnehmen können, die er nun aber von seiner kleinen Privatkasse eigenhändig allmonatlich zurückgelegt hatte.

Fräulein Schubert kam später nach Strelitz und genoß dort die ganz besondere Gunst der Großherzogin. Sie starb wenige Tage nach ihrem Onkel, dem Hofrath Schneider, zu dessen Begräbniß sie im Jahre 1878 nach Potsdam gekommen war.

X.

Wachsende Differenzen mit dem Ministerium über das Wahl=
gesetz. — Verhandlungen und Abschluß mit Julius Reuter in
Norderney über ein unterseeisches Kabel und ein Central=Tele
graphenbureau in Hannover. — Lebhafte Saison in Norder
ney. — Freundlicher Verkehr des Königs mit dem Prinzen
Albrecht und der Prinzessin Alexandrine von Preußen und dem
Herzoge Wilhelm von Mecklenburg. — Projecte. — Ausbruch
der Ministerkrisis. — Windthorst versucht vergeblich zu ver
mitteln. — Die Minister von Hammerstein, Erxleben, Windt
horst, Lichtenberg nehmen ihre Entlassung. — Eigenthümliche
Verhandlungen über die Bildung des neuen Cabinets. — Er
nennung der neuen Minister.

———

Die Unzufriedenheit des Königs mit dem Ministe=
rium begann schon Anfang des Jahres 1865 bemerk=
barer zu werden. Es hatte sich mehrfach gezeigt, daß
besonders im Ministerium des Innern manche Inten=
tionen des Königs, gegen welche der Minister in der
allerhöchsten Gegenwart keine Einwendung erhob,

theils zögernd, theils gar nicht ausgeführt wurden. Vorzugsweise verstimmte den König auch das etwas gesuchte Festhalten einzelner Minister an den Formalitäten seiner Namensunterschrift bei gleichgültigen und kleinlichen Dingen.

Bei dem Regierungsantritt des Königs war gesetzlich festgestellt worden, daß seine Unterschrift seiner Blindheit wegen stets durch den Generalsecretär des Gesammtministeriums oder eines andern Ministeriums, nicht durch die Minister beglaubigt werden mußte, und zwar mit der Bezeugung, daß der Inhalt des betreffenden Schriftstückes Seiner Majestät in Gegenwart des Generalsecretärs vorgelesen und dann von allerhöchstdemselben eigenhändig unterzeichnet worden sei. Diese Form wurde bei allen wichtigen Erlassen von verfassungsmäßiger Bedeutung streng festgehalten, dagegen ließ der König kleine gleichgültige Befehle an die Minister oder andere Personen gewöhnlich in der Form ergehen, daß der Geheime Cabinetsrath in einem von ihm unterzeichneten Schreiben dem Betreffenden den Wunsch Seiner Majestät mittheilte. Es wurde nun von einzelnen Ministern auch für solche kleine Mittheilungen des Königs die verfassungsmäßige Beglaubigung der allerhöchsten Unterschrift durch einen Generalsecretär verlangt, und es kam zum Beispiel unter anderm einmal der Fall vor, daß der König dem Finanzminister durch den Cabinetsrath schreiben ließ, er habe irgendeinen Großindustriellen zum Commerzienrath ernannt. Der Finanzminister führte diese Anweisung nicht aus, da sie ihm nicht in der verfassungsmäßig gültigen Form zugegangen sei. Die Minister hatten hierbei kaum formell Recht, denn die Vorschrift über die Namensunterzeichnung des Königs bezog sich ihrem ganzen Sinne nach ganz entschieden nur auf Erlasse mit Gesetzeskraft und auf wirkliche Regierungsacte. Jene kleinen Mittheilungen konnten, selbst wenn die Minister an der über allem Zweifel erhabenen Zuverlässigkeit des Geheimen Cabinetsraths hätten Bedenken finden wollen, ja bei dem nächsten Vortrage mit Leichtigkeit durch mündliche Erklärung verificirt werden, und außerdem hatten sie immer nur auf solche Dinge Bezug, bei denen der König ebenso gut dem Minister seinen Willen mündlich hätte mittheilen können, wenn er denselben bei einer jeden solchen Kleinigkeit hätte den weiten Weg nach Herrenhausen machen lassen wollen.

Die Schwierigkeiten, welche mehrfach bei ähnlich gleichgültigen Sachen, wie es eine Ernennung zum Commerzienrath war, erhoben wurden, hatten also kaum einen verfassungsmäßigen Grund und waren für den

König ohne alle Veranlassung verletzend, um so mehr, als er überall eine gewisse Gegenströmung gegen seinen Willen in der Thätigkeit der Ministerien bemerkte.

Zu einer ernstern Differenz gab aber eine Modification des Wahlgesetzes für die Zweite Kammer Veranlassung, welche das Ministerium vorgeschlagen und der König auch genehmigt hatte. Es handelte sich dabei um eine Ausdehnung des Wahlrechts über die Grenzen des bisher ziemlich eng gezogenen Census. Von seiten des Ministeriums des Innern hatte man dem Könige diese Maßregel als eine Erleichterung und Vereinfachung des Wahlverfahrens dargestellt, der König hatte sie genehmigt, ohne ihr eine principielle Bedeutung beizulegen.

Die Stände hatten die betreffende Vorlage angenommen, den drängenden liberalen Parteien gegenüber war indeß dieser Gesetzentwurf als eine liberale Concession dargestellt und von diesen auch so aufgenommen worden. Die Minister wollten endlich auf die von ihnen erwarteten und fortwährend geforderten liberalen Reformen eine Art von Abschlagszahlung leisten, und namentlich mochte wol das Ministerium des Innern ganz entschieden dazu beitragen, der Sache eine solche Bedeutung beizulegen, welche ich meinerseits in derselben nicht zu finden vermochte. Denn ob der Census bei der Wahl einige Stufen höher oder tiefer gelegt wird, scheint mir vollkommen gleichgültig: eine kräftige Einwirkung der Regierung auf die Wahl ist nach meiner Ueberzeugung nur bei einem allgemeinen und directen Wahlrechte nachhaltig möglich. Gerade diejenigen Klassen, welche ein beschränkter Census zur Wahlurne zuläßt, sind immer, solange es ihnen nicht selbst an die Existenz geht, zu liberaler Opposition geneigt und können dieselbe am wohlfeilsten gerade bei den Wahlen bethätigen. Bei der geringen politischen Voraussicht, welche gerade in diesen Kreisen herrscht, ist man sich dort niemals klar über die abschüssige Bahn, auf welcher eine systematische Opposition sich fortbewegt, und man erwacht aus der selbstgefälligen Verblendung erst dann, wenn es zu spät ist, das rollende Verhängniß aufzuhalten. Eine verständige, die wirkliche öffentliche Meinung wohl beachtende Regierung wird meiner Ansicht nach bei einem allgemeinen und directen Wahlrechte fast immer der Majorität sicher sein können, wenn sie sich die Mühe gibt, die zahlreichen in ihrer Hand liegenden gesetzlichen Mittel zur Aufklärung und Leitung des Volkes wirksam und kräftig zu benutzen.

Es waren nun aber durch den frühern General-

Polizeidirector, Landdrosten Wermuth, welcher noch die alte polizeiliche Furcht vor den eigentlichen Volks- und Arbeiterklassen hegte und wesentlich in den besitzenden Ständen eine Stütze der conservativen Interessen und der Monarchie erblickte, ganz erhebliche Zweifel über das Wahlgesetz angeregt worden. Der König war ganz besonders unzufrieden, daß die Minister ihm dasselbe lediglich als eine principiell bedeutungslose und nur zur Erleichterung des Wahlverfahrens dienende Modification dargestellt hatten, und noch tiefer mißfiel es ihm, daß umgekehrt der Opposition gegenüber die Maßregel als eine politisch liberale dargestellt wurde. Sein Mistrauen war dadurch in hohem Grade angeregt, und er verweigerte, als das mit den Ständen durchberathene und festgestellte Gesetz ihm mit der Publicationsclausel vorgelegt wurde, die Vollziehung desselben. Er war dazu verfassungsmäßig vollkommen berechtigt, indeß war es nicht zu leugnen, daß die Minister durch diese Weigerung in eine nicht geringe Verlegenheit geriethen und in ihrer Stellung den Ständen gegenüber einigermaßen compromittirt wurden. Die Situation wurde dadurch immer gespannter, und der König vermied es, die Minister ohne dringende Veranlassung zu sehen. Er studirte indeß das Gesetz eifrig. Ich hatte mehrfach Gelegenheit, mit ihm eingehend über dasselbe zu sprechen und ihm auch meine Ansicht zu entwickeln, nach welcher es mir in der That bedeutungslos erschien. Er verwarf diese Ansicht auch nicht, äußerte sogar einigemal, daß er kaum etwas Bedenkliches in der ziemlich unbedeutenden Erweiterung des Census finden könne; doch wurde von anderer Seite seine Besorgniß wieder sehr angeregt, und namentlich wurden die Argumente des Landdrosten Wermuth über die Gefährlichkeit der Erweiterung des Wahlrechts durch die Opposition selbst unterstützt, welche wiederholt und immer stürmischer auf die Publication des Gesetzes drang. Die Minister selbst wählten dem Könige gegenüber den unrichtigsten Weg; sie hatten dem Grafen Platen erklärt, daß sie ihre Entlassung nehmen müßten, wenn der König das Wahlgesetz nicht vollzöge. Graf Platen hatte dies natürlich dem Könige mittheilen müssen, und dieser war äußerst ungehalten darüber, daß seine Minister, wie er sagte, einen Zwang gegen ihn ausüben und ihn in der Ausübung seines unzweifelhaft verfassungsmäßigen Rechtes der Bestätigung oder Nichtbestätigung berathener Gesetze durch die Drohung beschränken wollten, ihn durch ihre Entlassungsgesuche in Verlegenheit zu setzen.

Windthorst suchte auch hier zu vermitteln; von

jedem einseitigen Parteistandpunkte fern, sah er persönlich wol in der Bestätigung des Wahlgesetzes seitens des Königs nicht eine Frage, die einer Cabinetskrisis werth sein möchte; aber seine vermittelnde Thätigkeit blieb erfolglos. Graf Platen behauptete, als der König sich wunderte, daß ein so geistvoller und conservativer Mann wie Windthorst sich den eigensinnigen Forderungen seiner Collegen anschließen könne, es sei zwischen den Ministern Hammerstein, Erxleben, Lichtenberg und Windthorst ein festes Abkommen geschlossen, nach welchem sie alle miteinander gemeinschaftlich stehen und fallen wollten, wodurch dann Windthorst an die Entschlüsse der übrigen gebunden sei.

Der König wurde dadurch indeß noch mehr verstimmt und erkannte die Gültigkeit eines solchen Abkommens nicht an, da die Minister nicht nach vorgängigen Abmachungen, sondern nach ihrer eigenen persönlichen Ueberzeugung in den einzelnen Angelegenheiten ihren Rath zu geben hätten. Diese von dem Grafen Platen behauptete Solidarität der vier neuen Cabinetsmitglieder bestärkte den König in seinem Widerstande noch mehr, und die Spannung dauerte fort, als die Sommersaison in Norderney begann, welche im Jahre 1865 ganz besonders glänzend und lebhaft war.

Die rendsburger Vorgänge waren durch beruhigende und versöhnliche Erklärungen der preußischen Regierung beseitigt; Prinz Albrecht und die Prinzessin Alexandrine von Preußen waren in Norderney und fast täglich bei dem Könige zur Tafel, ebenso die Gräfin Adlerberg und eine Zeit lang auch der damals mit der Prinzessin Alexandrine von Preußen verlobte Herzog Wilhelm von Mecklenburg-Schwerin. Eine auserlesene und glänzende Gesellschaft aus allen Ländern vereinigte sich auf der kleinen Nordseeinsel, unter der sich auch Friedrich Bodenstedt und Oskar von Redwitz befanden. Der König war ungemein heiter und von der ausgezeichnetsten Liebenswürdigkeit gegen seine preußischen Gäste, die er mit der verwandtschaftlichsten Herzlichkeit behandelte. Er brachte, als der Herzog Wilhelm angekommen war, bei der Tafel in den wärmsten Worten die Gesundheit des erlauchten Brautpaares aus und forderte uns alle auf, nach hannoverischer Sitte diesen Toast durch ein dreimaliges „Hip, hip, hurrah!" zu bekräftigen.

Abends versammelte sich ein kleiner, in diesem Jahre besonders anziehender Kreis an seinem Theetische, bei dem Friedrich Bodenstedt und Oskar von Redwitz häufig anwesend waren und in welchem musikalische Vorträge des Hofpianisten Laber mit Vorlesungen des

Hofschauspielers Sontag und der Schauspielerin Fräulein Preßburg abwechselten.

Ich hatte inzwischen die Verhandlungen über das projectirte Telegraphenbureau bis zum Abschluß geführt, und Julius Reuter erschien nun in Norderney, um dem Könige das völlig fertige Project vorzulegen. Nach demselben sollte die hannoverische Regierung der Reuter'schen Telegraphen-Compagnie die Concession zur Anlegung eines unterseeischen Kabels von Emden nach Hull ertheilen, die Compagnie sollte dann das Recht erhalten, neben allen hannoverischen Telegraphenlinien eine bestimmte Anzahl von Drähten auf ihre Kosten zu ziehen, welche zwar unter der Oberaufsicht der hannoverischen Telegraphendirection stehen, aber vorzugsweise für den Dienst der Compagnie bestimmt sein sollten. Die Depeschen der Compagnie sollten ferner unmittelbar nach den Staatsdepeschen und vor allen übrigen Depeschen befördert werden und endlich eine bestimmte Gebührenermäßigung genießen.

Dagegen verpflichtete sich die Reuter'sche Gesellschaft, das Centralbureau für ihren Continentaldienst nach Hannover zu verlegen, von ihrem dortigen Sitze Leitungen nach dem auswärtigen Ministerium und nach Herrenhausen zu führen und dem auswärtigen Minister sowie dem Könige unmittelbar von allen einlaufenden wichtigen Nachrichten Mittheilung zu machen.

Die hannoverische Regierung versprach ferner, bei der kurhessischen Regierung dahin zu wirken, daß auch auf den hessischen Linien der Reuter'schen Gesellschaft die gleiche Vergünstigung gewährt würde, und ebenso auch in Baiern und Oesterreich den Bemühungen der Reuter'schen Gesellschaft um Begünstigung und Erleichterung des Telegraphenverkehrs ihre diplomatische Unterstützung zu gewähren. Um der hannoverischen Regierung jede Garantie für die allseitige Wahrung ihrer Interessen zu geben, erklärte sich die Compagnie bereit, mich zu ihrem Generalbevollmächtigten für den Betrieb der submarinen Telegraphenleitung und der hannoverischen Linien zu ernennen, sodaß also die ganze Vermittelung zwischen der Regierung und der Compagnie in meinen Händen liegen sollte.

Der König war mit diesem Plane, der in der That Hannover ganz außerordentliche politische und auch finanzielle Vortheile bot, da ja alle Depeschen aus Deutschland nach England künftig statt des Umweges über Belgien direct nach Hannover gegangen wären, einverstanden, und ließ sogleich den Grafen Platen und den Minister von Hammerstein, zu dessen Ressort die Telegraphenangelegenheiten ge=

hörten, nach Norderney kommen, um den Abschluß zu vollziehen.

Es fanden sich natürlich bei der Sache wieder die üblichen bureaukratischen Referentenschwierigkeiten, da ja hier etwas so ganz Neues und von dem gewohnten Geschäftsgange Abweichendes geschaffen werden sollte.

Diesmal aber griff der König energisch durch — Herr von Hammerstein selbst konnte die Nützlichkeit und die großartige Bedeutung des Projects nicht verkennen, und die Concession wurde Julius Reuter für seine Compagnie ertheilt. Die Herstellung des Kabels wurde noch im Herbst 1865 in Angriff genommen und ich erhielt von der Compagnie die Ernennung zu ihrem Generalbevollmächtigten für die Ausführung und spätere Verwaltung des Unternehmens. Dadurch erwuchs mir freilich abermals eine neue Arbeitslast, welche ich indeß mit Freuden übernahm, da gerade die Ausführung dieses Planes nach meiner festen Ueberzeugung ganz ungemein zur Erhöhung der Bedeutung Hannovers beitragen und ganz besonders zahlreiche, feste und sichere Fäden des Einflusses auf die öffentliche Meinung von ganz Europa in den Händen der hannoverischen Regierung vereinigen mußte.

Die Cabinetskrisis wegen des Wahlgesetzes dauerte

indeß auch in Norderney fort — Herr von Hammerstein und auch der Minister Windthorst, der eine Zeit lang dort war, versuchten die Sache anzuregen, der König wies aber jede Mahnung daran entschieden zurück und wurde noch mehr verstimmt darüber, daß man während seiner Sommerferien, wie er die Zeit des Aufenthalts in Norderney nannte, ihn mit dieser Angelegenheit behelligte.

Die Saison in Norderney hätte vielleicht nach einer ganz besondern Richtung hoch bedeutungsvoll werden können, wenn nicht gerade in der letzten Zeit der Existenz des Königreichs ein verhängnißvoller Unstern über allem gewaltet hätte, was unternommen wurde, um die unglückliche Katastrophe von 1866 abzuwenden.

Eines Tages arbeitete ich mit dem Könige in seinem Zimmer, nachdem zum Diner wieder die preußischen Herrschaften anwesend gewesen waren. Der König sprach sich sehr lebhaft über die Liebenswürdigkeit und die ausgezeichneten Eigenschaften des Prinzen Albrecht von Preußen aus und fügte dann hinzu:

„Ich habe den Prinzen auch gebeten, auf der Rückreise von hier in der Marienburg vorzusprechen und die Königin zu besuchen."

Ich sprach meine Freude über die Anknüpfung so freundlicher Beziehungen aus und bemerkte dann, daß der Besuch des Prinzen in der Marienburg mir doppelt erfreulich erscheine, weil sich dort vielleicht noch neue Anknüpfungen bilden könnten, die für Preußen wie für Hannover gleich bedeutungsvoll sein müßten.

„Was meinen Sie?" fragte der König.

Ich erwiderte, daß, wenn ein so liebenswürdiger und ausgezeichneter junger Prinz und zwei ebenso liebenswürdige und schöne Prinzessinnen sich begegneten, es mir nicht ausgeschlossen schiene, daß zwischen dem hohenzollern'schen und welfischen Hause sich abermals eine jener Verbindungen knüpfen könnte, von denen die Geschichte so ruhmvolle Beispiele aufweise.

Der König sagte, daß er daran nicht gedacht habe, doch schien mir sein Ton und seine Miene zu beweisen, daß ihm meine Bemerkung durchaus nicht mißfallen habe.

Prinz Albrecht reiste ab.

Nach einiger Zeit traf ein Brief der Königin ein, in welchem sie von dem Besuche des Prinzen auf der Marienburg sprach; sie rühmte ebenfalls in den wärmsten Ausdrücken dessen Liebenswürdigkeit, erzählte, daß sie und die Prinzessinnen mit ihm viel muficirt hätten und daß die Tage seines Aufenthalts dort ungemein angenehme gewesen seien.

Da der König gerade nach dem vorausgegangenen Gespräch mir diesen Brief mittheilte, so glaubte ich darin um so mehr eine Billigung meiner frühern Andeutungen zu sehen, und unterließ nicht, dieselben abermals zu wiederholen; abermals nahm der König meine Bemerkung in einer Weise auf, welche ich in einer so delicaten Angelegenheit nur für eine ganz entschiedene Zustimmung halten konnte.

Kurze Zeit nach der Rückkehr nach Hannover bat ich den Hofrath Schneider, dort vorzusprechen, und theilte ihm den eben erzählten Vorgang mit; ich machte ihn, der eine hohe Verehrung für den König Georg hegte, darauf aufmerksam, wie hochwichtig in den damaligen sich immer kritischer gestaltenden Zeiten eine Familienverbindung zwischen dem preußischen und hannoverischen Hause sein müsse, und wie durch die mit einer solchen Verbindung unerläßliche, so lange erwünschte und erstrebte Annäherung der beiden Höfe alle Misverständnisse und Differenzen die leichteste und freundlichste Aufklärung und Erledigung finden könnten.

Schneider begriff dies vollkommen, war über meine Mittheilung hocherfreut und übernahm es seinerseits,

in der allervorsichtigsten Weise die Sache in Berlin
anzuregen und die maßgebende Stimmung in Betreff
derselben zu sondiren.

Nach einiger Zeit schon konnte er mir mittheilen,
daß die gemachten Andeutungen die herzlichste und
freudigste Aufnahme gefunden hatten.

In froher Hoffnung sah ich der weitern Ent=
wickelung dieser Angelegenheit entgegen, und ich bin
heute noch überzeugt, daß die Katastrophe von 1866
nicht erfolgt sein würde, wenn jenes nach jeder
Richtung hin so schöne Project zur Ausführung ge=
kommen wäre und dadurch die beiden hohen Herren,
welche so viele Berührungspunkte miteinander hatten
und sowol durch die Bande des Blutes wie durch
die historische Tradition miteinander verbunden waren,
Gelegenheit zu unmittelbar persönlichem Ideenaustausch
gefunden hätten.

Ich werde später erzählen, wie auch diese Idee,
welche ich damals für den Talisman einer glücklichen
Zukunft ansah, in unglückselig verhängnißvoller Weise
scheiterte.

Der König wünschte zu jener Zeit mehr als je
ein freundliches Verhältniß mit Preußen herzustellen,
da er der Ueberzeugung war, daß alle Differenzen
zwischen den deutschen Regierungen nur den Be=

strebungen der antimonarchischen Parteien zur Förderung dienten und daß eine gemeinsame Abwehr und eine gemeinsame Verständigung über die Mittel, die wahren Bedürfnisse des eigentlichen, arbeitenden Volkes zu befriedigen, die sicherste Garantie des monarchischen Rechtsbestandes in Deutschland und Europa seien.

Gleich nachdem der Vertrag mit Julius Reuter abgeschlossen war, ging ich deshalb nach Berlin, um zunächst auf dem Gebiete der Presse die Wege freundlichen Zusammenwirkens zu ebnen und jede scharfe Polemik auszuschließen, denn es lag weder in meiner noch in des Königs Absicht, die durch das Reuter'sche Abkommen zu gewinnende selbständige Ausdehnung des hannoverischen Einflusses feindlich gegen Preußen zu gebrauchen. Des Königs Princip war, wie ich stets wiederholen muß, immer das, zwar die völlige Unabhängigkeit zu bewahren und die eigene Bedeutung zu erhöhen, aber auf Grund jener Unabhängigkeit mit der preußischen Regierung ein freundliches Verhältniß zu erhalten und gemeinsame Interessen auch gemeinsam zu verfolgen. Der König beauftragte mich ausdrücklich, als ich von Norderney nach Berlin ging, in vorsichtiger und nichtofficieller Weise eine Unterredung mit dem Grafen Bismarck zu suchen, und wenn ich zu derselben Gelegenheit fände, dem preußischen Ministerpräsidenten ganz unumwunden des Königs Anschauung über das Verhältniß von Hannover und Preußen mitzutheilen, ihm den aufrichtigen Wunsch des Königs zu erklären, über alle politischen Fragen eine definitive und gründliche Verständigung herzustellen, und ausdrücklich hinzuzufügen, daß der König besonders erfreut sein werde, wenn der Graf Bismarck eine Gelegenheit ergreifen wollte, um einmal nach Hannover zu kommen und sich mit ihm persönlich in aller Offenheit und Vertraulichkeit auszusprechen.

In Berlin war inzwischen an die Stelle des verstorbenen Obersten von Reitzenstein der bisher in Wien accreditirte Herr von Stockhausen zum hannoverischen Gesandten ernannt, während Herr von dem Knesebeck, bisher in München, den Posten in Wien erhalten hatte. Graf Platen war bei dem Vorschlage zu diesen Ernennungen von dem an sich ganz richtigen Grundsatze ausgegangen, daß man es vermeiden müsse, den fremden Höfen solche diplomatische Vertreter zu senden, welche in ihren politischen Gesinnungen ihnen ganz besonders nahe stehen, da man sonst der Gefahr ausgesetzt werde, in dem eigenen Gesandten nur einen Vertreter der Anschauungen derjenigen Regierung zu besitzen, bei welcher er accreditirt ist.

Herr von dem Knesebeck, der mannichfache verwandtschaftliche Beziehungen in Preußen hatte und überhaupt innige freundliche Beziehungen zu der preußischen Nachbarmacht für Hannover wünschte, wurde deshalb nach Wien geschickt, und Herr von Stockhausen, der ganz von den österreichischen Anschauungen durchdrungen und von tiefer Abneigung gegen Preußen erfüllt war, erhielt den Posten in Berlin.

In Betreff des Herrn von dem Knesebeck war die Wahl vortrefflich, in Berlin aber war Herr von Stockhausen gewiß nicht an seinem Platze, da er das gerade in jener Zeit so nothwendige und für die Existenz Hannovers so bedeutungsvolle freundliche Einvernehmen mit Preußen in keiner Weise zu fördern geneigt und Misverständnisse und Spannungen zu beseitigen nicht bestrebt war. Er vertrat in Berlin wesentlich das österreichische Interesse und suchte noch in den letzten entscheidenden Augenblicken die Verständigung mit Preußen durch eigenthümlich dunkle Intriguen zu verhindern, welche sich zum Theil gegen meine Person richteten und auf welche ich hier nicht näher eingehen will, zu denen er jedoch gerade mir gegenüber um so weniger Grund hatte, als ich seinen mir befreundeten Sohn durch mein Fürwort von einer nicht unverdienten Ungnade des Königs befreit und dessen Ernennung zum Legationssecretär bei der Gesandtschaft seines Vaters bewirkt hatte.

Herr von Stockhausen erhielt die erforderliche Mittheilung über meine Sendung in Betreff der Verständigung in den Preßangelegenheiten, natürlich blieb ihm aber der besondere und ganz vertrauliche Auftrag, den der König mir ertheilt, unbekannt.

Ich überzeugte mich in Berlin sogleich, daß der Gesandte meiner dortigen Thätigkeit durchaus feindlich sei; er hatte denn auch auf der Stelle eine dringende Warnung an den Grafen Platen gerichtet, sich mit Preußen auf dem Gebiete der Presse nicht einzulassen, da Hannover nur ausgebeutet und überlistet werden würde. Ich befand mich daher in Berlin ersichtlich und fühlbar mit dem Gesandten der eigenen Regierung in Conflict, was ohnehin eine sehr wenig angenehme Lage ist, auf mich aber ganz besonders widerwärtig und entmuthigend wirkte, da ich es gewohnt war, daß gewisse hannoverische Kreise gegen mich wegen meiner preußischen Geburt und meines frühern Dienstes in Preußen allerhand Verdächtigungen zu erheben nicht müde wurden.

Die Beziehungen zu Preußen waren daher für mich ein besonders delicates Gebiet und es war demnach wol erklärlich, daß ich in meiner Verstimmung meine Thätigkeit ausschließlich auf das rein officielle Gebiet meiner Sendung begrenzte, mit dem Geheimen Regierungsrath Zitelmann, bei dem ich freilich Empfänglichkeit für weitere politische Ideen in keiner Weise vorfand, die Grundlage gegenseitiger Verständigung und eventuellen gemeinsamen Wirkens besprach und mich im übrigen darauf beschränkte, bei dem Ministerpräsidenten ohne weitere Bemerkung eine Karte abzugeben.

Herr von Keudell, welcher damals besonders das Vertrauen des Grafen Bismarck besaß, war mir zu jener Zeit nicht bekannt, und obwol ich vielleicht noch durch andere Personen Gelegenheiten hätte finden können, den Grafen Bismarck von den ganz vertraulichen Aufträgen, die mir der König ertheilt, in Kenntniß setzen zu lassen, so unterließ ich dies doch aus den vorher angeführten Gründen, um neuen Verdächtigungen über meine Beziehungen zu Preußen vorzubeugen.

Der König billigte meine Zurückhaltung unter den Verhältnissen, die ich ihm mittheilte, wenn er es auch lebhaft bedauerte, daß die Anregung eines persönlichen Ideenaustausches, den er so lebhaft wünschte, nicht stattgefunden hätte.

Ich meinerseits habe mir später oft über diese

meine Zurückhaltung Vorwürfe gemacht, ich hätte
vielleicht die Empfindlichkeit meines persönlichen Ge=
fühls hinter die Interessen des Königs und Hanno=
vers zurückstellen sollen und würde dies auch unbedingt
gethan haben, wenn ich hätte voraussehen können, wie
nahe bereits die verhängnißvolle Katastrophe drohte.
Es war dies jedoch zu jener Zeit noch nicht ersichtlich,
der Vertrag von Gastein war abgeschlossen und da=
durch eine neue Grundlage gütlicher Verständigung
zwischen Oesterreich und Preußen geschaffen, und daß
so schnell, wie es nachher geschah, die lange schon
gärende Frage zur kriegerischen Krisis getrieben
werden würde, war damals noch kaum vorauszusetzen.

Unmittelbar nach der Rückkehr des Hofes von
Norderney spitzte sich die Ministerkrisis zur Ent=
scheidung zu. Die Minister verlangten vom Könige
die Vollziehung und Publication des Wahlgesetzes und
die Herren von Hammerstein, Erxleben, Lichtenberg
und Windthorst erklärten dabei, daß, wenn Seine
Majestät die Vollziehung verweigere, sie gezwungen
seien, ihre Entlassung zu nehmen.

Der König blieb bei seiner Weigerung und die
Entlassungsgesuche der genannten Herren wurden über=
geben.

Graf Platen, den ich in dieser Beziehung nach

Kräften unterstützte, suchte Windthorst für ein neugebildetes Cabinet zu retten, indem er dem Könige vorstellte, daß jener zwar wegen seiner Verpflichtungen gegen seine drei andern Collegen sich dem Entlassungsgesuche derselben anschließen müsse, daß er aber persönlich, wie Graf Platen meinte, dem Wahlgesetz eine so hohe Bedeutung nicht beilege und wol geneigt sein werde, demnächst in ein anderes Cabinet wieder einzutreten.

Der König, so sehr er die Bedeutung der eminenten Kräfte Windthorst's anerkannte, wies jedoch diesen Vorschlag auf das entschiedenste zurück. Denn gerade die Solidarität, in welche Windthorst mit seinen Collegen nach der Mittheilung des Grafen Platen getreten sein sollte und welche dieser scherzhaft den Rütlischwur nannte, mißfiel dem Könige auf das höchste; er erblickte in derselben die Absicht eines gegen ihn auszuübenden Zwanges und hielt an der Anschauung fest, daß jeder Minister nur nach seiner eigenen Ueberzeugung handeln müsse und nur für seine eigenen Schritte verantwortlich sei. Er wies deshalb wiederholt die Wiederverwendung Windthorst's in einem neuen Cabinet zurück und erklärte den Vorschlag des Grafen Platen für ein constitutionelles Spiel, welchem er niemals in den Verhältnissen der hannoverischen

Regierung einen Platz einräumen wolle. Er sprach den
Ministern den Wunsch aus, daß dieselben ihre Ressorts
bis zur Ernennung ihrer Nachfolger weiter verwalten
möchten, und beauftragte den Grafen Platen, ihm Vor=
schläge für die vacant werdenden Portefeuilles zu machen.

Zu dieser Zeit fand ein Manöver in der Gegend
von Hildesheim statt. Nach Beendigung desselben
begab sich der König mit dem militärischen Gefolge
nach dem Jagdschloß Springe bei Hannover, und
hier vorzugsweise wurden die Verhandlungen über die
Neubesetzung der vier Ministerposten geführt. Der
König wollte sich völlig freie und ruhige Ueberlegung
wahren, um die ihm gemachten Vorschläge ganz un=
befangen prüfen zu können, er wünschte deshalb keine
persönliche Besprechung mit dem Grafen Platen, und
mir fiel die Aufgabe zu, die Vorschläge des letztern
dem Könige nach Springe zu überbringen, was, da
die ziemlich lange Fahrt zu Wagen gemacht werden
mußte, keine besonders angenehme Beschäftigung war.

Der König selbst hatte gleich von vornherein für
das Ministerium des Innern den früher schon er=
wähnten Landdrosten Bacmeister in Aurich in Aus=
sicht genommen. Er schätzte dessen Geist und seine
Bildung sehr hoch, und ich konnte ihn aus vollster
Ueberzeugung nur in der Ansicht bestärken, daß er

für die einigermaßen verwirrten Verhältnisse, welche die aufeinanderfolgenden so heterogenen Verwaltungen des Grafen Borries und des Herrn von Hammerstein hinterlassen hatten, keine geschicktere und kräftigere Hand finden könne als diejenige Bacmeister's. Derselbe war durch und durch Royalist, dabei aber ganz frei von engherzig beschränktem conservativen Vorurtheil, in seiner Person lag keine Provocation der liberalen Partei, daher war er ganz der Mann, um freisinnige Reformen, welche namentlich auf dem Gebiete der Gewerbegesetzgebung dringend erforderlich waren, durchzuführen, ohne die feste monarchische Autorität zu gefährden.

Auch Graf Platen war ganz mit der Wahl Bacmeister's einverstanden und so stand denn dessen Ernennung zum Minister des Innern zunächst fest; freilich war Bacmeister's Gesundheit angegriffen und er erklärte sich denn auch auf die erste vertrauliche Anfrage zwar bereit, das Ministerium des Innern zu übernehmen, jedoch nur versuchsweise und unter der Bedingung, daß der König ihn unverzüglich seiner Stellung entheben wolle, sobald er fühlen würde, daß seine körperlichen Kräfte der Arbeitslast nicht gewachsen sein sollten.

Für das Cultusministerium nahm Graf Platen

den Legationsrath Freiherrn von Hodenberg, welcher Ministerresident im Haag war, in Aussicht. Diese eigenthümlich erscheinende Wahl war dadurch gerechtfertigt, daß Herr von Hodenberg, ein ebenso geistvoller wie nach allen Richtungen sein gebildeter Mann, der strengen kirchlichen Richtung angehörte, allen kirchlichen Fragen ein lebhaftes Interesse zuwendete und über die Verhältnisse der protestantischen Kirche in Holland sehr eingehende und ausführliche Berichte erstattet hatte, welche vom Könige mit großem Interesse aufgenommen worden waren.

Für die Justiz und für die Finanzen hatte Graf Platen zwei Persönlichkeiten aus dem alten hannoverischen Adel vorgeschlagen, deren Fähigkeit für diese Stellung freilich einigermaßen zweifelhaft erscheinen mochte. Graf Platen hatte jedoch den Wunsch, gerade in den Adelskreisen für das neuzubildende Cabinet Stützen zu gewinnen, und wünschte deshalb Vertreter jener Kreise in dasselbe hineinzuziehen; als Generalsecretäre für die Justiz hatte er den Oberjustizrath Leonhardt, für die Finanzen den Finanzrath Dietrichs vorgeschlagen, welche beide in ihren Fächern ungemein tüchtig waren und die mangelhafte Befähigung der adeligen Träger der Portefeuilles ersetzen sollten. Er trug mir auf, in diesem Sinne dem Könige seine

Vorschläge zu erläutern, und ich fuhr mit der aufgestellten Liste nach Springe.

Der König genehmigte sogleich die Ernennung des Herrn von Hodenberg. Als ich ihm die vom Grafen Platen für die Justiz und die Finanzen proponirten Namen vorlas, stutzte er und sagte:

„Diese Herren sind ja aber vollkommen unfähig, die ihnen zugedachten Posten auszufüllen."

Ich wies ihn auf die vorgeschlagenen Generalsecretäre hin und theilte ihm die Gründe mit, welche den Grafen Platen bewogen hätten, gerade jene Persönlichkeiten für die beiden Ministerien zu wählen.

Der König stützte einige Augenblicke den Kopf in die Hände und sagte dann:

„Der Graf Platen glaubt also, daß Leonhardt und Dietrichs der Führung der Geschäfte des Justiz- und Finanzministeriums vollkommen gewachsen seien?"

„Gewiß, Majestät", erwiderte ich, „und Graf Platen hat meiner Ueberzeugung nach in dieser Voraussetzung vollkommen recht."

„Nun", sagte der König, indem er sich ganz vergnügt die Hände rieb, „nehmen Sie einen Bleistift und streichen Sie die Ministercandidaten aus; wenn Leonhardt und Dietrichs die Arbeiten machen können, so sollen sie auch Minister sein, ich habe keine Strohmänner nöthig — wer die Arbeitslast des Amtes trägt, soll auch dessen Ehre haben!"

Die Entscheidung war bestimmt und unwiderruflich, ich strich die vorgeschlagenen Namen aus und überbrachte dem Grafen Platen die Willensmeinung des Königs. Er war zwar ein wenig betroffen, konnte aber nach seiner eigenen Erklärung keine Einwendung machen und begriff auch leicht, daß er persönlich auf die beiden vom Könige bestimmten Minister mehr Einfluß würde ausüben können als auf die schwerfälligen und eigensinnigen Herren, welche er zuerst ins Auge gefaßt hatte.

Charakteristisch für die Auffassung des Königs ist ein kurzer Artikel, den er mir während der Zeit der gespannten Erwartung, welche die Krisis im Publikum hervorrief, zur Veröffentlichung dictirte, und welcher deshalb hier eine Stelle finden mag:

„Hannover, 21. October 1865.

Es ist natürlich, daß ein sich vollziehender Wechsel in den Personen der obersten königlichen Diener das öffentliche Interesse erregt, und wenn der politische Zeitungs-Dilettantismus darüber seine Combinationen und Raisonnements macht, so ist das für das hannegießernde Publikum der Bierstuben erbauend, für die politischen Kreise erheiternd.

So ist denn auch in den letzten Tagen eine unglaubliche Menge hochkomischer Dinge mit pythischem Ernste geschrieben und gesprochen, die wir uns haben zur Kurzweil dienen lassen, selbstverständlich ohne davon weitere Notiz zu nehmen.

Zwei tiefe Irrthümer haben wir jedoch in fast allen jenen Auslassungen gefunden, über welche wir einige aufklärende Bemerkungen nicht zurückhalten können.

Einmal hat man fortwährend von «Verhandlungen» gesprochen, welche mit diesen oder jenen Personen gepflogen würden, von «Beauftragungen» zur Bildung eines Cabinets.

Sodann hat man in den verschiedenen Zeitungen geschrieben, daß Verlegenheiten beständen, um geeignete Personen für die zu erledigenden Portefeuilles zu finden.

Beides ist zunächst thatsächlich unwahr. Es sind, wie wir bestimmt versichern können, keine Verhandlungen gepflogen, auch ist niemand beauftragt gewesen, ein Cabinet zu bilden.

Verlegenheiten haben bei der nicht geringen Zahl tüchtiger und in den Ressortverwaltungen bewährter

Männer im königlichen Dienste nicht bestehen können, auch haben die zur Ersetzung der ausscheidenden Minister bestimmten Personen vom ersten Augenblick der Erwägung dieser Frage an festgestanden, ohne daß irgendeine Schwankung oder Aenderung hierin eingetreten wäre.

Alle die Gerüchte, die man aussprengte, beruhen auf der von einem Theile unserer Journalistik geflissentlich genährten Sucht, unser ständisches Verfassungsleben den Mustern des modernen Constitutionalismus nachzubilden, während doch beide so grundverschieden voneinander sind. Unter einem monarchischen Regiment mit ständischer Verfassung, wie wir uns dessen erfreuen, sind die Minister nicht abhängig von diesen oder jenen Parteibildungen, diesen oder jenen Majoritäten, sondern sie führen die Regierung, gestützt auf die königliche Macht und Autorität, die ständischen Rechte ebenso gewissenhaft achtend als das königliche Recht fest vertretend und erhaltend. Von Verhandlungen, Programmen und constitutionellen Cabinetsbildungen kann dabei natürlich keine Rede sein.

Nicht die Ansichten politischer Parteien und Parteiführer, sondern die wahren Bedürfnisse des Volkes in allen seinen Klassen müssen die Richtschnur für ein kräftiges und fruchtbringendes monarchisches Regiment sein, das, gerecht und milde nach allen Seiten, ruhig seinen Weg verfolgt, unbeirrt durch der Tagesmeinung wechselnde Strömungen.

Wo aber nicht die Ansichten von politischen Parteimajoritäten die Regierung bestimmen, sondern die königliche Sorge für das Wohl der Unterthanen, da kann weiter selbstverständlich auch von «Systemwechsel» niemals die Rede sein."

Die Ernennungen wurden vollzogen und am 21. October publicirt. Man war allgemein betroffen über das Ministerium, doch machte dasselbe im ganzen einen allseitig günstigen Eindruck, da die unbedingte Tüchtigkeit der einzelnen Cabinetsmitglieder für ihre Ressorts von niemand bezweifelt werden konnte. Ihre Persönlichkeiten waren hochehrenwerth und allgemein geachtet, und trotz des scharfen conservativen Charakters des neuen Cabinets konnte selbst die Opposition den ihr so geläufigen Vorwurf der Reaction nicht erheben, da keiner der neuernannten Minister in seinem Leben provocirend antiliberal aufgetreten war. Man war also gezwungen, Thaten zu erwarten, um ein Urtheil zu bilden und zu begründen, und es galt nun, diesem Ministerium eine fruchtbare, alle Parteien vereinigende, große und gemeinnützige Arbeit zuzuweisen.

Diese Arbeit begann denn auch unter der geistigen
Führung Bacmeister's, mit dem ich seit langer Zeit
auf dem Fuße freundschaftlicher Beziehungen stand,
und ich war zu meiner Freude in der Lage, diesmal
insbesondere mit dem Minister des Innern ohne Ver=
stimmung und Mistrauen eifrig und nachdrücklich ge=
meinsam wirken zu können.

Die großen Erfolge, welche dieses Ministerium in
der kurzen Zeit seiner Thätigkeit errang und welche
die innern Zustände Hannovers immer sicherer und
befriedigender hätten gestalten müssen, fielen indeß
mit den verhängnißvollen Ereignissen zusammen, welche
zu der großen Katastrophe von 1866 führten. Denn
mit Abschluß des Jahres 1865 begann das große
welterschütternde Drama, welches eine neue Phase der
Weltgeschichte einzuleiten bestimmt war.

Nachwort.

Während des Erscheinens der vorstehenden Erinnerungsblätter in verschiedenen Zeitschriften haben dieselben bereits, ehe sie in ihrer Vollständigkeit dem Publikum vorgelegen, eine theilweise sehr gehässige Kritik erfahren. Ich bin nicht gesonnen, darauf irgendwie zu reagiren, am allerwenigsten auf manche plumpe und niedrige Angriffe etwas zu erwidern, die sich in den Augen desjenigen Publikums, für welches meine Aufzeichnungen bestimmt sind, selbst richten.

Ich habe das, was ich erlebt und gethan, soweit dies ohne Verletzung der Pietät und der Rücksichten des politischen Anstandes überhaupt möglich ist, klar und zusammenhängend erzählt. Das Urtheil darüber steht jedem frei, und ich kann natürlich nicht erwarten, daß diejenigen Kreise, welche zu jener Zeit zu meinen politischen Gegnern gehörten, meine Handlungen billigen und loben sollen. Mein Urtheil über Personen und

Verhältnisse gehört mir und bin ich weit entfernt, dasselbe für unfehlbar zu halten. Persönlich nach irgendeiner Richtung hin zu verletzen, war nicht meine Absicht, und ich glaube auch, bei nochmaliger Durchlesung der vorstehenden Blätter, in dieser Beziehung zu keinem Vorwurf Anlaß gegeben zu haben.

Thatsächliche Irrthümer, namentlich in Betreff von Vorgängen, welche vor meiner Zeit stattgehabt, mögen hier und da untergelaufen sein; eine Berichtigung derselben werde ich stets mit Interesse als eine nützliche Belehrung aufnehmen, sofern sie nachgewiesen ist.

So ist mir unter anderm zur Kenntniß gekommen, daß die in meiner Charakteristik des Königs Georg (S. 3) enthaltene Bemerkung, der ältere Doctor von Gräfe habe dem damaligen Kronprinzen in der unglücklich verlaufenen Operation den Sehnerv durchschnitten, als thatsächlicher Irrthum bezeichnet worden ist. Wer meine kurze Erwähnung dieses Vorgangs gelesen, wird überzeugt sein, daß dieselbe durchaus nicht eine Verkleinerung des großen Augenarztes bezweckte. Der Doctor Ferdinand von Gräfe, der Vater des noch berühmtern Albrecht von Gräfe, ist seit vierzig Jahren todt. Sein Ruf steht in den Kreisen der Wissenschaft unerschütterlich fest und könnte selbst durch eine unglückliche Operation nicht verkleinert werden. Ich habe die Sache überhaupt nur deshalb erwähnt, um auf das unheilvolle Verhängniß hinzuweisen, welches während seines ganzen Lebens bei allen wichtigen Gelegenheiten auf dem Haupte des Königs Georg V. ruhte.

Ich nehme daher gern von der berichtigenden Erklärung des Herrn Dr. Neuber Act, welche in den öffentlichen Blättern erschienen ist und nach welcher die letzte entscheidende Operation, zu welcher Dr. von Gräfe nach Hannover gerufen war, nicht von diesem, sondern von dem Dr. Jäger vorgenommen sei. Der tragisch verhängnißvolle Zusammenhang zwischen dem Tode des großen Augenarztes und der Erfolglosigkeit der Operation des Kronprinzen wird ja durch jene Berichtigung, wenn auch in anderer Weise, constatirt, indem Herr Neuber besonders hervorhebt, daß der Schmerz über den unglücklichen Ausgang Herrn von Gräfe für die tödliche Krankheit besonders empfänglich gemacht habe. Das unheilvolle Verhängniß, welches dem unglücklichen Könige anhaftete, zeigt sich also auch nach der Darstellung des Herrn Dr. Neuber darin, daß der Mann, welcher zur Rettung seines Augenlichtes herbeigeeilt war, durch die schmerzliche Erschütterung über den nach seiner Ueberzeugung voraussichtlich hoffnungslosen Ausgang des Versuches, den Keim des Todes in sich aufnahm. Der König selbst sprach stets mit größter

Anerkennung und Hochachtung von Herrn von Gräfe, und ich habe selbst auf seinen Befehl einen Lehrer des Kronprinzen Ernst August, der schwer an den Augen erkrankte und der Gefahr der Erblindung ausgesetzt war, persönlich zu dem Doctor Albrecht von Gräfe gebracht, in dessen Klinik derselbe längere Zeit auf Kosten des Königs behandelt und auch geheilt wurde.

Es ist ebenfalls infolge einer beiläufigen Bemerkung in meinen Aufzeichnungen berichtigt worden, daß nicht der Graf von Borries, sondern der Minister Stüve bereits 1848 das alte Verhältniß aufgehoben habe, nach welchem die hannoverischen Drosten und Amtshauptmänner statt des Gehaltes die Nutznießung größerer Domänen erhielten. Dies ist mir sehr wohl bekannt, und meine Bemerkung an jener Stelle hatte nur den Sinn, daß die Veränderung der Verwaltung, welche durch die, unter Herrn von Borries vorgenommenen Verlegungen der Amtssitze abgeschlossen wurde, zu mannichfacher Unzufriedenheit im Lande Veranlassung gegeben habe, was ich, um jedes Misverständniß der betreffenden Stellen auszuschließen, nachträglich bemerke.

In weitere Discussionen werde ich nicht eintreten.

Ich habe es in dem Vorwort bereits ausgesprochen, daß niemand, der die Pflicht erfüllt, seine politischen

Erlebnisse und Verhandlungen öffentlich darzulegen, im Stande sei, sich zu völliger Objectivität zu erheben, so sehr er auch danach streben mag. Dies gilt natürlich auch für mich. Ich habe meine Erinnerungen zusammengestellt, wie ich sie in mir trage; natürlich zeigen sie die Farbe der Ueberzeugung, der ich in meinem ganzen politischen Leben treu geblieben bin.

Die Aufgabe und Pflicht des spätern Geschichtschreibers wird es sein, sie als historisches Material zu prüfen, und wenn sie zur Vervollständigung eines treuen und lebensfarbigen Zeitbildes beizutragen im Stande sind, so wird ihr Zweck erfüllt sein.

Wohldenberg, im Februar 1881.

O. Meding.

Berichtigung.

Seite 49, Zeile 5 v. o. statt: provisorische Regierung,
lies: preußische Regierung.

Druck von F. A. Brockhaus in Leipzig.